吉林大学哲学社会科学银龄著述资助计划

潘 石◎著

潘石文集 第二卷
社会主义市场经济与国企改革研究

中国社会科学出版社

潘　石，1944年4月出生于黑龙江省五常市，1964年8月考入吉林大学经济系政治经济学专业，1969年8月毕业后留校任教。1987年、1990年因教学科研成果优异分别破格晋升副教授、教授；1992年起享受国务院政府特殊津贴，并获宝钢优秀教师奖；1993年被国务院学位委员会审批为博士生导师；1998年被评为吉林省有突出贡献中青年专家。曾长期担任吉林大学经济研究所所长、教授、博士生导师，兼任中国民营经济研究会理事、吉林省工商业联合会执委、吉林省政治经济学会副理事长、长春市社会科学界联合会副主席。

主要从事政治经济学、社会主义经济理论与实践研究、《资本论》研究、制度经济学研究等课程教学工作，培养硕士研究生70余名、博士研究生59名。

科研方向为社会主义经济理论与实践研究。主持国家社科基金项目2项、教育部哲学社会科学研究重大课题2项、教育部博士点基金项目2项、省级课题十余项。在《经济研究》《中国社会科学》《管理世界》《世界经济》《财贸经济》等刊物上发表论文300余篇，多篇被《新华文摘》《社会科学文摘》《经济学文摘》及中国人民大学复印报刊资料转载；出版著作（含独著、合著）十余部。获全国高等学校首届人文社会科学研究优秀成果奖二等奖一项，获吉林省人民政府设立的优秀论文一等奖七项、优秀著作二等奖一项。

目　录

（第二卷）

一　社会主义市场经济研究

论计划经济的概念及其特征 …………………………………（3）
论我国计划经济的客观依据及其同马、恩设想的
　　计划经济的异同 …………………………………………（9）
建立社会主义市场经济体制是必然的选择 …………………（20）
科尔内的ⅡB模式与社会主义市场经济体制 ………………（24）
现代企业制度建设：难点突破与规范对策 …………………（36）
关于建立社会主义市场经济体制的几个问题 ………………（48）
论把企业推向市场的难点及其对策 …………………………（58）
《决定》对社会主义经济理论与实践的十大突破和发展 ……（70）
论市场经济的内涵、特征及其运行机制 ……………………（77）
社会主义市场经济的若干理论问题 …………………………（86）
市场经济体制：必然抉择·框架构建·强国富民 …………（93）
论市场经济有序运行 ………………………………………（103）
股份制与市场主体的构建 …………………………………（112）
统战工作要为发展社会主义市场经济服务 ………………（121）

二　国企改革研究

搞活国有大中型企业的若干理论与对策思考……………………（127）
论中央企业深化改革与科学发展………………………………（136）
政企关系问题的本质：政府参与二重性的外化…………………（149）
产权制度改革是搞活国有企业的根本途径………………………（158）
深化国有企业分配制度改革的障碍与对策………………………（165）
赋予国有资本经营者内生资本化人格……………………………（171）
论国有企业的生产经营独立性……………………………………（179）
中国加入WTO后深化国企改革的若干理论思考 ………………（190）
论改革对经济利益的调整与社会承受力与保障力的提高………（198）
矫正企业的非合理经济行为………………………………………（206）
论改革是一项艰巨的社会系统工程………………………………（212）
把企业推向市场的必要性、难点及对策…………………………（225）
"国家调节市场，市场引导企业"机制再考察 …………………（237）
企业经营机制的转换与现代企业制度的构建……………………（249）
产权范畴的多维解析与内涵新释…………………………………（260）
中央企业改革发展目标：国际"一流"企业 ……………………（276）
把企业推向市场的对策……………………………………………（290）
深化价格改革的两点理论思考……………………………………（292）
国有中小企业改革模式的比较选择………………………………（298）
生产资料所有制的调整与增强企业的活力………………………（303）
"内部人控制企业"论质疑 ………………………………………（308）
入世后国有企业改革走出困境的关键……………………………（320）
"所有制偏好论"：国企改革深化的理论障碍 …………………（329）

一

社会主义市场经济研究

论计划经济的概念及其特征

在马克思主义经典作家的著作中，首先使用"计划经济"这个概念的是列宁。列宁说："深信资本主义必不可免地要为新的社会制度所代替，这种制度将实行计划经济。"①

什么叫计划经济？这个概念的基本含义是什么？这在我国经济学界是有不同的理解和说明的。据我所知，主要有以下几种理解。

其一，所谓计划经济，是"在生产资料的社会主义公有制基础上，根据国民经济有计划按比例发展规律的要求，从国民经济的具体情况出发，由社会（通过社会主义国家）制定计划来管理国民经济"②。

其二，计划经济是指社会有计划有意识地控制全部经济活动，这种计划必须是指令性的。③

其三，计划经济是指同市场经济相对立的社会经济制度，它包括两层含义：一是指社会经济制度，与市场经济相对立；二是指经济管理方式或管理制度。

其四，社会主义计划经济就是商品计划经济。商品经济关系是社会主义计划经济的实现。计划经济关系是社会主义商品经济的前提条件。因此，社会主义阶段的计划经济是公有制基础上的商品计划经济。

---

① 《列宁全集》第三十五卷，人民出版社 1959 年版，第 555 页。
② 许涤新主编：《政治经济学辞典》（下册），人民出版社 1980 年版，第 74 页。
③ 《经济学周报》1982 年 10 月 8 日第 4 版。

我认为，以上四种理解都有不确切的地方。第一种观点实际上是把计划经济看成一种计划管理制度，这是不妥当的。计划管理制度只是计划经济的具体管理形式，它虽然也是计划经济的一个重要组成部分，但并不直接等于计划经济，也没有包括计划经济的全部内容。第二种观点的缺陷是没有指明计划经济是一种客观经济制度，并且把指令性计划作为计划经济的唯一的调节手段。第三种观点指明了计划经济是一种客观经济制度，并把它同市场经济对立起来，我认为是对的。但由于没有指明市场经济就是指资本主义的无政府状态经济，并把市场同市场经济加以区别，因而容易引起计划经济排斥市场的误解。第四种观点只是表述了社会主义计划经济与商品经济的关系，并没有阐明计划经济概念本身的内涵及实质。

我认为，马克思和恩格斯在他们的著作中虽然没有明确提出"计划经济"这个概念，但他们在实际上却相当深刻地阐述了计划经济的基本含义。马克思指出，社会有计划地分配劳动时间于不同的生产部门"，使"社会生活过程即物质生产过程的形态，作为自由结合的人的产物，处于人的有意识有计划的控制之下"[1]。由此可见，所谓计划经济，就是指社会（或国家）根据社会需要，通过制定统一的经济计划，对社会再生产过程进行自觉控制和调节的一种客观经济制度。它包括以下几个方面的含义：第一，计划经济实质是一种生产关系，所以可以称为经济制度。列宁在《土地问题和争取自由的斗争》一文中，就使用了"计划经济制度"的提法。第二，社会（或国家）对再生产过程要进行自觉的控制和调节，并且这种控制和调节是通过统一计划（不仅包括指令性计划，而且也包括指导性计划）来实现。第三，对社会经济发展过程的自觉控制和调节，其目的和依据是社会需要。恩格斯所说的"按照全社会和每个成员的需要对生产进行的社会的有计划的调节"[2]，我认为讲的就是这个意思。不指明这一点，就没有说明和揭示计划经济概念

---

[1] 《马克思恩格斯全集》第二十三卷，人民出版社1972年版，第97页。
[2] 《马克思恩格斯全集》第二十卷，人民出版社1971年版，第304页。

包含的目的性。

明确了计划经济概念之后，我们再来考察计划经济的基本特征。由于计划经济是作为资本主义的无政府状态经济的直接对立物来表现的，因而它一产生就具有以下特征。

第一，社会劳动的按比例分配，是通过社会（或国家）的计划实现的。

按比例分配社会劳动，是一切以社会分工为基础的生产，尤其是社会化大生产的客观要求。马克思在给路·库格曼的信中说："要想得到和各种不同的需要量相适应的产品量，就要付出各种不同的和一定数量的社会总劳动量。这种按一定比例分配社会劳动的必要性，绝不可能被社会生产的一定形式所取消，而可能改变的只是它的表现形式，这是不言而喻的。自然规律是根本不能取消的。在不同的历史条件下能够发生变化的，只是这些规律借以实现的形式。"[①] 这就告诉我们，按比例分配社会劳动的实现形式，在不同的历史条件下是不同的。在资本主义条件下，按比例分配社会劳动，是由价值规律和剩余价值规律自发调节，通过周期性经济危机来盲目自发地实现的。而在社会主义条件下，按比例分配社会劳动，则是由社会主义国家自觉运用社会主义基本经济规律和国民经济有计划、按比例发展规律的调节作用，通过社会（或国家）的统一计划来实现的。

第二，计划经济不是以国民经济的局部或个别企业的计划性，而是以整个国民经济的计划性为标志的。

列宁指出："只有按照一个总的大计划进行建设，并力求合理地使用经济资源，才配称为社会主义的建设。"[②] 按照一个总的大计划进行建设，是整个国民经济有计划按比例发展的前提，也是计划经济的一个重要特征。它只有在生产资料公有制根本消除了各个企业之间的根本利害冲突、实现了根本利益一致的条件下才能实

---

① 《马克思恩格斯全集》第三十二卷，人民出版社1974年版，第541页。
② 《列宁全集》第二十八卷，人民出版社1956年版，第18页。

现。在资本主义社会，由于生产资料掌握在资本家私人手里，整个国民经济被分裂为许多利益对立的独立企业或集团，因而就不可能实现按一个总的大计划来发展国民经济，从而不能实现国民经济的有计划按比例发展。

在资本主义条件下的社会化生产中，各企业内部的生产都是有组织有计划进行的。这种企业内部生产的组织计划性愈强，就愈加剧社会生产的无政府状态。恩格斯指出："资本主义生产方式用来加剧社会生产中的这种无政府状态的主要工具正是无政府状态的直接对立物：每一个别生产企业中的社会化生产所具有的日益加强的组织性。"[1] 可见，资本主义企业内部生产的计划性，不仅不能使资本主义经济有计划按比例发展，反而是加剧整个社会生产无政府状态的主要工具和有力杠杆。所以，不能因为资本主义各个企业内部生产有计划发展，就认为资本主义经济是计划经济。有的同志可能会说：整个资本主义经济是由各个局部、各个部分、各个企业总和而成的，每个局部和企业都有计划发展，那么整个经济不也就是有计划的了吗？不也可以称作计划经济了吗？这种说法是很不对的。整个国民经济的计划性并不等于各个局部、各个企业生产计划性的简单相加。列宁指出："个个生产部门的一切计划都应当严密地协调一致，相互联系，共同组成一个我们迫切需要的统一的经济计划。"[2]

在社会化大生产的条件下，如果只有国民经济各个局部的计划或各个独立企业的计划，而没有全社会统一的整体计划，那么，各个局部、各个企业的计划就无法衔接和联系起来，协调一致，更无法在全局上对整个国民经济的发展方向、目标、速度、重大比例关系等方面进行综合平衡。没有国民经济全局的综合平衡，那就等于整个社会经济发展无计划，更无所谓计划经济了。正如陈云同志所

---

[1] 《马克思恩格斯全集》第二十卷，人民出版社1971年版，第298页。
[2] 《列宁选集》第四卷，人民出版社1975年版，第395页。

说："没有全局、整体的平衡，就不是有计划的经济。"①

第三，在计划经济中，统一计划必须由社会中心或国家代表全体人民利益来制订和实施。

社会主义计划经济是人民当家作主的经济。社会主义国家是人民民主国家。它的统一计划，是依靠人民来制订和实施的。并且，统一计划本身就集中地反映和体现了人民的愿望、意志和要求，代表了人民的根本利益。社会或国家制订和实施统一计划的任务，是全面调节国民经济各个部门、各个地区、各个方面的比例关系，实现国民经济的综合平衡，保证国民经济有计划按比例高速发展，实现社会主义生产目的。因此说，它归根结底是为了提高全体人民的物质文化生活水平，增加全体人民的利益。由上可见，社会主义国家依据客观经济规律的要求制订和实施统一计划，其出发点和归宿都是为了全体人民的利益。这是计划经济能够实行并且具有强大生命力的一个重要社会根源，也是计划经济优越性的一个重要表现。

第二次世界大战以后，一些资本主义国家也相继制订和实施所谓"社会经济发展计划"，标榜"国民经济计划化"，但它们的国家是资产阶级的国家，是"理想的总资本家"，根本不代表人民的利益。所以它们无论制订和实施什么计划，都不可能着眼于人民的利益，为人民谋福利，而只能是为资产阶级利益服务。它们实行的是资本主义私有制经济，它们的所谓"计划"是建立在剥削和掠夺劳动人民血汗的基础上的，与劳动人民当家作主的计划经济毫无共同之处。

第四，在计划经济中，社会或国家实行的统一计划是具有强制性和约束力的。

计划经济要求国民经济各个部门、各个地区、各个企业都必须遵循社会或国家的统一计划来组织和进行经济活动，因此，社会或国家的统一计划必须具有一定的强制性和约束力。否则，它就是一纸空文，起不到对经济发展的自觉控制和调节的作用。

---

① 《陈云同志文稿选编》，人民出版社1982年版，第58页。

资本主义国家推行的"计划",算不上社会统一计划。这不仅仅是因为它只是一种局部计划,并且更重要的是因为它对国民经济各个部门、各个地区、各个企业的经济活动没有强制独立性和约束力。各个资本家或资本家集团都是独立的生产资料所有者,它们的生产是各自为政,我行我素,只承认自己的权威,根本不管你国家计划不计划,资产阶级国家标榜的"计划调节",说穿了只不过是国家垄断资本主义干预社会经济生活的一种手段而已。由于它对各个资本家或资本家集团的经济生活没有实际的约束力,因而达不到自觉控制整个社会经济活动的目的,更不能消除资本主义的基本矛盾,使资本主义经济摆脱无政府状态。

以上特征,是计划经济区别于资本主义无政府状态经济的重要标志。无视或否定这些特征,就必然抹杀或否定社会主义经济与资本主义经济的本质区别。我们有些同志之所以把资本主义经济也当作计划经济,一个很重要的原因就在于,没有从理论清醒地认识计划经济的显著特征,混淆了社会主义经济与资本主义经济的区别。

(本文发表于《计划经济》1983年试刊2号)

论我国计划经济的客观依据及其同马、恩设想的计划经济的异同

一 我国实行计划经济的客观依据

党的十二大报告中明确指出："我国在公有制基础上实行计划经济。"① 我国为什么必须实行计划经济？这不是由人们的主观意志随意选择和确定，而是有其客观必然性的。总的说来，它是由生产力和生产关系两方面的发展状况所决定的。

按照马克思主义政治经济学的基本原理，实行计划经济必须具备以下的两个条件：一是生产社会化，二是生产资料公有制。前者是实行计划经济的客观物质条件，后者是实行计划经济的客观经济条件。这两个条件缺一不可，必须有机地结合和统一。但它们并不是简单并列和机械相加，更不是平起平坐，各自半斤八两。生产社会化仅仅是计划经济产生的一般条件，并不是唯一的条件。而生产资料公有制则是计划经济产生的根本前提和决定性的基础。

依据以上原理来考察我国的生产力和生产关系状况，就不难看出，我国已完全具备实行计划经济的客观条件。

首先，我国的生产已经实现了生产社会化。所谓生产社会化，按照恩格斯的讲法，分三个方面：第一，生产资料使用社会化，即

---

① 《中国共产党第十二次全国代表大会文件汇编》，人民出版社1982年版，第24页。

"生产资料从个人的生产资料变为社会化的,即只能由大批人共同使用的生产资料"①;第二,生产过程社会化,即"生产本身也从一系列的个人行动变成了一系列的社会行动"②;第三,产品社会化,即产品"从个人的产品变成了社会的产品"③。这种社会化生产,在我国工业、交通运输等一些重要物质生产部门,其水平还是比较高的。目前我国农业生产基本上以手工工具为主,这就决定生产资料使用、劳动过程以及产品等方面的社会化程度不可能很高,但由于在许多方面已使用了农业机械,实行集体或合作劳动,为社会提供的产品量不断增大,因而农业生产也还是社会化了的。它是我国整个社会化生产的一个重要组成部分。由于我国的工农业生产都已实现了社会化,所以就具备了实行计划经济的客观物质条件。有的同志说,我国目前的生产社会化水平还不高,不具备实行计划经济的条件,这种观点是站不住脚的。我认为,生产社会化水平的高低,只影响和决定计划经济的范围和程度,并不决定能否产生和实行计划经济。只要有了生产社会化,不管其程度如何,就为实行计划经济奠定了物质基础。我们不能因为我国的生产社会化程度较低(它的程度高低总是相对而言的),就根本否定实行计划经济的必要性和可能性。

其次,我国已建立了生产资料社会主义公有制。虽然在我国城乡中仍存在一部分个体所有制,但它在我国所有制关系体系中已不居主导地位,只是作为公有制的必要的、有益的补充部分而存在和发展着。公有制经济在我国国民经济中已占统治地位。生产资料公有制是我国所有制关系的主体,是我国经济的基本制度。这就为我国实行计划经济提供了最根本的客观经济条件。

人所共知,实行计划经济的直接依据是国民经济有计划按比例发展规律。一个社会或国家能否实行计划经济,最根本的就是看这

---

① 《马克思恩格斯全集》第二十卷,人民出版社 1971 年版,第 294 页。
② 《马克思恩格斯全集》第二十卷,人民出版社 1971 年版,第 294 页。
③ 《马克思恩格斯全集》第二十卷,人民出版社 1971 年版,第 294 页。

个社会或国家的国民经济中是否存在这个规律。存在这个规律，就能实行；反之，则不能实行。然而，国民经济有计划按比例发展规律的产生和发挥作用，是以生产资料公有制为客观基础和根本前提的。它同生产资料公有制之间有着内在的本质联系，是生产资料公有制的必然产物。因为只有生产资料公有制才能把社会化生产的各个部门和各个企业联结成统一整体，消除它们之间的根本利害冲突，使它们的根本利益相一致。只有在这种条件下，社会中心或国家才能按统一计划将社会劳动成比例地分配到社会化生产的各个部门和各个企业中去，实现国民经济有计划按比例协调发展。由此可见，国民经济有计划按比例发展规律是在生产资料公有制基础上产生的，所以说，也只有在生产资料公有制基础上才能实行计划经济。没有生产资料公有制，社会化生产所要求的各个部门和各个企业的按比例发展，仅仅是一种要求而已，不能成为现实。这就不会产生国民经济有计划按比例发展规律，从而社会或国家就不可能实行计划经济。资本主义社会就是如此。资本主义生产虽然也是社会化生产，并且社会化程度很高，但由于它的生产资料所有制是资本主义私有制，不具备实行计划经济的客观经济条件，因而不能实行计划经济，而必然是无政府状态的经济。

在我国经济学界，有的同志抛开生产资料公有制这个根本条件，孤立地从生产社会化角度出发，否定国民经济有计划按比例发展规律是社会主义特有的规律，进而否定了计划经济与生产资料公有制的内在的本质联系。他们说，国民经济有计划按比例发展规律只是"高度生产社会化的规律"。我认为，这种说法是值得商榷的。

首先，把国民经济有计划按比例发展规律归结为生产力发展规律，是不妥当的。考察国民经济有计划按比例发展的客观必然性，固然不能离开生产力，不能离开生产社会化，但无论如何不能把它直接归结为生产社会化的规律。生产社会化是生产力自身发展运动的规律，而经济规律则是经济关系发展运动的规律。人所共知，社会生产是由两方面组成的：一方面是生产力，另一方面是生产关系即经济关系。这两方面是紧密联系的，但二者并不直接等同，而是有重大差别的，它们有各自的发展运动规律。国民经济有计划按比例发展规律的产生和发生作用虽然与生产化社会化有联系，但它只是社会生产关系即经济关系方面的一种运动规律，而不是生产社会化的规律。

其次，把国民经济有计划按比例发展规律说成是生产社会化规律，那就等于说：无论资本主义社会还是社会主义社会，这个规律都存在并发生作用。因为，资本主义生产和社会主义生产都是社会化生产。由此得出的结论必然是资本主义社会和社会主义社会都可以实行计划经济，计划经济不是社会主义经济区别于资本主义经济的一个根本标志了。这显然是同马克思主义经典作家的论述背道而驰的。

马克思从来没有把国民经济有计划按比例发展看作社会化生产的规律，而总是把它看作公有制基础上的一条规律。他在《政治经济学批判（1857—1858年草稿）》中说："社会必须合理地分配自己的时间，才能实现符合社会全部需要的生产。因此，时间的节约，以及劳动时间在不同的生产部门之间有计划的分配，在共同生产的基础上仍然是首要的经济规律。"[①] 马克思在谈到"自由人联合体"的社会情形时，更为明确地指出："劳动时间的社会的有计划的分配，调节着各种劳动职能同各种需要的适当的比例。"[②] 马克思在《资本论》第二卷分析社会总资本再生产和流通时，运用图式说明了社会化生产条件下两大部类之间有计划按比例分配社会劳动量的必然性。但绝不要忘记，马克思在分析这个问题时采取的方法是抽象的实现理论的假设，并非指资本主义的现实。马克思那样做的目的，并不是证明资本主义社会能够有计划按比例地将社会劳动分配到两大部类中去，实现国民经济的有计划按比例协调发展，而是证明资本主义制度必然使社会化生产所要求的种种比例关系经

---

① 《马克思恩格斯全集》第四十六卷，人民出版社1979年版，第120页。
② 《马克思恩格斯全集》第二十三卷，人民出版社1972年版，第96页。

常遭到破坏，发生严重比例失调，处于激烈震荡和严重的无政府状态中。

恩格斯在这方面的论述更多也更明确。他直接把国民经济有计划按比例发展作为公有制的必然结果。他指出，当无产阶级利用自己所取得的社会权利把从资产阶级手中剥夺过来的生产资料变为公有财产以后，能够"给它们的社会性以充分发展的自由。从此按照预定计划进行的社会生产就成为可能的了"①。还指出："一旦社会占有了生产资料……社会生产内部的无政府状态将为有计划的自觉的组织所代替。"② "当人们按照今天的生产力终于被认识了的本性来对待这种生产力的时候，社会的生产无政府状态就让位于按照全社会和每个成员的需要对生产进行的社会的有计划的调节。"③

马克思和恩格斯虽然没有明确指出国民经济有计划按比例发展是社会主义特有的经济规律，但上述论述却无疑包含了这个思想。

把国民经济有计划按比例发展作为社会主义特有经济规律明确提出来的，是斯大林。他指出："国民经济有计划发展的规律，是作为资本主义制度下竞争和生产无政府状态的规律的对立物而产生的。它是当竞争和生产无政府状态的规律失去效力以后，在生产资料公有化的基础上产生的。"④ 这是斯大林对马克思恩格斯有关论述的重大发展，是对社会主义计划经济理论的伟大贡献。

综上所述，可见马克思主义经典作家在谈到国民经济有计划按比例发展的必然性时，都联系到生产力（或生产社会化），但都并没有以此为唯一依据，而是在此基础上进一步阐明它与生产资料公有制的内在的本质，指出它是生产资料公有制产生的必然结果。

在我国经济学界，还有的同志公开讲："现代资本主义经济已

---

① 《马克思恩格斯全集》第二十卷，人民出版社1971年版，第710页。
② 《马克思恩格斯全集》第二十卷，人民出版社1971年版，第307页。
③ 《马克思恩格斯全集》第二十卷，人民出版社1971年版，第304页。
④ 《斯大林选集》，人民出版社1979年版，第544页。

经不是完全无政府状态的了",它"对整个社会生产也实行一定的计划调节",并且说:"这已成为当代资本主义的一个新特点"①。这种观点显然同马克思讲的"资产阶级社会的症结正是在于,对生产自始就不存在有意识的社会调节"② 相矛盾。但作者为了论证自己观点的正确性,特意援引了列宁的一段论述作根据。列宁在《俄国社会民主工党(布)第七次全国代表会议(四月代表会议)》一文中说:"现代资本主义直接发展到高度计划性的形式",这里似乎列宁也承认资本主义发展到帝国主义阶段以后,社会经济发展到具有高度计划性的形式,能够实行计划经济了。但是,只要我们查阅一下列宁整个论述,认真领会其全部内容和实质,就会发现,列宁这里讲的计划性,并不是指资本主义整个社会生产而言的,而是指资本主义企业内部生产的计划性。列宁的完整论述是这样的:"值得注意的是,恩格斯在 27 年前就已经指出,谈到资本主义问题,不估计到托拉斯的作用而说'资本主义的特点是没有计划性',这是不能令人满意的。恩格斯指出:'哪里有托拉斯,哪里就不会缺乏计划性,哪里就有资本主义'。现在指出这一点是很恰当的,因为俄国现在是一个军事国家,有国家垄断资本主义。实行计划化并不能使工人摆脱奴隶地位,相反地,资本家将更'有计划地'攫取利润。现代资本主义已经直接发展到具有高度计划性的形式。"③ 这段论述是针对代表会议决议没有估计到垄断阶段托拉斯的巨大作用而讲的,明显地是指托拉斯内部的生产计划性。托拉斯是由许多资本主义企业联合而成的一种垄断组织,它的计划性当然要比垄断前各个单个企业的计划性要高得多。列宁说高度计划性也仅是就这个意义上说的,不能作为资本主义经济是计划经济的理论根据。

---

① 罗元铮:《论资本主义国家的"计划调节"》,《经济研究》1980 年第 10 期。
② 《马克思恩格斯全集》第二十三卷,人民出版社 1974 年版,第 542 页。
③ 《列宁全集》第二十四卷,人民出版社 1957 年版,第 273 页。

二 我国现行计划经济与马、恩设想的计划经济的异同

马克思和恩格斯生活的时代,是资本主义时代。他们没有见到社会主义,但他们通过资本主义经济发展运动的考察,不仅论证了社会主义胜利的历史必然性,而且对社会主义社会以及社会主义的经济形式作了许多天才的预见和科学的设想。这些预见和设想,由于是依据社会发展的客观规律作出的,是他们创立的科学社会主义学说的一个重要组成部分,因此说是科学的、正确的,对社会主义是有重大指导意义的。

那么,马克思和恩格斯的设想的社会主义计划经济是什么样的呢?我认为,它主要有以下一些主要特征。

第一,马、恩的设想的计划经济是以全部生产资料归整个社会直接占有为前提的。

马克思和恩格斯曾预见,社会主义将首先在一些资本主义高度发达的国家同时取得胜利。在这样一些国家里,不仅在工业中,而且也在农业中,资本主义生产和集中都充分发达,生产社会化程度很高。无产阶级取得社会主义革命胜利以后,可以直接剥夺全国一切生产资料,并把它转归社会所有。这样建立起来的社会主义社会,将实行单一的全民所有制。因此,马、恩所设想的计划经济,就是全部生产资料归社会直接占有条件下的计划经济形式。

第二,马、恩所设想的计划经济消除了商品经济关系。

恩格斯在《反杜林论》中分析了社会占有全部生产资料的历史必然之后,明确指出:"一旦社会占有了生产资料,商品生产就将被消除。"① 还指出:"社会一旦占有生产资料并且以直接社会化的形式把它们应用于生产,每一个人的劳动,无论其特殊用途是如何的不同,从一开始就成为直接的社会劳动。那时,一件产品中所包

---

① 《马克思恩格斯全集》第二十卷,人民出版社1971年版,第307页。

含的社会劳动量，可以不必首先采用迂回的途径加以确定；日常的经验就直接显示出这件产品平均需要多少数量的社会劳动。……因此，在上述前提下，社会无需给产品规定价值。……诚然，就在这种情况下，社会也必须知道，每一种消费品的生产需要多少劳动。它必须按照生产资料，其中特别是劳动力，来安排生产计划。各种消费品的效用（它们被互相衡量并和制造它们所必需的劳动量相比较）最后决定这一计划。人们可以非常简单地处理这一切，而不需要著名的'价值'插手其间。"[①] 由上可见，由于社会直接占有了全部生产资料，使每个社会成员的劳动从一开始就成为直接的社会劳动，产品生产、产品中劳动量的确定以及劳动量在社会生产中的有计划分配，不再采取商品价值形式。价格、货币、市场等商品经济范畴消失了。所以说，马、恩设想的计划经济是完全消除了商品经济关系的计划经济形式，在那里不存在市场问题，也完全消除了竞争和生产无政府状态。

第三，整个社会的经济活动，由代表全体社会成员的社会中心来进行有计划的组织和管理。

恩格斯在《共产主义原理》一文中说到代替资本主义的新的社会制度时指出："一切生产部门将由整个社会来管理，也就是说，为了公共的利益按照总的计划和在全体社会成员参加下来管理。"[②] 这种计划经济是社会把全部经济活动都纳入社会统一计划，运用计划来调节和管理整个社会经济，是为了全体社会成员的公共利益的一种计划经济模式。

第四，马、恩设想的计划经济在个人消费品分配上实行"各尽所能，按劳分配"的原则。

马克思在《哥达纲领批判》中说："我们这里所说的共产主义社会（指社会主义社会——引者）它不是在自身基础上已经发展了的，恰好相反，是刚刚从资本主义社会中产生出来的，因此它在各

[①] 《马克思恩格斯全集》第二十卷，人民出版社1971年版，第348页。
[②] 《马克思恩格斯全集》第四卷，人民出版社1958年版，第365页。

方面，在经济、道德和精神方面都还带着它脱胎出来的那个旧社会的痕迹。所以，每一个生产者，在作了各项扣除之后，从社会方面正好领回他所给予社会的一切。他所给予社会的，就是他个人的劳动量。……他从社会方面领得一张证书，证明他提供了多少劳动（扣除他为社会基金而进行的劳动），而他凭这张证书从社会储存中领得和他所提供的劳动量相当的一份消费资料。"① 既然马克思预见的社会主义社会在个人消费分配上实行按劳分配原则，那么他所设想的社会主义计划经济当然也就是实行按劳分配的计划经济形式了。

总括以上四点，可见马、恩所设想的计划经济是十分发达的社会主义计划经济。这是因为，马克思和恩格斯所预见的社会主义社会中，生产力高度发展，与此相适应，生产关系也较完善和成熟。这样在比较发达的社会主义社会里建立起来的计划经济，必然是计划经济的较高级的形式。

我国现行的计划经济，同马、恩所设想的计划经济既有相同之处也有不同的地方。从根本原则上说，我国现行的计划经济同马、恩设想的计划经济基本相同，那就是它都建立在生产资料社会主义公有制基础上，都由社会统一计划对社会经济活动进行调节和管理，都实行按劳分配，消除了资本主义竞争和生产无政府状态。但是，也不能否认，我国现行的计划经济同马、恩设想的计划经济还存在着重大差别。

第一，计划的范围和程度不同。马克思指出："只有在生产受到社会实际的预定的控制的地方，社会才全在用来生产某种物品的社会劳动时间的数量，和要由这种物品来满足的社会需要的规模之间，建立起联系。"② 这就是说，只有在实行计划经济的地方，才能用计划使产品的生产和社会需要之间联系起来，使它们之间保持平衡。马克思在这里讲的是整个社会生产与整个社会需要之间用计

---

① 《马克思恩格斯全集》第十九卷，人民出版社1963年版，第21页。
② 《马克思恩格斯全集》第二十五卷，人民出版社1974年版，第209页。

划联系起来，这需要范围相当广、程度相当高的计划化才能做到。而由于我国目前生产社会化程度不高，生产资料公有化水平还比较低，尚不能完全做到这一点。我们的计划程度在全民所有制企业较高，而在城乡集体所有制企业中则低得多。并且，我国对个体经济及其生产的小商品还不能用计划把它们的生产与社会需要直接联系起来。如果看不到上述差别，机械地照搬马、恩设想的计划经济模式，硬行扩大我国计划化的范围和程度，势必脱离我国生产力水平和生产资料公有化状况，造成恶劣的后果。所以，在理论上和实践上承认这个差别都是非常重要的。

第二，我国现行计划经济还是存在商品生产和商品交换的计划经济。我国的社会主义革命，并不是在生产力高度发达的国家，而是在经济比较落后的国家取得胜利的。在社会主义制度确立之后，由于生产力不发达、多层次，各地的水平参差不齐、发展很不平衡，因而要存在着多种所有制经济成分。在多种所有制经济成分之间建立经济联系，只能是采取商品生产和商品交换的形式。即或在社会主义全民所有制经济内部，仍存在有利益差异的相对独立的生产者，它们之间的经济联系也不能不采取商品生产和商品交换的形式。这就使我国现行计划经济不可避免地还要利用商品、货币、价值、价格、市场等这些商品经济的范畴。如果否定商品生产和商品交换，就会排斥市场机制和价值规律的作用。实践证明，这样做的结果，只能使我国的计划经济遭到破坏。

第三，在管理方式上也有不同。马、恩设想的计划经济，是一级计划管理，即由社会中心直接组织和管理社会的一切经济活动。而我国现行的计划经济还做不到这一点。我国采取的是统一计划、分级管理的计划管理体制。这种管理体制强调国家集中统一。其优点是国家可以有计划地利用全国的人力、物力和财力，统一调节全国的各种经济活动，避免经济发展的盲目性和生产无政府状态，克服人力、物力和财力的巨大浪费。但是，由于这种管理体制容易产生集中过多、统得过死的弊病，束缚地方和企业的积极性，不利于生产力的发展，因此必须进行必要的改革。这种改革，并不是要机械地照搬马、恩设想的计划经济模式,更不是要根本废除我国现行的计划管理体制,而是要在坚持国家集中统一的前提下,逐步适当地扩大地方和企业在计划管理方面的权限,注意发挥市场调节的作用,以调动地方和企业的生产积极性。克服国家计划统得过多、管得过死的毛病,使国民经济发展增添内在的活力。

(本文发表于《经济理论与实践》1984年第2期)

建立社会主义市场经济体制是必然的选择

江泽民同志在党的十四大报告中明确指出"我国经济体制改革的目标是建立社会主义市场经济体制"。这表明我国将要彻底抛弃传统的计划经济体制模式，建立起符合社会主义市场经济要求的新体制，这个决策是非常正确、非常及时的，它反映了全体人民的根本愿望和要求，符合社会主义建设发展的规律，是我国14年改革开放进一步发展的必然选择。

首先，明确我国经济体制的目标是建立社会主义市场经济新体制，这是改革开放以来我们党和国家思想解放、理论创新、创造性运用与发展马克思主义理论的结果。我国的经济体制改革，确定什么样的目标模式，是关系整个社会主义现代化建设全局的一个重大问题，也是关系到我国社会主义前途命运的大问题。这个问题的核心，是如何处理和认识计划与市场的关系。传统观念认为，市场经济是资本主义特有的东西，计划经济才是社会主义的本质特征。所以，我国在一个很长时期，实行高度集权的计划经济制度，排斥商品经济，否定市场机制，更反对搞市场经济。党的十一届三中全会以后，我们开始认识到传统计划经济制度的弊端，大胆承认并发展我国的商品经济。1982年在党的十二大明确提出市场调节的问题，但还坚持计划经济为主，尚没有突破传统计划经济的旧框框。1984年，党的十二届三中全会通过《关于经济体制改革的决定》，明确将我国经济确定为有计划商品经济，这是一个重大的突破。1987年召开的党的十三大系统地阐述了有计划商品经济理论，提出要建立统一性与灵活性相结合的有计划商品经济的新体制,但仍没有解决以市场为主进行资源配置的问题。1992年年初,邓小平南方谈话指出:计划经济不等于社会主义,资本主义有计划,市场经济不等于资本主义,社会主义也可以搞市场经济。计划多一点还是市场多一点,不是社会主义与资本主义的本质区别。这是一个重大的思想解放与理论创新,从根本上解除了把计划经济与市场经济看作基本社会制度范畴的束缚,使我们在计划与市场问题上的认识有了新的重大突破。所以说,没有改革开放,没有党的十一届三中全会确定的解放思想、实事求是的思想路线,没有邓小平身体力行倡导的思想解放与理论创新,就不会有建立社会主义市场经济体制的正确选择。建立社会主义市场经济体制的选择,不是偶然的,它是我们党和国家坚持改革开放、坚持解放思想与创新、创造性运用与发展马克思主义的必然结果。

其次,明确我国经济体制改革的目标是建立社会主义市场经济体制,是我国14年来社会主义经济建设实践经验的科学总结。我国改革开放十多年来,大多数商品价格已放开。1990年,国家定价在社会商品零售总额中所占的比重只有29.7%,市场调节价在社会商品零售总额中的比重已达53.1%,加上国家指导价,已达70%左右。随着国家对商品价格的放开,计划直接管理的领域大大缩小,市场对社会经济活动的调节作用大大增强。实践表明,哪个地区胆子大,改革开放步子大,市场调节作用发挥充分,哪个地区就充满生机与活力,商品经济就发展得快。1978年以来,珠江三角洲工农业总产值平均每年增长21%以上,被誉为"珠江三角洲四小虎"的顺德、南海、中山、东莞四市县,改革开放以来,工农业总产值翻了3—4番,超过"亚洲四小龙"起飞时的增长速度。这个地区人均收入超过2000元,实现了小康水平。国家统计局测评出全国综合实力百强县,山东占23个,江苏占22个,广东占14个,上海占10个,总计79个,东北三省只占4个(辽宁2个、黑龙江2个)。

最近,中国社会科学院对改革开放13年社会经济发展进行综合评价，指出，发展最快的是浙江、上海、广东三个地区，第4—10位分别是江苏、云南、海南、山东、湖北、新疆、河南；居第11—20位的地区是北京、福建、河北、江西、四川、贵州、天津、内蒙古、安徽和湖南。吉林排在第28位，仅在黑龙江与青海之前。1991年与1978年相比，增长速度在90%以上的13个地区，有9个是沿海开放地区、市场经济最发达的地区。实践证明，搞市场经济就发展快，不搞市场经济就落后。因此，实行市场经济是在我国对改革开放10多年来社会主义经济建设实践经验进行科学总结基础上做出的正确选择。

最后，明确我国经济体制改革的目标是建立社会主义市场经济体制，也是借鉴外国经验教训，加速我国社会主义现代化建设的需要。第二次世界大战后的历史表明，苏联、东欧国家长期坚持推行高度集权的计划经济体制模式，纷纷垮台、失败了。我国原有的经济体制基本上是照搬苏联的，虽然在新中国成立初期起过一定的积极作用，但是随着我国商品经济的发展，它越来越成为束缚生产力发展的一种僵化体制。这种高度集权的计划体制的最大弊端是政企职责不分，排斥市场机制的作用，否定价值规律，在分配上搞平均主义，吃大锅饭，经济运行低效率乃至无效率。不改革，就不能解放、适应和促进生产力的发展；不改革，也只有死路一条。与此形成鲜明对照，第二次世界大战后一些资本主义国家靠实行市场经济实现了经济的高速发展，创造了经济"奇迹"。战后日本是一片瓦砾，人民吃不上，穿不上。在美国的扶持下，它经过几年的恢复时期，于1965年经济开始起飞，仅用15年时间就成为世界第二经济大国。"亚洲四小龙"也是战后靠搞市场经济实现经济腾飞的。比较典型的是泰国，1961年国内生产总值为29亿美元，人均国民收入仅为106美元；到1989年，国内生产总值猛增到650亿美元，增长20多倍，人均国民收入达到1150美元，增长了10倍，每年平均以70%的速度递增，仅用30年便成为亚洲第五个新兴工业化国家。战后资本主义国家的经济发展表明，由计划调节和导向的市场经济体制是一个竞争型、开放型、充满生机与活力的高效率的体制，是一种促进社会生产力高速发展的体制。评价一种经济体制好坏，首先不要问其是姓社姓资，而是看它是否适合生产力发展，是否有利于综合国力的提高，是否有利于提高人民的生活水平。确定市场经济作为我国经济体制改革的目标，是借鉴外国的经验教训，以"三个有利于"为客观依据的现实选择，是为了实现我国经济腾飞、早日实现现代化的需要。

（本文发表于《社会科学探索》1992年第6期）

科尔内的 IIB 模式与社会主义市场经济体制

一 科尔内关于社会主义经济体制模式的构想及其意义

（一）科尔内提出 IIB 模式的社会经济背景分析

科尔内作为匈牙利的一个普通公民，亲身经历了匈牙利的改革历程；作为一个积极倡导改革的经济学家，他又积极、苦心地对匈牙利的改革理论进行探索。他注视所有社会主义国家经济发展中出现的"短缺"，并立足于匈牙利，上升到理论高度进行分析。他指出，社会主义国家如不从根本上改革体制模式，就不能解决"短缺"问题，就难以实现经济的持续、快速、健康发展。他潜心研究计划与市场的关系，大胆地突破传统马克思主义经济理论的束缚，果断提出以市场为整个经济协调者的 IIB 模式，并确认它为社会主义经济体制的目标模式，这不能不说是对社会主义经济理论的一大贡献。IIB 模式的提出，是科尔内在匈牙利经济改革面临困境的条件下，为摆脱困境，继续深化改革而做出的一个现实的理论回答。这个模式不是凭空设想的，而是匈牙利改革实践发展的产物。

匈牙利于 1968 年正式宣布实行经济管理体制的改革，其根源在于第二次世界大战后经苏联帮助建立起来的高度集中的计划管理体制已不能适应日益复杂的社会化生产。当时对匈牙利改革实践产生最大影响的理论，是已构成群体的经济学者——"布达佩斯学派"中主流派的经济思想。主流派经济学家提出了由"三条最重要的原则"构成的目标模式。这三条原则如同三角形的三边,它们围绕着生产资料公有制为主导的多种所有制,构成了简单的然而也是稳定的体系。

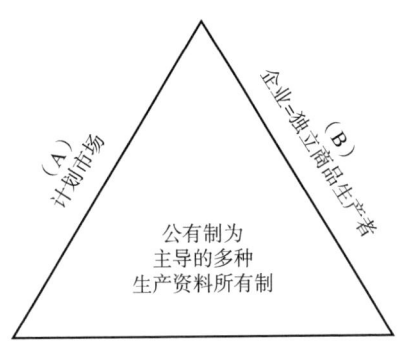

第一,主流派坚持社会主义经济是计划经济的观点,但提出以指导性计划代替指令性计划,主张引进市场机制,但反对将整个国民经济全部交给市场调节,主张计划与市场结合,并把计划放在首位。概括起来就是:实行计划与市场结合的指导性计划制度。从这条基本原则出发,主流派引出了第二条和第三条原则。

第二,在肯定国有制经济的同时,主张扩大企业经营自主权,使企业成为独立的商品生产经营者,宏观经济决策权基本属于国家,微观经济决策权基本上属于企业。

第三,主流派主张国家以经济方法来实现计划对市场的指导,主要是利用税收、价格、信贷、补贴、工资等经济杠杆,去影响企业的利益,刺激企业调整他们的经济行为。

截至1972年,构成新体制的上述三项基本原则基本上得到了落实。但是,匈牙利建立的新体制还有许多不完善之处,主要表现为新体制并没有从根本上改变国有制的体制,没有解决"二重决策标准"的矛盾。也就是说,市场决策标准是反映消费者偏好的自由价格,计划机构决策标准是社会偏好,二者发生差异,计划机构要企业服从计划而不是市场。那么,尽管是间接干预,最终企业还是听命于国家,市场也就没能有效地起作用。显然,匈牙利人对这样的体制是不满意的。因而要使新体制完善以致促进经济更好发展，必须进一步改革。匈牙利人愿意把这场变革进行到底，但是如何认识新体制的不完善之处和如何进一步深化改革，却存在严重的分歧。这时，科尔内审时度势，坚定地站在人民群众边，公开批评匈牙利改革不彻底性。他大胆创新，另辟蹊径，在社会主义经济体制目标模式上提出了与主流派全然不同的构想，明确指出匈牙利改革的目标模式应是ⅡB模式，这就在实际上突破了20世纪60年代确定的三项基本原则的框框，在社会主义经济理论发展领域开辟了一片新天地。

（二）科尔内关于社会主义经济体制模式的构想及意义

科尔内把社会主义经济模式从协调机制角度分为两类：行政协调和市场协调。每一类又含有两种亚类。

行政协调机制的两种亚类为直接的行政协调（IA）和间接的行政协调（IB）。它们的共同点是依靠上下级隶属关系，通过纵向的信息流和行政手段来控制经济运行。两者的区别在于纵向调节的手段不同。在IA中，行政机构以对企业下达具体的指令性指标来调节经济运行。在IB中，指令性计划已取消，行政机构借助于手中的权力，通过各种形式的干预，迫使企业做出符合行政机构的意图的产出决策。

市场协调机制的两种亚类为无控制的市场协调（ⅡA）和有宏观控制的市场协调（ⅡB）。它们的共同点，都是通过企业间的横向信息流和市场力量来协调经济运行，而区别则在于：ⅡA中没有自觉的宏观调控，经济运行几乎完全受市场机制盲目调节；而ⅡB中，社会中心要借助统一的和规范的宏观约束手段或经济参数手段调节经济，使之符合宏观比例运行。并且，对通信、电力等公共部门还要实行直接管理。

科尔内特别强调IB与ⅡB的区别。他指出，虽然两者都是间接控制，但在IB中，行政机构实际保留了对微观活动的大量频繁的干预，企业预算约束仍是软的，它们在相互依赖的同时，仍旧依赖国家，而在ⅡB中，除了与宏观比例有关的活动社会中心要加以约束外，企业活动要尽量符合市场要求，企业预算约束也完全硬化，与国家的利润分割则法律化。

从上述分类出发，科尔内把传统体制归为ⅠA。他认为，社会主义经济在取消指令性计划、脱离ⅠA模式后，如果继续保留各种变相的控制方法（ⅠB模式），并不能完全克服旧体制的弊端，匈牙利的实践经验就是证明。因而主张朝市场机制的方向做进一步改革。而ⅡA模式在当今世界的实际生活中是不存在的，个别社会主义国家作了类似的试验也并不成功。有宏观控制的市场协调ⅡB模式则应是匈牙利改革的目标。

科尔内选择ⅡB模式作为匈牙利改革的目标，在匈牙利经济理论发展史上具有开创性意义。他突破了主流派经济学家的"把计划当作社会主义经济主要调节手段"的观念，转而以市场机制来协调经济运行，是对计划与市场的关系的认识上的一次飞跃。

二 科尔内的ⅡB模式与我国确立的社会主义市场经济模式的比较

党的十四大明确了我国经济体制改革的目标是建立社会主义市场经济体制，以市场来协调经济运行，作为社会资源配置的主要手段。同为社会主义国家在经济体制改革的实践中提出的目标模式，它与ⅡB模式有着许多共同点。概括起来大致有以下几方面。

第一，两个模式都是在社会主义经济体制改革过程中对计划与市场的关系认识深化的结果，也是经济建设实践发展的客观要求。

在社会主义经济理论领域，长期以来传统的观念认为以公有制为基础的社会主义经济只能是计划经济，否认社会主义存在商品货币关系，商品经济只能以私有制为基础，市场经济则属于资本主义特有的经济范畴。在实践中，多数社会主义国家都按照苏联模式建立了高度集中的计划经济体制。但是，随着经济发展规模扩大，经济结构复杂化，发展目标多元化，人民生活要求提高，以及对外经济关系越来越开放。在这种情况下，计划经济本身管得过死，难以调动积极性的弊病逐渐显露出来，它导致了经济效益和增长速度下降，尤其是带来了难以解决物资匮乏和消费品不足等问题。为了进一步解决和发展生产力，社会主义国家都不约而同地走上了以引入市场机制为内容的经济体制改革道路。从中国和匈牙利的改革过程来看，都是逐渐加大了运用市场机制调节经济的分量。

实践的发展推动理论的升华。中国经过十几年的探索终于走出了用计划经济和市场经济来判断社会基本制度的误区，从而更加坚定了改革的市场化取向，并开始建立市场经济体制的进程。

第二，两个模式都是以坚持社会主义基本经济制度为前提的，并由此决定了市场经济的社会主义性质。

首先，在所有制结构上，坚持以公有制经济为主体，多种经济成分互补，协调发展。科尔内不同意在改革中把国家所有制转为非国有经济，这个观点比我国当时对一些小型国有企业所采取的改革措施还"保守"了一点。我国当前尽管私营经济发展迅速，企业股份制改革中允许职工、个人持股，但社会主义公有制的主体地位还是稳固的，我们也坚决反对私有化倾向。

其次，与所有制结构相适应，社会主义的分配制度以按劳分配为主体，按其他生产要素分配为补充，兼顾效率与公平，运用市场机制合理拉开收入差距，刺激效率；同时利用多种调节手段，防止两极分化，逐步实现共同富裕。科尔内非常重视改革可能出现的收入差距扩大的问题。他认为，效率与公平应当兼顾。虽然解决这个两难问题没有现成的处方，但必须把社会分配政策的改善作为改革的有机部分，否则将使改革受阻，乃至流产。

以上两点，决定了社会主义与资本主义的本质区别。计划与市场作为调节经济的手段，并没有阶级属性和制度属性，市场经济作为人类社会经济发展必经的阶段，它本身也并不专属于任何一种社会形态。因而，基于上述两点，无论是科尔内的 ⅡB 模式，还是我国所要建立的市场经济体制，都是坚持社会主义道路的。

第三，在经济运行机制上，都把市场机制当作主要的和基本的经济调节器，同时加强国家宏观调控。

重视发挥市场机制的作用，就要对经济体制各环节、各方面相应的进行改革。科尔内主张变更企业的依赖方向，即由纵向依赖为主变成横向依赖为主。具体地说：企业的财务状况必须取决于生产和市场方面的成败，税收设置和补贴不能带有任何随意性。价格必须灵活、有效，能够反映各种资源的相对稀缺程度。要进一步完善、改进价格体系和强化对价格的反应，彻底废除变相的投入配给制和对产出的强行干预。投资决策要分散化，投资的配置要取决于企业的盈利状况，而不能过多地取决于政府的意志。同时国家还需处理好部门和地区的主要比例关系，科学确定生产、投资和消费的主要指标，精心研究经济发展的战略问题；国家必须运用某些综合手段来进行宏观经济管理，比如，通过某些约束手段（货币供应总额和信贷总额等）或宏观参数（外汇汇率和存款、贷款利率等）来对市场，从而对整个国民经济进行调节。

我国则在旗帜鲜明地提出要建立社会主义市场经济新体制的同时，加大了改革的分量。转换企业经营机制、塑造社会主义市场经济的微观利益主体是改革的重点；深化价格改革，建立市场价格机制，完善市场体系，这是建立市场经济体制根本环节；精简国家机构，转换政府职能，这是建立市场经济体制的重要前提。企业—市场—政府这三维立体改革，整体推进，都是为了实现建立社会主义市场经济体制的目标。只有实现这个目标，市场机制才能有效地调节社会经济活动。

两个模式都是对计划经济的否定，但同时又没有走向另一个极端，完全否定计划，而是仍要使市场与计划相结合，使计划渗透于市场，做到二者的互相补充、相得益彰。

但是，科尔内的ⅡB模式与我国确立的社会主义市场经济模式还是有差别的。它们反映了社会主义经济体制改革实践的不同阶段，标志着匈、中两国对社会主义经济运行机制在认识上的差异，也说明两国人民对社会主义体制目标模式的认识的深化程度有所不同。

第一，社会主义市场经济体制这一模式比ⅡB模式的内涵更为广阔和丰富，在社会主义经济理论发展史上具有更重要的意义。

科尔内在经济科学研究领域以运用实证方法来分析描述社会主义经济的运行而独树一帜。他在著作中对社会主义经济的病理分析入木三分，但却不愿开药方，对"应该怎样运行"的规范问题研究较少。由此决定了他的ⅡB模式只是对社会主义经济改革前景的粗略的构想，对于怎样实现这一目标模式，则缺乏具体的规范性的意见。

然而，"社会主义市场经济体制"这一概念，无论就其内涵，还是意义来讲，都要比科尔内的"有宏观控制的市场协调"广阔得多，深远得多。首先，"社会主义市场经济体系"这一概念的提出，标志着人们思想的解放，观念的更新。就中国和匈牙利以往的改革来讲，都脱离不了计划经济的窠臼。就连科尔内的ⅡB模式，虽然就其实质来说具备了市场经济的本质特征（以市场机制来协调经济运行），但他没有明确提出匈牙利的改革目标就是建立市场经济，还没有达到对计划与市场认识上的质的飞跃。我国对社会主义市场经济的肯定，是社会主义经济理论发展史上的一个里程碑。其次，建立社会主义市场经济体制，涉及社会经济生活的方方面面，是一项宏大的系统工程。社会主义市场经济理论，也同样涉及对社会经济生活方方面面的研究，逐渐形成一个完整的可操作性很强的理论体系。在总体战略上，有"三步走"理论；就某一具体，方面来讲，企业改革、价格体制改革、财政金融体制改革、政府职能的转换也在理论的指导下稳定有序地进行。

第二，科尔内在ⅡB模型中，缺乏对制约企业行为的财产关系这一经济运行先决条件的规范性意见。

科尔内认为，决定企业行为的关键问题是企业面临的是硬性预算约束还是软性预算约束。预算约束本来的含义是资金运用不能超过资金的来源。在科尔内的著作中，它有了更深一层的含义，即当作约束企业行为的一系列基本条件。科尔内认为,"纯粹"硬性预算约束需要具备五个条件:价格是一个外在的因素,税收制度是硬性的,不存在无偿的国家拨款,不存在信贷,不存在外部的货币投资资金。在这些前提下,企业的经济行为就比较容易端正,因为,投入成本和销售盈利成了关系企业生死存亡的大事;企业技术进步和生产增长所必需的财政资源只能靠内部积累;企业必须适应市场价格,对价格作出灵活的反应,不能把自己的风险转嫁出去,必须承受外部环境和自己行为的后果;企业对于投入品的需求紧紧依赖于购买价格以及当前和预期的收入,因而是有限的。科尔内说:"在硬性预算约束的情况下,经理人员对于利润不能毫不关心,这点在他个人能从利润中分享的部分为零时也是如此,因为他已经把自己与企业的生存与发展紧密地结合在一起。"[1]

科尔内认为,社会主义企业的预算约束是松软的。在传统的社会主义经济中,企业往往是价格的制定者,这样企业能够不计成本地抢购投入,把增加了的成本转嫁给消费者。即使价格由管理机关强制规定,企业对管理机关的决策也能施加较大影响。管理机关的定价通常是企业成本加上一定的盈利。这种价格实际上对企业生产成本和盈利的认可,各种各样的税收优惠软化了预算约束,投资拨款本身就是最重要的礼物。另外,国家还对亏损企业提供各种长期、短期的补贴。银行信贷也是软的,即使企业已经没有能力完成银行信贷协议规定的支付义务,银行还是继续提供资金,允许企业购买需要的投入。企业还能接受外部提供的款项,如要求购买其产品的企业预付货款,或要求他们参与本企业工程项目的投资,等等。科尔内指出:"软预算约束不能在实际领域即生产和交换的活动中约束企业。"[2] 在这些前提条件下,企业的生存不再取决于盈利或亏损,生产收入和成本之差不再成为生死攸关的问题,企业的

---

[1] [匈]亚诺什·科尔内:《短缺经济学》下卷,张晓光、李振宁、黄卫平译,经济科学出版社1986年版,第23页。

[2] [匈]亚诺什·科尔内:《短缺经济学》下卷,张晓光、李振宁、黄卫平译,经济科学出版社1986年版,第13页。

技术进步和扩展不再依赖于自身的内部资金积累；企业的生存与发展不取决于价格，因而对价格反应迟钝；企业不是自己承担风险，而是把风险转嫁给国家，企业对于投入品的需求几乎是不可满足的。

科尔内继而又指出了造成社会主义国有企业预算约束软化的更深刻的原因，那就是国家和企业之间的家长式关系。国家视企业为自己的"孩子"，它不能也绝不会想把孩子置于困难境地而不顾，即使困难是由于孩子自身的过失而引起的。因而，如果不变革国家与企业的关系，就不能从根本上端正企业的行为。但是，对于怎样改变国家与企业的"父子"关系，科尔内的研究并没有涉及实质性的问题，尽管他在实际分析中点到了制约企业行为的财产关系问题，但始终没有进行过正面分析，这就使他的理论的基石松动，他所构想的ⅡB模式也就会由于缺乏牢固的基础而建立起来；也由于缺乏必要的先决条件而难以在现实经济生活中运行。道理很明显，因为缺乏独立自主的市场主体，市场机制就难以发挥有效的协调作用。

我国经济学界则对此问题有了更深入的研究，认为要使政企分开，必须明确界定企业产权，因为社会主义公有制经济的财产所有权是不明确的。也就是对于"公共财产"的权利（其对应面则是"责任"）界定不明确，由此造成政府过多干预企业，企业依赖于政府。因而要进一步深化产权方面的改革，使公有产权关系明晰化。目前，在国有制经济中股份制改革的试点工作已全面铺开，通过界定"股权"的方式，将尚不明确的产权关系尽快明确起来。一方面确定所有权主体，另一方面使所有权量化，从而使所有权本身成为可转让、可交易的，使之适合于市场配置方式的要求。

三　科尔内的ⅡB模式与西方国家市场经济的比较

科尔内的ⅡB模式与西方国家市场经济的共同点是都运用有宏观调控（包括引进计划机制）的市场机制来协调经济运行。虽然在具体做法上是西方先有市场经济而后引进国家干预,而社会主义国家是先有计划经济而后引进市场机制,但它们反映了社会主义国家和资本主义国家在生产高度社会化条件下探寻能够高效、有序运行的经济社会协调机制上,最终走到了一起。

然而,科尔内的ⅡB模式与西方国家的市场经济还存在着根本性的差别。

第一,社会经济制度不同。西方国家的市场经济是以生产资料私有制为基础的,是资本主义的市场经济。而科尔内在ⅡB模式中尽管认为非国有经济的比重必须扩大,要发展国家法律允许的私营经济、个体经济、合作经济,但这一切都要以坚持社会主义国有经济的主导地位为前提。国有经济的主导地位只能加强,不能减弱。

第二,资本主义市场经济的核心,是计划与市场的关系问题。这是由资本主义的基本矛盾——生产的社会化与生产资料私人占有的矛盾所决定的。社会主义市场经济的核心,则是国家与企业的关系问题。因为社会主义制度消除了生产社会化与生产资料私人占有之间的矛盾,这就使国家有可能运用指导性计划引导市场,从而使计划与市场结合起来。这样,国家与企业的关系便突出起来。

以资本主义私有制为基础的资本主义经济是典型的、发达的市场经济。在19世纪自由资本主义时期,资本主义的国民经济是由"看不见的手"来调节的,政府对经济不进行干预和调控,而只是维持经济运作秩序,充当"守夜人",市场成为唯一调节器,这是自由市场经济。

20世纪以来,由于生产社会化的高度发展,要求再生产保持比例性和运行的"有序性",而这是市场机制所难以实现的,因为其一,资本主义基本矛盾仍在不断激化;其二,市场的调节作用是表现为一种"借不实现而实现"的,即带有盲目性的机制。因此,当代资本主义高度发达的市场经济孕育着更加尖锐的周期性危机。高度发达的市场经济固有的矛盾,要求有某种制衡生产无政府性的机制的引入。因此,30年代以来,西方发达资本主义国家都纷纷采用政府的宏观调控,通过货币政策、财政政策、信贷政策以及其他手段，对经济活动实行政府干预。战后一些发达的资本主义国家，特别是发展中的国家，政府干预和调控经济还采取了计划形式（主要是指导性计划）。如建立计划机构和编制各种范围的计划，采取一定的落实计划的机制，这样就出现了资本主义国家各种程度不同的计划调节。这说明随着资本主义社会生产力的发展，资本主义也在探索自身存在和发展的条件，利用计划来克服市场经济的盲目性。

就企业与市场的关系来说，存在的问题主要反映在企业上。总的来说，企业尚不能进入市场，进而占领市场、开拓市场，对市场信息和社会需求做出及时的、灵敏的积极反应，缺乏竞争意识和效益观念。究其原因是在于国家与企业的"父子"关系。如果不理顺国家与企业的关系，把企业从政府部门的束缚和保护下解放出来，企业就不能成为独立的商品生产者和经营者，企业与市场的关系就不能从根本上解决。

就国家与市场的关系来说，存在的问题主要反映在市场上。主要表现在市场信号失真。商品价格不是通过市场机制来形成，而是由价格管理机关来决定，管理机关的定价通常是企业成本加上一定的盈利，再由于企业对管理机关的决策也能施加较大的影响，企业就能够不计成本地抢购投入，把增加的成本转嫁给消费者。由于市场价格既不反映价值也不反映供求，市场机制就难以发挥配置资源的基础性作用。由于国家与企业的关系没有理顺，反映在市场上的诸多问题就不能从根本上解决。因而，理顺国家与企业的关系是一切社会主义国家经济体制改革的难点和关键，看不到这一问题的症结所在，要实现改革的目标，是难以做到的。

第三，虽然西方国家的市场经济与ⅡB模式都强调国家的宏观调控，发挥计划调节机制的作用，但由于生产资料所有制不同，决定它们之间的经济计划在实施过程中是有差别的。其一，在计划目标上，由于资本主义国家是资本家的总代表，他们的计划目标必然要反映出私有制经济的意愿和要求。社会主义国家是劳动人民的总代表，他们的计划目标必然要反映出公有制经济的意愿和要求。其二，社会基本矛盾影响到计划的实施。生产力的发展要求进行计划调节，但在资本主义社会由于生产力与生产关系的矛盾表现为生产社会化和生产资料私人占有的矛盾，这个矛盾必然影响计划调节机制的效果，使资本主义国家为协调生产力发展而制定的经济计划很难达到预定目标。现阶段社会主义社会生产力和生产关系的矛盾则表现为落后的生产力和不完善的社会主义生产关系的矛盾，因而解决短缺问题就摆到首要位置上来，它和社会主义国家适应生产力发展制定的经济计划要求是一致的，因而能促进计划实施，使其尽快达到预定目标。

（本文发表于《社会科学探索》1995年1月，被中国人民大学复印报刊资料《社会主义经济理论与实践》1995年第12期全文转载；《长春日报》1995年6月5日发表论点摘要）

现代企业制度建设：难点突破与规范对策

《中共中央关于制定国民经济和社会发展"九五"计划和2010年远景目标的建议》（以下简称《建议》）中提出了今后15年我国的经济社会发展必须贯彻9条重要方针，其中第5条就是深化国有企业改革，建立现代企业制度。《建议》明确提出："国有企业是国民经济的支柱。以公有制为主体的现代企业制度是社会主义市场经济体制的基础。建设现代企业制度是国有企业改革的方向。增强国有企业特别是大中型企业的活力，发挥国有经济的主导作用，关系到经济体制改革的成败，关系到社会主义制度优越性的发挥，关系到经济社会发展战略目标的实现。"正因为深化国有企业改革、建设现代企业制度具有如此重大的战略意义，所以，必须下硬功夫，花大气力，打一场攻坚战，突破难点，采取有效对策，使现代企业制度建设进入一个规范化发展的阶段，以推动国有制经济健康、快速发展。

一 构建现代企业制度需要突破的几个难点

构建我国现代企业制度是一项艰巨复杂的系统工程，不仅需要科学的理论指导，还要敢于实践操作；不仅要有整体推进，更需要难点突破。绕开难点，是回避矛盾，不是真正的改革；况且，难点是绕不开的，迟早要解决。

要想使我国现代企业制度的建设取得重大的或实质性进展，必须在以下几个难点问题上有重大突破。

（一）真正实现政企分开

政企分开，是指政府与企业之间要有明确的分工，各司其职、各负其责、各得其利，不要互相替代，不要互相掺和，更不能"扭作一团"，纠缠不清。这是市场经济正常运作、市场主体的责权利关系明晰化的客观要求。

实行政企职责分开，必须大力推进政府机构的改革。我国的政府机构虽经几次改革，撤并了一些机构，精减了一些人员，但都没有取得实质性进展，距与市场经济要求相适应的精干、高效的强势政府目标相差甚远。庞大的行政机构严重地束缚和阻碍经济的高速有效运行，压制社会生产力的释放和发展。这突出表现在以下方面：第一，巨大的行政费用开支，挤占了经济建设与文化、教育、卫生等方面的资金。第二，行政机构林立臃肿，互相推诿扯皮，人浮于事，效率低下。申请一个项目，甚至要跑上百个部门，盖上百个印章，几乎盖每个印章都要花"明白费"，这说明行政官僚体制已经不可能有什么效率可言。第三，有"庙"即有"神"，有"神"便"呼风唤雨"，干他不该管的事儿，即干涉企业的日常生产经营活动。不把"庙"拆掉，把"神"请走，政企职责永远不可能真正分开。

政企职责不分，是我国传统计划经济体制的特征。企业为政府机构的附属物，是政府机构任意拨弄的"算盘珠儿"，没有独立性，更无独立的自身利益，从而没有发展的内在动力与外在压力，自然不会有生机与活力。我国国有企业改革从一开始就力图解决政企职责不分问题，从放权让利、扩大企业自主权、利润留成，到利改税、租赁、承包，都试图在国家与企业的关系上有所突破。但由于没有从根本上触动原有计划经济体制的产权关系，因而这些改革措施仅仅解决了一些浅层次的问题，并没有取得实质性进展。如何理顺国家与企业的关系，真正实现政企职责分开，已成为我国国有企业改革的"老大难问题"，也是制约我国国有经济发展的一个关键性因素。如今，国有企业实行产权制度改革、构建现代企业制度，必须着力突破这个难点。否则，现代企业制度就难以建立，即使勉强建立了，也必然是扭曲或变了形的现代企业制度，甚至是一个"伪劣假冒品"。据我所知，我国国有企业通过"改革"建立的股份公司（包括已上市的股份公司）绝大部分仍没有摆脱行政机构的干预与束缚，仍没有真正做到政企职责分开。这主要表现在以下方面：第一，在股权结构上，国家股所占比重过大，这是政企难以分开的一个重要经济根源；第二，董事长和董事会主要人员由国家委派或任命，经理层（包括总经理和副总经理）也都基本上仍由主管部门任命或变相"圈定"，很少真正由董事会决定聘用；第三，上级主管部门仍干预股份公司的生产经营决策，甚至否定董事会的决议，否决公司的配股分红方案等。总之，旧体制的联结国家与企业的"脐带"并没有割断，企业还没有成为真正的自负盈亏的独立市场主体。

政企分开，首先要做到或实现政资分开，即国家的管理职能与作为资产所有者的职能要分开。适应市场经济的要求，满足社会化大生产的需要，国家的管理者职能与资产所有者的职能必须分开。国家作为各方面活动的总管理者，它要以法律的、行政和经济的手段维护社会秩序，维护经济运行秩序，通过向社会各种纳税主体征税，取得财政收入，用于满足社会公共需要和保证政权的巩固。同时，国家作为资产所有者，要组织国有资产的营运，保证国有资产不断保值增值。上述两种职能混杂在一起，是传统计划经济体制的一个大弊端，既不利于国家的管理者职能的发挥，又不利于国家的资产所有者职能的实现，在实践中往往造成了事倍功半或事倍功无。如何分开？一致的意见是将国家的资产所有者职能分离出来，成立国有资产经营公司，作为国有资产的产权主体，专门行使国家的资产所有者的职能。至于资产所有者职能究竟如何行使才能切实有效，笔者将另著文阐明，这里不予赘述。

实现政企分开，单有上述的分离还不够，还必须进一步实行国有资产所有权与经营权的分离。现在理论界对"两权分离"的理解比较混乱，阐释颇多，有必要形成共识。为此，必须科学对待马克思的"两权分离理论"。马克思实际上讲了两种意义的"两权分离"：一是法律所有权与经济所有权的分离。马克思在分析借贷资本利息时指出："这种形态之所以必然产生，是由于资本的法律上的所有权同它的经济上的所有权分离，由于一部分利润在利息的名义上被完全离开生产过程的资本自身或资本所有者所占有。"① 在谈到资本的所有者和资本的使用者的关系时更明确地指出："他们实际上是伙伴：一个是法律上的资本所有者，另一个，当他使用资本时候，是经济上的资本所有者。"② 国家与企业的关系不是借贷关系，更不是两个资本所有者的关系，因此，政企分开的依据不能是上述意义上的"两权分离"。二是所有权与经营权的分离。马克思在谈到股份经济时，分析了这种意义的"两权分离"，他讲："资本主义生产本身已经使那种完全同资本所有权分离的指挥劳动比比皆是。因此，这种指挥劳动就无须资本家亲自担任了。一个乐队指挥完全不必就是乐队的乐器的所有者。"③ 恩格斯也指出："股份企业，一般地说也有一种趋势，就是使这种管理劳动作为一种职能越来越同自我资本或借入资本的资本所有权相分离。"④ 建立现代企业制度，实现政企分开，必须依据上述意义上的"两权分离"。股份制是现代企业制度的典型组织形式和管理制度。股份制条件下的所有权与经营权的分离是"完全分离"，而不像承包制条件下那样"相对分离"。具体来说，这种分离就是：股东——资本所有者，掌握资本所有权。他们把资本投入企业，形成法人财产，法人拥有法人财产权，并依法组织其营运，获取其收益。经理——资本的使用者，掌握经营管理权。他们是受雇佣的薪金劳动者，对企业资产不拥有所有权。因此，实行规范化的股份制是能够实现政企职责分开的。

---

① 《马克思恩格斯全集》第二十六卷，人民出版社 1974 年版，第 511 页。
② 《马克思恩格斯全集》第二十六卷，人民出版社 1974 年版，第 565 页。
③ 《马克思恩格斯全集》第二十五卷，人民出版社 1974 年版，第 435 页。
④ 《马克思恩格斯全集》第二十五卷，人民出版社 1974 年版，第 436 页。

(二) 企业法人财产权的确立

党的十四届三中全会决议指出：公司制企业或现代企业"拥有包括国家在内的出资者投资形式的全部法人财产权"。这个"法人财产权"是企业法人财产制度的核心，它的确立，是现代企业制度的关键。企业没有这个法人财产权，或者这个法人财产权受到侵害而不能正常行使，在市场经济条件下就不能成为独立的市场主体，自然也就谈不上自主地进行生产经营决策。

目前，我国理论界对"企业法人财产权"概念，亦称"企业产权"，可以说是众说纷纭，莫衷一是。概括起来，大致有以下几种说法。

第一，产权即是财产所有权，"法人财产权"＝法人所有权。

第二，产权是以财产为基础，与所有权相联系的一组行为权利。

第三，产权是以各种财产为客体的权利总和。

第四，产权是凭借对一定财产的所有或占有、给所有者带来一定收益的权利。

第五，产权是由法律规范的主体，对一定财产享有的权利和义务。

第六，产权是以法权形态表现出来的所有制关系。

我认为，不管产权有多少种说法，有一个实质性的问题是不能回避的，必须作出明确的回答，那就是："企业法人财产权"到底是属于什么样性质的一种权利？它是属于所有权范畴还是属于经营权范畴？

如上第一种观点认为，它属于所有权范畴。经济学界中一种颇有代表性的观点认为，法人财产权是一种边界不清的产权，因为它具有很大的不确定性，在不同的条件下，财产权可能有不同的边界，从而具有不同的内涵及属性，它可能是包含狭义的所有权、占有权、支配权和使用权在内的完整的产权体系；也可能是一束或一组包括占有权、支配权和使用权的经营权。正是由于法人财产权边界模糊，这就给在实际经济工作中建立企业法人财产权带来极大的困难。

还有的同志主张：企业的法人财产权应当包括归属意义的所有权。理由是法人所有权是能够行使包括归属、占有、支配和使用在内的各种权能，并能得到各种收益的权利。只有掌握这样的权利，企业才能完全依法自主经营、自负盈亏，可以独立处置以至变卖归它所有的财产，可以决定自己的投资活动，有权支配自己所得的利润，有权获得相应的收入，等等。同时也只有掌握这种权利，企业才真正会对经营中发生的债务负责，只能以企业的全部法人财产来抵债，而不能累及股东的财产。

我不赞同上述观点。党的十四届三中全会通过的《关于建立社会主义市场经济体制若干问题的决定》在阐述现代企业制度的第一个基本特征时明确指出："产权关系明晰，企业中的国有资产所有权属于国家，企业拥有包括国家在内的出资者投资形式的全部法人财产权、成为享有民事权利、承担民事责任的法人实体"。这就清楚地告诉我们：法人财产权是现代企业制度中与出资者所有权相对应的一种权利，它不是资产的所有权，也不包括具有归属意义的所有权，实际上只是由董事会或法人掌握的公司全部财产的经营权。经理层经营管理的是"别人的资本"，所以法人财产权实际上是一种"他物权"。关于"法人财产权＝法人所有权"的提法，是不科学的。因为，所有权具有排他性，在同一财产上具有出资者所有权和法人所有权两种排他的所有权，是不可能的，正如冰火不能同炉一样。如果硬是认定法人财产权就是法人所有权或者它里面包含所有权，必然结果有三个：第一，对企业国有资产，国家与企业均有所有权，财产归属关系二元化、模糊化；第二，国家对企业国有资产的所有权下移，移到企业，导致国家所有制蜕变为企业所有制；第三，在现实经济生活中容易造成企业对投资者（包括国家这个大投资者）权益的侵害。所以，《关于建立社会主义市场经济体制若干问题的决定》在使用法人财产权的概念时特别慎重，清晰地界定了其边界，以免引起误解与混乱。

将企业法人财产权认定为企业财产所有权或包括所有权，还会直接导致"企业内部人控制"问题。所谓"企业内部人控制"问题，是指企业外部成员（股东、债权人、主管部门）的监督不力，企业内部成员（如厂长、经理和职工等）掌握了企业的实际控制权，经营者控制了企业，经常作出违背、侵害所有者利益的事情或行为。"内部人控制"是与现代企业制度的本质要求相背离的，对经济的健康发展极为不利。原因在于：企业内部人追求自身利益最大化，而不是追求出资者、所有者的利益最大化；为了实现内部人的利益最大化，往往采取侵害外部人（出资者）利益的办法。解决这个问题，固然需要强化出资者对企业的监督意识，健全监督机制，但更重要的是从理论与实践的结合上真正科学地界定企业法人财产权的边界。

（三）建立完善的社会保障制度

目前我国国有企业的经营状况是：1/3 明亏，1/3 潜亏，1/3 盈利。构建现代企业制度，不能把眼睛盯在 1/3 盈利企业上，而应将重点和主攻方向放在那 2/3 的亏损企业上。只要把 2/3 亏损企业问题解决了，整个中国经济便会根本好转，也会跃上一个新台阶。现在最大的问题是将这 2/3 亏损企业改造或改组成股份公司极为困难。一是，亏损企业难以发股票，即使发了也没人买。哪个傻瓜买亏损企业的股票？二是对这些亏损企业实行拍卖，也难以卖掉。三是对这些企业实行破产与重组，直接涉及职工安置和就业问题。那么多失业和破产企业职工如何安置？如果得不到有效妥善的安置和重新就业，势必成为社会不安因素，甚至酿成社会动乱。因此，问题又归结到一点：解决这 2/3 亏损企业的问题，建立现代企业制度的又一个难点，就是必须尽快建立起完善的社会保障制度。

构建社会保障制度最大的难题是所需资金从哪里来？单靠国家财政拨款是根本不可能的。

经济学界有的同志提出，实行失业保障债权化。持这种意见的同志认为，失业保障费用债权化，是历史的必然选择。具体做法是：动用国有企业部分存量资产，通过债权方式，实现转轨中的巨额保障费用的合理过渡。为此，需要：第一，成立以城市为单位的失业者社会保障中心；第二，划转一部分国有存量资产给失业社会保障中心；第三，失业者通过社会保障中心取得失业保障费用的债权收益，并实现债权的转让。这种思路比较新颖，但实行起来确有难度。一是国有存量资产如何拨给社会保障中心？二是社会保障是一种什么样性质的机构？它能否真正担负起全社会失业者的保障费用？三是失业保障费用债权收益如何变成现金收入支付给失业者？这些具体问题不解决，债权化的构想只能是"构想"而已，难于在实践中施行。

解决这个问题的切实可行的思路是：国家、企业、劳动者个人三者一齐承担，共同出资，建立社会保障基金。一种意见认为，出资的原则是"个人拿大头，企业拿中头，国家拿小头"。原因在于：现在国家财政十分困难，拿出几千亿元资金来建立失业保障资金是根本做不到的，而劳动者个人经过17年的改革开放已变得比较富裕，银行储蓄存款高达3万亿元之多，动员出1/10就可解决大问题。我认为，这种方案绝不可行。银行中的3万亿元储蓄存款真正属于普通老百姓的能占多大比重？恐怕不会高。1992年全国贫困职工达700万人，按人均赡养系数3.03计算，贫困人口达2000多万人，1994年全国职工中生活困难者的比重占到职工总数的8%，按1.5亿职工总数计算，贫困职工达1200万之多，再乘以赡养系数3.03，全国城市贫困人口达3600多万人。再加上连续不断的高通货膨胀，越来越多的职工收入下降。因此，筹集社会失业保障基金从职工工资收入上打主意，让劳动者承担大头，是不可能行得通的。我认为，解决这个问题根本原则是"国家拿大头，企业拿中头，职工个人拿小头"。当然具体的比例可以探索。具体比例为5∶3∶2，似乎可以。如果按有的学者测算，建立社会失业保障基金需人民币5000亿元；那么就是国家拿2500亿元，企业拿1500亿元，职工个人拿1000亿元。这个数额，国家紧紧手，减少点浪费，控制一下支出，再发点债券，是可筹集到的。同时，动员企业和职工顾全大局，为了他们的长远根本利益，暂时付出点不大的代价，恐怕也不会引起什么社会震动。当然，职工这1000亿元，摊到每个职工头上也没多少。况且，也不必要从职工已得的收入扣除，只需把他们该增加的收入暂时少增加一些即可。

改革必须触及社会各个方面利益。而社会利益的重新调整，尤其是调整得合情合理，确系十分困难的事情。但改革又不能绕开难点走，只有下气力突破难点，才能取得成功。我国改革到今天，只有一个选择：知难而进，后退是没有出路的。

二　规范现代企业制度的若干对策

构建我国的现代企业制度，是一个艰巨复杂的系统工程，既需要科学的理论作指导，又需要在实践中认真操作。万事开头难，并且事物总要有一个由不完善到完善、由不规范到规范的过程。为了建设好我国的现代企业制度，并使之逐步规范化，必须大力实施以下对策。

第一，企业建立现代企业制度一定要注重实效，不要追求名称与形式，更不能搞假股份制。搞什么都一哄而起，"一阵风"，走形式，图虚名，不讲实效，这似乎已成为当今中国的一个通病。企业改革之初，说放权让利，稀里哗啦把权全放下去了，把利也都让了，结果，对企业失去了有效控制，国家中央财政收入猛减，各地经济处于盲目发展和严重无政府状态。然后又收权，七收八收，把原来放下的权又都收了回来，又弄得企业没有一点自主权，自然也无生机与活力可言。所以，只好在"放权—乱；收权—死"的怪圈中打转转。再比如，说搞承包，全国各地、各个行业、各个部门，乃至各个企业，一律承包，全国大刮"承包风"。吉林省甚至提出"纵包到底，横包到边"，还有的人竟然喊出"承包制万岁"的口号来。本来搞得好好的企业，不愿再折腾搞承包，可领导就是不允许，非包不可，似乎包就是改革了。

前一阶段搞股份制也出现了这个问题。许多地区和部门把股份制过于神化，以为国有企业"一'股'就灵"，盲目追求股份制的名称与形式，展开了一个换"牌子"运动，没有在改变旧体制上下功夫，没有在明晰产权关系、大胆进行制度创新上下功夫，而是煞费苦心地琢磨如何发股票，结果，"牌子"换了，内容依旧。企业经营机制和经营方式没有转变，管理水平依然低下，这种"新瓶装陈醋""穿新鞋走老路"，无论如何不能叫作改革。新建立的企业，名为"股份公司"，实际上并不是现代企业制度。

第二，切实防止国有资产流失。国有资产不仅包括有形的物质资产，而且包括大量无形资产，如技术专利、企业名称、商品品牌、企业家身价等（如"健力宝"的品牌值几十个亿、上海"扭亏大王"的身份也值几个亿等）。国有资产流失，主要有两种形式：一是隐性流失，二是显性流失。隐性流失主要是指那些以不易被人们察觉的形式发生的流失。国有资产被无偿占用，表面上看它的量并没有减少，但由于没有得到相应的使用费而蒙受损失，这是一种典型的隐性流失。再如，国有企业的亏损，尤其是明盈实亏及各种形式的挂账，实际也都是国有资产的隐性流失。国有资产的显性流失，主要是指侵占、贪污、私分或变相私分国有资产所造成的流失。由于无形资产难以做到科学合理评估，因而许多企业的无形资产在现代企业制度建立过程中更容易流失。防止国有资产流失，不仅要引起各级领导机关的高度重视，强化管理，更重要的是从制度上加以规范。为此，必须建立健全各种制度：一是健全法律制度，依法强化对国有资产的管理；二是健全与强化财务会计和审计制度，从财务上加强审查监督，硬化财务约束机制和监督机制；三是建立国有资产的科学评估制度，防止漏估、低估、错估国有资产行为的发生；四是健全国有资产的各种具体管理制度，使各个专门管理机构有明确的分工，有明晰的责、权、利关系，真正做到各司其职，各负其责，各得其利，防止互相推诿、互相扯皮、互相争名夺利。只有堵住上述各种漏洞，同时又提高了国有资产管理人员的素质，增强了管理意识与管理水平，才能保证国有资产不出现大的流失。

第三，要正确处理"转机"与"建制"的关系，强化企业内部管理，向"转机"要效益，向管理要效益。"转机"与"建制"二者是相辅相成、相互促进的关系。二者不能互相替代，更不能对立起来。现在许多企业虽然已经建立起股份公司制度，但由于经营机制没有转换，存在着严重的以"建制"代替"转机"、代替和忽视管理的现象。还有的企业，只是片面强调外部环境如何如何不好，而忽视企业内部管理，不想练"内功"，更不会练"内功"。建立股份制促进经营机制的转移，还要靠人们去努力，它绝不会自然而然地实现。

第四，要正确理解贯彻以公有制为主体的原则，既反对私有化，又要适当降低公有股在股权结构中的比重。学术界有一种主张，我国国有企业应尽快通过股份化实现私有化，即把所有的国有资产作价折成股份，量化到每个公民，把"全民虚有"变成"个人实有"。这种主张是错误的。这种做法，从根本上改变了我国全民所有制的性质，变社会主义公有制为劳动者个体私有制，将会改变我国的社会主义性质。在独联体，由于采取了国有企业全面私有化计划，使国家的社会性质发生了蜕变，结果使国民经济陷入重重危机和困难之中。独联体的教训告诫我们：私有化之路不能走，在中国也走不通；正确的选择是在坚持公有制占主体地位的前提下对国有企业进行股份制改造，通过产权改革与制度创新，使企业走上振兴之路。当然，在组建股份公司中坚持公有制的主体地位，一般来说，公有股要占主体，但绝不是说在任何部门、任何行业的股份公司的股权结构中，都一律公有股占主体，更不意味着统统由国家控股。国家控股有利也有弊。一方面它有利于国家掌握公司的基本发展方向，保障国有资产不受侵犯，实现保值增值；另一方面又不利于实现政企分开，导致国家机构干预公司生产经营活动，妨碍企业自主决策，影响企业的生机与活力。利弊权衡，弊大于利。因此，我认为，应大力降低国有股在公司股权结构中的比重，扩大法人股与个人股的比例，以遏制目前股份公司仍由国家直接控制、形成变相政府机构附属物的局面。国有股的比重由目前的60%降到

30%，法人股的比重由20%上升到30%，个人股的比重由20%上升到40%，使股权结构由原来的6∶2∶2变为3∶3∶4，可能更合理。这既有助于增加企业内部的制衡关系，消除国家股垄断产生的负面效应，又会促进个人股权向社会扩散，使更多的人与股份公司"连股连心"，关心企业的发展。这或许是优化我国股份公司股权结构的一个正确选择。

（本文发表于《社会科学探索》1996年第3期，被中国人民大学复印报刊资料《工业经济》1996年第9期全文转载）

关于建立社会主义市场
经济体制的几个问题

党的十四大是我党历史上的一个重要里程碑，把建立社会主义市场经济作为我国经济体制改革的目标，这具有更加重大的理论意义和实践意义。

一 建立社会主义市场经济体制是我国 14 年改革开放的必然抉择

江泽民同志在党的十四大报告中指出："我国经济体制改革的目标是建立社会主义市场经济体制。"这表明我国将要彻底抛弃传统的计划经济体制模式，建立起符合社会主义市场经济要求的新体制。这个决策是非常及时、非常正确的，它反映了全国人民的根本愿望和要求，符合社会主义建设发展的规律，是我国 14 年改革开放发展的必然抉择。

首先，明确我国经济体制改革的目标是建立社会主义市场经济体制，这是改革开放以来我们党和国家思想解放理论创新、创造性运用与发展马克思主义理论的结果。

我国的经济体制改革，确定什么样的目标模式，是关系到社会主义现代化建设全局的一个大问题，也是关系到我国社会主义前途命运的大问题。这个问题的核心，是如何认识和处理计划与市场的关系。传统观念认为，市场经济是资本主义特有的东西，计划经济才是社会主义的本质特征。所以，我国在一个很长时期，实行高度集权的计划经济制度，排斥商品经济，否定市场机制，更反对搞市场经济。党的十一届三中全会以后，我们开始认识到传统计划经济制度的弊端，大胆承认并发展我国的商品经济。1982年，在党的十二大明确提出市场调节的问题，但还坚持计划经济为主，尚没有突破传统计划经济的旧框框。1984年，党的十二届三中全会通过《关于经济体制的决定》，明确指出我国的经济是公有制基础上的有计划商品经济。在这里，"落脚点"在商品经济上，计划只是一个修饰词，这在理论上确实是一个重大突破，但是，在基本理论上每前进一步都是相当困难的。这时，文件上还讲有计划商品经济就是计划经济。1987年召开的党的十三大，系统地阐述了有计划商品经济理论，并提出要建立一个统一性与灵活性相结合的有计划商品经济新体制，这在理论上是一个重大的进步。但是1989年提出"计划经济与市场调节相结合"，实际上开始回归到20世纪80年代初"计划经济为主、市场调节为辅"上去了。是邓小平拨正航向，以无产阶级伟大革命家的理论勇气，明确地指出：计划经济不等于社会主义，资本主义有计划；市场经济不等于资本主义，社会主义有市场。计划多一点还是市场多一点不是社会主义与资本主义的本质区别。这是一个重大的思想解放与理论创新，从根本上解除了把计划经济与市场经济看作基本社会制度范畴的束缚，使我们在计划与市场关系问题上的认识有了新的重大突破。由此可见，建立社会主义市场经济体制的选择，不是偶然的，它是我们党和国家在邓小平南方谈话的指引下，坚持解放思想与理论创新，创造性运用与发展马克思主义理论的必然结果。

其次，明确我国经济体制改革的目标是建立社会主义市场经济体制，是我国14年来社会主义经济建设实践经验的科学总结。我国改革开放10多年来，大多数商品价格已经放开，到1990年，国家定价在社会商品零售总额中所占的比重只有29.7%，市场调节价所占的比重已达53.1%，加上国家指导价，实际上市场定价部分已达70%左右。到今年上半年，市场定价部分已上升到80%以上，随着国家对商品价格的放开，计划直接管理的领域大大缩小，市场对社会经济生活的调节作用大大增强，实践表明：哪个地区思想解放，改革开放步子大，市场调节作用发挥充分，哪个地区就充满生机与活力，商品经济就发展得快；相反，哪个地区封闭保守，改革开放迈不开步子，市场调节作用得不到有效发挥，哪个地区就停滞僵化，商品经济就发展不起来。国家统计局今年评出的全国综合实力百强县，山东省占23个，江苏省占22个，广东省占14个，上海占10个，这4个省份就占去69个，东北三省一共才4个，辽宁2个，黑龙江2个。中国社会科学院对改革开放13年经济社会发展（主要包括经济效益、生活质量、人口素质、社会结构等）进行综合评价指出：发展最快的是浙江、上海、广东3个省份；第4—10位分别是：江苏、云南、海南、山东、湖北、新疆、河南；第11—20位分别是：北京、福建、河北、江西、四川、贵州、天津、内蒙古、安徽和湖南。1991年与1978年相比，增长速度在90%以上的13个省份中，有9个是沿海开放省份，是市场经济最发达的地区。所以说，实行市场经济体制是对14年来我国社会主义建设实践经验进行科学总结而作出的正确选择。

最后，明确我国经济体制改革的目标是建立社会主义市场经济体制，也是借鉴外国的经验教训，加速我国社会主义现代化建设，早日实现与国际经济全面接轨的需要。第二次世界大战后，苏联东欧国家长期坚持实行高度集权的计划经济体制模式，造成了经济停滞与短缺，最终纷纷垮台了，我国原有的经济体制基本上是照搬苏联的，它在新中国成立初期对于集中全国力量进行重点工程建设、填补工业空白、奠定工业化基础、解决旧中国遗留的大批失业和通货膨胀、控制市场物价总水平、保障人民生活安定等方面都曾起过一定的积极作用，但是随着商品经济的发展，它越来越成为束缚生产力发展的一种僵化体制。对它必须进行根本改革。否则，就不能解放和促进社会生产力的发展。

二 关键是努力构建社会主义市场经济体制的基本框架

社会主义市场经济体制，就是社会主义国家组织市场经济运行、管理市场经济活动的各种具体制度的总称。其基本框架包括以下几点。

第一，具有独立的市场主体。

市场经济要求，市场的主体——企业必须是独立的商品生产者和经营者，必须具有明晰的产权关系和独立的自身利益。市场经济的运行是以微观经济分散决策为条件的。企业只有成为独立的商品生产者和经营者，对企业资产拥有明晰的产权归属关系，才能自主地进行生产经营决策。企业追求自身利益的最大化，这是市场经济运行与发展的根本动力。只有企业具有独立的产权，才会有强劲的利益驱动，才敢冒风险，加入激烈的市场竞争。目前，我国全民所有制企业产权关系不明晰，即全民财产"人人所有，人人又不实际占有，人人都不负责任"，实行承包制，使所有权与经营权有一定分离，企业有了一定的经营权和自身利益，但它并没有使产权关系明晰化，企业没有独立的产权，不能真正自主经营，更不能实现自负盈亏、承包制不能塑造出适合市场经济发展需要的具有明晰产权关系的市场主体，所以必须对它进行改造和发展，使之逐渐过渡到股份制。股份制使"两权"完全分开，股东掌握所有权，经理掌握经营权，可以依据市场需求变化与价格涨落，自主地进行生产经营决策。所以股份制是适合市场经济发展要求的一种企业制度。

第二，建立健全的市场体系和市场规则。

建立健全的市场体系和市场规则，这是市场经济运作与发展的基本条件，可以设想，一个国家或地区市场体系残缺不全，市场规则紊乱，不能实行市场经济。市场经济作为发达的商品经济，其运行载体——市场必须形成健全的网络系统与合理的结构体系。不仅有生产资料市场、消费资料市场，还要有劳动力流动市场；不仅要有技术市场、信息市场，还要有房地产市场、产权交易市场；不仅要有现货市场，还要有各种期货市场；不仅要有国内市场，还要有国际市场；等等。这些市场都必须在国家法令和政策的规范下有秩序、有规则地运作。这里讲的规则是指市场规则，主要是指企业平等进入市场，在市场上公平交易，平等竞争，反对特权与垄断，优胜劣汰等基本规则。目前，我国的市场体系还很不健全，如劳动力市场还没有完全形成，劳动者还不能自由流动、自主地选择职业、金融市场还不发育，股票市场则刚刚建立，并且仅有深圳、上海两处；技术市场也很少，科学技术成果还不能通过市场交易更快地转化为现实生产力。所以，构建市场经济新体制，必须加紧我国的市场体系建设。

第三，建立合理的市场价格形成机制。

商品价格在市场竞争和供求关系变化中形成，并在社会资源配置中起基本调节者的作用，这是市场经济区别于计划经济的一个根本标志。在计划经济中，商品价格是由人们按计划规定的，是一种主观价格。它虽然能在一定程度上模拟市场需求，但会经常发生主观与客观的不一致，违背价值规律的要求。市场经济中的商品价格，不允许在远离市场的物价管理部门制订，而必须在市场上形成。它作为一种客观价格，不会像计划价格那样经常失真或严重扭曲。它作为基本的和主要的市场机制，具有调节和配置社会资源的功能。某种商品价格上涨，厂商们便知道该商品供不应求，生产与经营该商品有利可图，于是纷纷投资于该商品的生产与经营，社会资源也就会流入该商品的生产与经营部门；反过来，市场上某种商品价格下跌，厂商们便会断定该商品已供过于求，生产和经营该商品已无利可图，于是资源便会从该商品的生产和经营部门中流出来。市场价格机制就这样自动地调节社会资源在各个部门与各种商品生产经营上的比例，实现社会资源的有效利用与优化配置。目前，我国的商品价格形成机制仍有20%控制在政府部门，不由市场定价；尤其是劳动力价格，不能由市场形成，工资仍由国家直接控制,这是市场经济正常运转的一大障碍,因此,国家只有放开价格管制,让价格在市场竞争和供求变动中形成,社会主义市场经济体制才能建立起来,并有效地运转。

第四,建立完善的社会保障制度,优胜劣汰是市场经济的最高法则。

劣者企业被淘汰,劳动者失业,这是市场竞争的必然结果,也是市场经济中的正常现象,没有这一条,市场经济就不会有高效率,社会也不会进步。但职工一旦失业,工资及福利待遇丧失了,生活就无保障,为了保障社会安定,使失业职工不致成为影响社会安定的因素,使市场经济正常运转,必须构建完善的社会保障制度,包括建立失业救济基金制度、劳动保险制度和必要的社会福利制度。江泽民同志在党的十四大报告中强调,这是建立社会主义市场经济体制必须抓好的重要环节之一。

第五,国机构要精兵简政,转变职能,建立有效的宏观调控体系。

国家机构改革,精兵简政,这是政治体制改革的紧迫任务,也是深化经济体制改革、建立市场经济体制和加快现代化建设的重要条件。政府要大幅度裁减非常设机构,精减机关人员,彻底实行政企分开,转变职能,提高效率,把工作重点转到加强宏观调控上来。现代市场经济的发展,没有有效的宏观调控是根本不行的。传统的市场经济以亚当·斯密的"经济人"和"看不见的手"为理论依据,主张完全自由放任,反对政府进行任何干预。1929—1933年爆发了世界性大危机,使传统的市场经济理论遭到沉重打击,人们开始认识到:国家必须对市场经济运行进行调节与干预,否则,就难免出现世界性大危机。于是,凯恩斯主义应运而生。第二次世界大战后,随着凯恩斯主义在资本主义各国的施行,现代市场经济取代了传统的市场经济,即各国政府普遍对市场经济运行进行宏观调节与控制,一些国家(如法国、日本)还借鉴社会主义国家的做法,实行宏观计划调节与控制,战后的实践证明,实行有国家调节与控制的市场经济是成功的,保障了资本主义经济的发展与繁荣。

我国实行市场经济，绝不是搞古典的、完全自由放任的市场经济，而必须是有国家调节与控制的现代市场经济。因此，以为搞市场经济，就是完全取消国家的经济职能，完全取消国家对宏观经济活动的调节与控制，那就大错而特错了。要真正保障市场经济健康有序地运转，国家必须转变职能，完善税收、信贷、货币、财政等经济杠杆，调整产业政策，建立一整套有效的宏观调控体系，使政府机构主要行使统筹规划、掌握政策、信息引导、组织协调、提供服务、检查监督等职能，不再干预企业的日常生产经营活动。

综上所述，独立的市场主体、健全的市场体系与市场规则、合理的市场机制、完善的社会保障制度和有效的宏观调控体系这五大要素统一构成社会主义市场经济体制的基本框架。这五条也可以说是实行市场经济体制的基本条件，它们缺一不可，否则，社会主义市场经济体制就建立不起来。

要把社会主义市场经济体制构建好，关键在人，人要"换脑筋"，增加商品经济意识，树立市场观念。这是搞好市场经济的重要前提。因为市场经济是要人参加和组织的，市场经济体制也要靠人来构建。人的思想观念不来个根本转变与更新，仍停留在产品经济、自然经济上，是不可能适应市场经济发展要求的。搞市场经济绝不能思想僵化、封闭保守，而必须像邓小平同志讲的那样"敢试，敢闯，敢冒风险"。

三 实行市场经济体制将进一步巩固和发展社会主义制度，实现共同富裕

第一，在实行市场经济体制过程中，有几个思想认识问题需要澄清。

实行市场经济不会改变我国的社会主义性质和方向，有人担心，搞市场经济会不会出现"方向"问题，这是没有必要的。首先，我们搞的市场经济是社会主义公有制经济占主体的市场经济。任何一个社会形态的性质，都是由这个社会形态中占主体地位的经

济形式所决定的。我国也不例外，它的性质是由在多种经济成分中占主体的社会主义公有制经济所决定的。只要公有制的主体地位不丧失，社会主义社会的性质就不会改变。其次，多种经济成分共同发展市场经济，国家、集体、个人和私营一齐上，可以更快增加综合国力，使我国的社会主义制度建立在强大的物质技术基础之上。最后，目前我国的非公有制经济（包括个体经济、私营经济、"三资企业"等），在整个国民经济中所占的比重仅为11%左右，它们都只是社会主义公有制经济的有益补充，国家放手大胆发展非公有制经济，即使它们在国民经济中的比重大幅度上升，达到30%，也不会根本动摇和改变社会主义公有制的主体地位。公有制在比重上仍占优势。第四，党和国家已决定把公有制企业推向市场，参与激烈的市场竞争，由于公有经济的物质力量雄厚，拥有先进的科学技术队伍，掌握发达的市场信息网络，可以肯定，在与非公有制经济进行平等竞争中，其主体地位不仅不会失掉，反而会真正得到巩固与强化。

第二，实行市场经济不会导致贫富两极分化。

不少同志认为，实行市场经济必然要造成社会贫富两极分化。不可否认，资本主义市场经济的发展，确实使富者越来越富，贫者越来越贫。但社会主义条件下的市场经济与资本主义市场经济有重要的区别，除了上面讲的所有制不同这一本质区别以外，还在于它们实行根本不同的分配制度。资本主义市场经济实行按资分配，谁占有的资本多，谁分的就多；雇佣劳动者没有资本，只有按劳动力价值大小取得工资报酬，这样必然产生两极分化。而社会主义市场经济则以按劳分配为主体，其他多种分配方式为补充。首先，按劳分配要承认差别，拉开收入档次，不能搞平均主义，但由于客观上劳动者的劳动差别有一定限度因而其收入差别不可能无限大，这就不可能产生两极分化。其次，在非公有制经济中，由于存在按资本和资金分配，因而存在收入差距过分悬殊的问题。据报载，目前全国个体私营经济中有百万富翁，毕竟是少数，不会使整个社会产生两极分化。所谓两极分化，是有特定含义的，它是指阶级贫富差别过大，我国现阶段的个体户和私营企业主还只是一个阶层，构不成一个独立的阶级，更不是所谓"新生资产阶级"，他们还属于人民范畴，与公有制劳动者收入上的差别，还是人民内部富裕程度的差别。对这种收入差别，国家要采取适当的政策加以调节，不能任其发展。再次，党和国家鼓励一部分地区和一部分人依靠勤奋劳动先富起来，先富带后富，先富帮后富。邓小平南方谈话指出："社会主义制度就应该而且能够避免两极分化。解决的办法之一，就是先富起来的地区多交点利税，支持贫困地区的发展"。最后，我们对共同富裕也要有一个正确的认识，它不是大家"一二一齐步走"的共同富裕，而是赛跑中有先有后的共同富裕，是最终达到共同富裕。特别是，共同富裕不能成为搞分配平均主义、吃大锅饭的挡箭牌。在公有制经济及其相关领域，突出的问题还是如何打破分配上的平均主义、拉开收入差距的问题。否则，整个经济或社会就无效率可言。

第三，实行市场经济体制会加速20世纪90年代我国经济的腾飞。

传统计划经济体制的致命弱点是经济行为主体——企业没有自身独立利益，经济发展缺乏内在动力，主要靠行政力量外在推动。由于政府的"看得见的脚"经常踩住市场价值规律这只"看不见的手"，所以经济运行滞缓，缺乏活力和效率。市场经济体制的优势在于它承认经济行为主体——企业具有自身独立利益。追求自身利益最大化这个内在动力与激烈竞赛的外在压力，比政治号召和行政动员更能激发人们的积极性和创造性，能更有效地把社会各群体和个人召唤到发展经济、脱贫致富的战场。这个体制是大大优越于计划经济的价值规律充分发挥作用的高效率的体制。20世纪90年代，我国将从根本上摆脱传统计划经济体制，步入市场经济体制轨道，从而会使被计划经济体制束缚的生产力获得空前的解放，推动我国经济的腾飞。

20世纪80年代的10年，我国仅仅是引进并扩大了市场机制的作用，尚没有实行市场经济，我国的经济面貌就大大改观。10年所创造的财富比过去 30 年创造的财富还多，一举改变了我国长期商品匮乏、供应紧张的局面。实践证明并将继续证明，市场经济体制是能够支撑我国 90 年代经济腾飞和以后长期发展的。当然，我国 90 年代经济的高速度发展，绝不是走过去的老路，而是在讲质量、重效益，能够给人民带来实惠上下功夫，切实保证全体人民稳步进入小康。

江泽民同志在党的十四大报告中指出："建立和完善社会主义市场经济体制，是一个长期发展的过程，是一项艰巨复杂的社会系统工程。"我国目前还面临着人口压力大、能源短缺、交通运输水平低、基础设施差、科技教育严重落后等困难，不能期望一年半载就把市场经济体制建成，而要做艰苦持久的努力，但也不能像小脚女人，裹足不前，迈不开改革开放的步子。我们要进一步解放思想，大胆地闯，大胆地试，大步推进。只要我们老老实实按客观规律办事，真抓实干，就一定能尽早地构建出社会主义市场经济新体制，使社会主义的市场经济比资本主义市场经济运转得更好。

（本文发表于《学理论》1993 年第 3 期）

论把企业推向市场的难点及其对策

党中央和国务院提出，把企业推向市场，是我国今年经济改革的重点，也是企业改革的核心。在治理整顿、深化改革行进到现阶段，为什么必须把企业推向市场？把企业推向市场的难点在什么地方？应采取哪些对策，攻破难关，更有效地把企业推向市场？这些都是值得认真探讨并作出科学回答的问题。

一　把企业推向市场：必要性分析

把企业推向市场，党中央和国务院的这个决策是非常正确、非常及时的。它十分适合我国目前的社会经济状况，也符合全国人民的根本利益要求与愿望。目前我国治理整顿任务基本完成，通货膨胀得到抑制，市场繁荣，物价平稳，经济回升，政治稳定，社会安定，人民生活明显改善，具备了实施把企业推向市场这样大步改革的宽松的政治环境。

所谓把企业推向市场，实质上就是让企业的生产经营活动由市场来调节。具体来说就是企业的人、财、物和产、供、销都由市场机制来调节。企业生产经营必需的劳动力，要由劳动力市场来提供与调节；企业生产经营所需要的资金，要由资金市场来提供与调节；企业生产经营所需要的生产资料，要由生产资料市场来提供与调节；企业生产的产品要通过市场来销售，实现其价值；企业产品的价格要由市场来决定与调节；总之，企业的优胜劣汰，要由市场竞争来决定与调节。这里讲的市场调节，并不完全是自发调节，更重要的是国家计划指导下的市场调节。

把企业推向市场，并非要把全部国有企业统统推向市场。目前，我国国有企业大体上有三类：一是竞争性企业，二是政策垄断企业，三是自然垄断企业。我认为，把企业推向市场，主要是指那些竞争性企业。经过十多年的改革，部分竞争性企业已开始进入市场，但相当大一部分企业受承包制的束缚，处于半依赖政府、半进入市场的"两难"状态。对于那些政策垄断企业，首先是要取消种种政策垄断性，破除国家对这类企业的种种特殊的"保护主义"，只有这样，才有可能把它们推向市场。对于那些具有自然性垄断的国有企业，是不宜完全推向市场的。因为它们完全进入市场，会造成国家对宏观经济的失控。但它们的生产经营也要面向市场，反映市场需求的变化。

我国的经济体制改革行进到现阶段，之所以必须把企业推向市场，其主要原因在于以下几个方面。

第一，把企业推向市场，是我国市场走向改革的必由之路。我国传统体制的最大弊端就是排斥市场机制，否定价值规律的作用。经济体制改革的一个重要目标和任务，就是引进市场机制，扩大市场调节在经济运行中的作用。从这个意义上说，我国的经济体制改革以市场为取向，是无可非议的。这不是由哪个人的主观意志决定的，而是由我国社会主义经济的特殊性质所规定的。我国社会主义经济是公有制基础上的有计划商品经济。经济体制的改革，必须以它为客观依据，必须符合它发展的客观要求。社会主义有计划商品经济就是计划指导下的市场导向型经济，也就是计划经济与市场调节相结合的经济形式。这种经济形式的正常运行与发展，要求企业必须进入市场，成为规范的市场主体，开展平等的市场竞争。这是个必要条件，不具备这个必要条件，社会主义有计划商品经济就无法正常运行，更谈不上发展。这里需要强调指出，市场取向改革不等同于市场化改革。市场化改革是不符合社会主义经济性质要求，与社会主义有计划商品经济发展要求相悖的。市场化改革的目标与任务是要建立无计划的自由市场经济，说穿了与私有化是异曲同工，或者说是"曲线"私有化。而市场取向改革是要市场机制与市场调节纳入计划经济运行轨道，实现计划经济与市场调节的有机结合。它是体制与运行机制的改革，不同于市场化取向改革的根本经济制度的改革。因此，以为把企业推向市场，就是搞市场化改革，建立完全自由的市场经济，是十分错误的。但也不能由此而否认，把企业推向市场，是我国市场取向改革的进一步前进与深化。

第二，把企业推向市场，是把企业真正塑造成自主经营、自负盈亏的独立商品生产者和经营者的客观要求。在我国原有经济体制下，企业远离市场，是政府机构的附属物，其人、财、物和产、供、销，均由国家控制。厂长（经理）由国家直接委派，资金由国家拨付，生产物资由国家调拨，生产方向和生产计划由国家规定，供、销活动也由国家包办。总之，企业盈亏由国家统负，企业根本不问其产品市场需要与否，只顾为国家计划生产。这是原有经济体制的一个重大弊端，改革就是要革除这个弊端，使企业由政府机构的附属物变成自主经营、自负盈亏的独立的商品生产者和经营者。为此目的，国家必须将企业从怀中放下来，把它推向充满竞争的市场。只有企业摆脱了政府机构附属物的地位，真正进入了市场，依据市场的需要变化来灵活地进行生产经营决策，才有可能具有独立的自身利益，从而成为自负盈亏的经济实体。由于企业在原有体制下生活惯了，依赖性很强，不愿或者说不会自行进入市场，也十分惧怕充满惊涛骇浪的市场，所以必须由国家采取各种强有力的措施来"推"。10多年来改革实践证明，国家不"推"，企业是不会自然而然地进入市场的。而企业不进入市场，也就不可能成为真正自主经营、自负盈亏的独立商品生产者和经营者，社会主义新经济体制的微观基础也就无法构造成。由此可见，能否把企业推向市场并不是一件可有可无、可做可不做的小事，而是直接关系到社会主义新经济体制能否建立，进而改革能否成功的大问题。在现实经济生活中，一些地方政府不是把企业推向市场，"逼"向商品经济大海，而是把企业往自己怀里拉，怕它破产和倒闭，施以种种保护措施。这是与我国企业改革的方向与目标严重相悖的,应尽快扭转和克服。

第三,把企业推向市场,是实现政企职责分开、对宏观经济进行间接调控的必要条件。把企业推向市场以后,使企业丧失了惰性和依赖性,逼迫它到激烈的市场竞争中求生存图发展,可以大大增强其自立能力与独立性。各个企业都依据市场需求的变化,自主地进行生产经营决策,生产的产品都要拿到市场上来检验和实现,谁个优,谁个劣,市场会做出公正的裁决。大家同在市场上开展公平的竞争,都为实现自身利益的最大化而努力。这就难免使市场秩序出现紊乱,使社会资源配置出现无序性。在这种情况下,国家再也无法像原有体制下那样直接用行政手段和指令性计划去干预和控制企业生产经营行为,以此来抑制和消除市场的紊乱与资源配置的无序性,而只能主要依靠经济政策和经济杠杆向市场输出或发布种种体现国家发展经济战略意图的信号,调节和诱导企业生产经营行为,以调整市场规则与行为,实现市场供需平衡与资源的合理有效配置。所以说,要改变旧的国家直接管理企业的体制模式,建立起国家直接面向市场,调节市场,通过调控市场来间接管理企业的体制模式,必须把企业完全推入市场。这是一个必备的前提条件,没有这个前提条件,国家对宏观经济的有效间接调控的经济体制模式就不可能真正建立起来。

第四,把企业推向市场,也是增强企业活力、提高经济效率、巩固社会主义制度的迫切需要。当前,我国国有企业尤其是大中型企业缺乏应有的生机与活力,亏损增加,效率下降。这已不是一个单纯的经济问题了,它已经影响到社会主义制度的巩固与发展。如果任其发展下去,社会主义制度的经济基础将受到严重的损害,在国际敌对势力的"和平演变"局势面前,就会处于不利的地位,甚至吃败仗。所以,提高企业经济效率,增强企业活力,已经成为巩固社会主义制度,反对"和平演变"的迫切需要。而在我国经济体制改革发展到今天,提高企业经济效率,增强企业活力,唯一正确的选择就是把企业推向市场。对此,《中共中央关于经济体制改革的决定》早就明确指出:"具有中国特色的社会主义,首先应该是企业有充分活力的社会主义。而现行经济体制的种种弊端,恰恰集中表现为企业缺乏应有的活力。所以,增强企业活力,特别是增强全民所有制的大、中型企业的活力,是以城市为重点的整个经济体制改革的中心环节。"实践证明:把企业真正推向市场之日,就是企业增强活力,提高经济效率之时。

综上可见,把企业推向市场,已不是一项权宜之计,而是实现我国经济体制由旧体制向新体制加速转换,尽快走出双重体制胶着摩擦局面的一个重大战略决策。它不仅适应社会主义有计划商品经济迅速发展的需要,而且也符合经济体制改革有序、渐进规律的客观要求。因此,它是完全可以实现的。

二 把企业推向市场:理论难点与实践难点

把企业推向市场,既是一个重大的理论问题,也是一个迫切需要解决的实践课题。因此,需要从理论与实践的结合上加以研究和探讨。

把企业推向市场,是一次深刻社会变革。它不仅直接涉及我国企业管理制度的创新与改革,而且标志着我国社会主义经济运行机制的根本性的转变;不仅需要培育和完善社会主义市场体系,提高社会主义市场的发育程度,而且还要建立健全社会主义的宏观调控体系,提高国家的宏观调控能力与水平。可以说,这是企业—市场—国家三位一体的立体式综合配套改革的大推进。因此,把企业推向市场,绝不是一件很简单容易的事情,而是一项需要在理论与实践上都有重大突破的艰难的系统工程。

首先,在理论上有以下难点需要突破。

第一 "两权相对分离论"或"两权适度分离论"。这种理论一直被认为是马克思的思想,是社会主义政治经济学理论的一个重大突破,并为国家政策所采纳,作为全民所有制经济实行承包制改革的理论依据。其实,这是一个重大的误解。现行的所有权与经营权的相对分离,与马克思讲的"两权分离"并不相同。马克思讲了两种意义上的"两权分离":一是法律所有权与经济所有权的分离。马克思在分析借贷资本利息时指出:"这种形态之所以必然产生,是由于资本的法律上的所有权同它的经济上的所有权分离,由于一部分利润在利息的名义上被完全离开生产过程的资本自身或资本所有者所占有。"① 在谈到资本的所有者和资本的使用者的关系时更明确地指出:"他们实际上是伙伴:一个是法律上的资本所有者,另一个,当他使用资本的时候,是经济上的资本所有者。"② 由上可见,资本贷出者掌握法律所有权,资本使用者(或贷入者)掌握经济所有权。后者凭借经济所有权从事生产经营获取平均利润,然后将平均利润的一部分以利息的形式支付给法律所有权的掌握者——借贷资本家。在一定时期内,法律所有权与经济所有权是完全分离的,而不是"相对"的或"适当"分离的。所以,现行承包制所依据的绝不是马克思讲的这种意义的"两权分离"。二是所有权与经营权的分离,即生产资料所有权与生产资料的占有权、支配权、使用权的分离。马克思在谈到股份经济时,分析了这种意义的"两权分离"。他讲:"资本主义生产本身已经使那种完全同资本所有权分离的指挥劳动比比皆是。因此,这种指挥劳动就无须资本家亲自担任了。一个乐队指挥完全不必就是乐队的乐器的所有者。"③ 恩格斯也指出:"股份企业,一般地说也有一种趋势,就是使这种管理劳动作为一种职能越来越同自我资本或借入资本的资本所有权相分离。"④ 由上可见,股份制条件下的所有权与经营权的分离是"完全"分离,即股东——所有者,掌握资本所有权;经理——资本使用者,掌握经营管理权。经理不是股东,经营者不是所有者,所有者更不是经营者。现行的承包制把这种意义的"两权分离"解释为"相对"或"适当"

---

① 《马克思恩格斯全集》第二十六卷,人民出版社1974年版,第511页。
② 《马克思恩格斯全集》第二十六卷,人民出版社1974年版,第565页。
③ 《马克思恩格斯全集》第二十五卷,人民出版社1974年版,第435页。
④ 《马克思恩格斯全集》第二十五卷,人民出版社1974年版,第436页。

分离，并作为理论基础和理论依据，显然是不妥当的。马克思从来没有讲过"两权"的所谓"相对"或"适度"的分离。要么，"两权合一"；要么，"两权完全分开""相对分离"在理论上是含混不清，分离度难以界定。它是"两权"关系的一种理想状态在实践中也难以做到。我认为，所有权是不能"分"的，能分的只是"经营权"。承包制就是在国家保持所有权的前提下，与企业之间来分割经营权。这种理论看起来似乎有理，实际上根本做不到。说所有权是不可分割的，这是正确的。但哪些经营权给国家？哪些经营权交给企业？理论上说不清，实践中谁也界定不了。实行承包制这些年，始终没有走出"放权——收权"，"放权——乱，收权——死"的怪圈。实践已证明："相对"分离等于不分离。在"相对"分离的格局下，企业永远也不会成为真正自主经营、自负盈亏的独立的经济实体。因为，有一大块经营权在国家手里，企业无法完全进入市场，进行自主的决策。我认为，要真正把企业推向市场，变成自主经营、自负盈亏的独立的商品生产者和经营者，必须突破所谓"两权相对分离论"或"两权适度分离论"，实行以"两权完全分开论"为基础的股份制。具体思路，如图1所示。

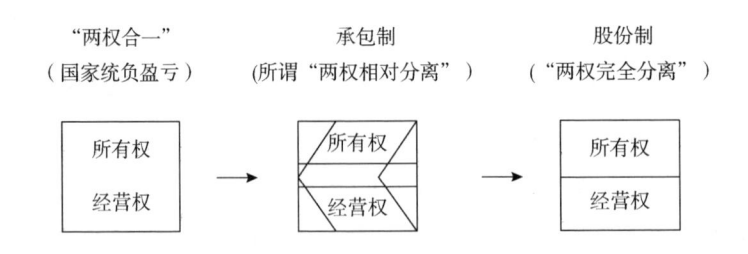

"两权合一"	承包制	股份制
（国家统负盈亏）	（所谓"两权相对分离"）	（"两权完全分离"）
所有权 经营权	所有权 经营权	所有权 经营权

图1　全民所有制内部"两权"关系

由图1可见："两权合一"，所有权代替经营权，国家直接管理企业，企业不能进入市场；企业根本没有自身独立的经济利益，纯属政府机构的附属物。承包制，所有权与经营权虽有部分分离，但相当部分重叠、结合与拧结在一起，并且分离多少为适度，难以界定；企业只能一只眼睛向市场，另一只眼睛盯着政府，不能完全自主地进入市场。实行股份制，所有权全掌握在国家手里，经营权全部交给企业，企业成为真正自主经营、自负盈亏的独立经济实体，可以自主地进入市场。

所有权与经营权的完全分开，并不是截然分开，使二者成为互不相干的东西。实际上，在任何条件下；所有权与经营权总是有一定联系或关系的。所有权要通过经营权来实现，经营权要为所有权服务。股份制就是充分体现二者关系的典型形式，也是实现把企业推向市场的一种最有效的企业制度。因此，应积极创造条件，逐步使承包制过渡到股份制。当然，实行股份制并不等于股份化。

第二，"国家两种职能不可分论"。任何国家都具有社会经济管理的职能，社会主义的中国也不例外。由于我们社会主义中国的全民所有制在现阶段还采取国有制的形式，所以国家还具有所有者的职能。管理者的职能与所有者的职能能不能分开？要不要分开？学术界一直存在着分歧。有的同志认为，这两种职能在我国是有机结合的，不能分开，也不宜分开。在这种理论的支配与指导下，国家的两种职能长期被混淆和互相替代。在制订政策时，有时以所有者的职能取代政权职能，有时又以政权的职能包揽了所有者的职能。反映在处理国家与企业的分配关系上，或以利代税，或以税代利，致使国家的分配关系难以理顺。利改税，实行税利合一的体制，就是这种"不可分论"的典型表现形式。实际上，顺乎商品经济发展的要求，适应社会化大生产发展的需要，国家的上述两种职能必须分开，并且也是可以分开的。国家作为社会经济管理者，它要以强制手段、以固定的税率，无偿地向企业征税，用于保证政权的巩固和社会公共需要；国家作为生产资料所有者，要依据企业的盈利状况，直接参与企业的利润分配。两种不同的职能代表不同的经济利益，不能混淆，不能合二为一，更不能互相代替。国家的两种职能混杂在一起，没有一个明确的分工，互相扯皮，哪一种职能也行使不好。两种职能分开，具体来说，就是将国家的所有者职能分离出来，成立国有资产管理局，专门行使所有者的职能，这样国家可以集中精力行使管理者的职能。两种职能明确分开，各尽其责，各取其利，各为其用，相互协调，有机能统一结合，既能强化国家对社会经济秩序的管理与规范，又能保证国家与企业之间的分配关系合理化、科学化。当前，我国实行的税利分流，就是适应国家上述两种职能分开的要求的，它大大有助于推动企业进入市场。

其次，把企业推向市场，不仅在理论上要突破上述两大难题，而且在实践操作上也要解决以下几个难题。

第一，政府机构不推或不愿推。各级政府机构是把企业推向市场的主体，它不推或不愿推，大部分企业是不会自动走向市场的。因为这些企业在传统体制下生活惯了，养成了一种惰性，又缺乏自主能力，害怕竞争，惧怕风险，不敢下"海"。政府机构为什么不履职或不愿推呢？这恐怕是有多种原因的。其一，"父爱主义"。在传统体制下，国家对企业长期实行保护主义，像父亲疼爱孩子一样抱在怀里。现在改革了，要把它放到充满惊涛骇浪的商品经济的大海中去，怕它被大海"吞"没。可以说，政府机构的严重的"父爱主义"是把企业推向市场的一大阻力和障碍，也是企业不能破产、产业结构难以调整优化的一个重要原因。其二，利益受损。政府机构直接管理企业，不是白管的，而是具有较大的物质利益的。把企业推向市场以后，政府机构就失去了直接管理企业的机会，这些利益自然也就损失了。其三，面临机构撤销和改行、失业。把企业推向市场以后，企业不再依赖于政府，政府机构也用不着去管理企业生产经营活动了。这样，现行政府机构的相当一部分就成为多余的，迟早要撤销。政府机构中的干部和工作人员就面临着改行、转业乃至失业的危险。这对长期在产品经济、自然经济从事领导工作的政府工作人员，也是一个严峻的考验和挑战，不是人人都能心甘情愿接受的。这恐怕是一些政府机构不愿把企业推向市场的一个重要因素。

第二，把企业推向市场以后，如何管好经济，对国家来说更难了。把企业推向市场以后，是不是就对企业不管了呢？不是的。原来的管法不行了，要采用新的方法。企业进入市场，变成独立的经济实体后，它就产生了一种对国家的"离异性"，它首先考虑的不再是国家利益，而是本企业的生存与发展，是企业自身的本位利益，它要在激烈的竞争中追求自身利益的最大化，具有一种不服管的本位利益刚性。强制性的行政手段、指令性计划不能再用了，间接的经济手段又无实质性的约束力，这就给国家对企业的管理带来极大的困难。正确的选择，应当尽快启动"国家调节市场，市场引导企业"的新机制。因为这个机制是国家间接管理企业运行的有效机制。国家不必再具体规定企业的发展规模、发展水平和活动方向，可以根据社会经济发展的需要，对价格、利率、汇率、工资、信贷、投资等市场机制进行调整与调节，使国家发展经济的战略意图通过市场机制信号传导给企业。企业则根据市场机制信号变化来进行生产经营活动，这样就能使企业的经济发展目标同国家发展经济的战略意图相吻合，从而保证国家宏观经济发展战略的实现。前一个时期，人们由于种种原因对"国家调节市场，市场引导企业"这个新机制产生的种种疑虑和责难，现在该是消除的时候了。因为在把企业推向市场以后，国家要对企业进行间接管理，对整个经济进行有效调控，除了启用这个机制，已别无其他更好的选择了。

三　把企业推向市场：对策建议

把企业推向市场，是改革深化的必由之路，也是我国改革发展的一个大趋势。为了保证把企业推向市场这一仗打胜，需要上下一致，各方配合，采取一系列行之有效的对策。

首先，思想要先行。要进一步解放思想，打消和清除阻碍把企业推向市场的种种疑虑，突破束缚把企业推向市场的种种旧观念、旧理论、旧框架，树立社会主义商品经济新观念，树立市场观念。要像邓小平同志在深圳特区考察时所强调那样：要进一步解放思想，胆子更大一些，加快改革步伐。把企业推向市场，实际上把捆着的企业的手脚放开。只有领导者的思想解放了，理论上突破了旧框架，才能积极去推动企业进入市场。因此，思想解放，理论放开，是把企业推向市场的必要条件。

其次，转换企业经营机制，迫使企业自动进入市场。企业经营机制不转换，还是老一套，工资制度上是"铁饭碗"，人事制度（包括技术干部和行政干部制度）上是"铁交椅"，分配制度上是"大锅饭"，没有差别，没有竞争，没有激励，不适应商品经济发展的要求，更不会有走向市场的愿望与要求。所以，改革企业工资制度，实行多劳多得，拉开收入差距和档次，打破分配上的平均主义和"大锅饭"，就会激发起职工的劳动热忱与积极性。企业内部精简机构，实行人员流动与优化组合，打破干部和技术人员的"铁交椅"，有利于充分调动干部和技术人员的积极性。只要企业按照商品经济的原则要求将经营机制加以转换，使企业真正成为自主经营、自负盈亏的独立的商品生产者和经营者，它就会自动进入市场。可见，企业内部经营机制的转换，乃是企业进入市场的一个内在动力。这种内在动力越足，即或国家的外在推力弱一些，也会加速进入市场的。当然，国家的外在推力也是重要的、不可忽视的。

再次，完善市场体系，整顿市场秩序，提高市场发育程度，为企业进入市场提供一个良好的环境与条件。目前，我国市场体系不完善，市场秩序混乱，市场发育程度低，这是把企业推向市场的严重阻碍，也是企业不愿意进入市场的重要因素。要素市场不完善，企业就无法从市场上购买到生产经营所必需的生产要素；市场价格不合理，企业之间就难以开展公平竞争；资金市场或技术市场不发育，都会影响企业之间的资金流通或技术交流；市场组织不健全，也会妨碍企业之间的正常交易；市场法规有缺欠，就会给一些企业投机倒把、搞非法交易、大发不义之财提供便利。所以，为了加快企业进入市场的步伐，必须整治市场，改善市场环境，提高市场的发育程度。

最后，构建社会保障体系，为企业进入市场提供可靠的保证。企业进入市场后，要为获取最大限度的利润而展开激烈的竞争，优胜劣汰是竞争规律作用的一个必然结果。企业破产，被竞争所淘汰，职工就要失业。职工失业后，工资和福利待遇丧失了，生活就无保障。所以，设立社会失业救济基金，构造社会保障体系，为破产企业解除后顾之忧，可以更快地促使企业进入市场。

（本文发表于《经济纵横》1992年6月）

《决定》对社会主义经济理论与实践的十大突破和发展

党的十四届三中全会通过的《中共中央关于建立社会主义市场经济体制若干问题的决定》（以下简称《决定》），是一个划时代的文献，它标志着我国的经济体制改革已经进入了一个新的阶段，即全面建设社会主义市场经济体制阶段。《决定》是马克思主义同我国社会主义建设实际相结合的产物。它对社会主义经济理论与实践有许多重大的突破和发展，具体来说，主要有以下十条。

第一，明确指出我国国有企业改革的方向是建立现代企业制度。

国有企业改革一直是我国经济体制改革的重点，也是改革的难点。它究竟怎么改，朝什么方向改？这在改革之初，并不是很清楚的。

十多年来，这个改革基本上是在探索中前进的，即所谓"摸着石头过河"。最初是放权让利。国家将权力放下去了，许多企业因在计划体制下面生活惯了，或不会用权，或滥用权力逐利，结果造成社会经济运行紊乱，国家利益大大受损。为了克服上述状况，接着便推行利改税，搞税利合一。这样做又混淆了税与利的不同来源及国家的行政职能与经济职能的界限，使得政企更加不分，窒息了企业的生机与活力。承包制使利改税步入困境，是为增强企业自主权及活力而作出的一种现实选择。承包制实行"包死基数，确保上缴，超收多留，歉收自补"，一方面硬化了国家的收入，保证了国家财政收入的稳定增长；另一方面也扩大了企业自主权，增加了企业的利益激励和驱动，对于调动企业和职工的积极性起了一定的积极作用。但由于承包制存在负盈不负亏、经济行为短期化、承包者搞掠夺式生产经营等严重弊端，越来越不适应市场经济发展的要求。人们已清楚地认识到，承包制不能成为国有制企业改革的目标与方向。此外，从改革之初到现在，我国理论界一直存在一种将国有企业私有化的主张（有公开私有化与"潜行"私有化），这在我国更是不可取的。在党的十四大将我国经济体制改革目标确定为建立社会主义市场经济体制以后，在承包制不可能构造出社会主义市场经济体制微观基础的情况下，"私有化"的主张便又开始抬头。在他们看来，国有制是与市场经济根本矛盾的，最适合市场经济要求的所有制形式是私有制，要搞市场经济必须将国有制企业私有化。《决定》旗帜鲜明地把建立现代企业制度确定为我国国有企业改革的方向，既是对私有化主张的驳斥与否定，也是对承包制的某种扬弃和发展。

第二，明确了国家所有权与企业法人财产权的分离。

为了解决国有企业财产关系的归属明晰化问题，理论界许多同志（也包括本人）依据马克思关于法律所有权与经济所有权相分离的学说，提出了国家掌握终极所有权、企业掌握法人所有权的主张。马克思在谈到资本所有者与资本使用者的关系时明确指出"他们实际上是伙伴：一个是法律上的资本所有者，另一个，当他使用资本的时候，是经济上的资本所有者"。这种意义上的"两权分离"，在《决定》中得到了反映和确认。《决定》阐述现代企业制度的基本特征时指出"企业中的国有资产所有权属于国家"，就是说国家掌握企业财产的终极所有权，这是国有制性质不变的根本保证。"企业拥有包括国家在内的出资者投资形成的全部法人财产权"，即是指企业掌握法人所有权。尽管《全民所有制工业企业转换企业经营机制条例》（以下简称《条例》）规定了企业有各项经营权利，为企业的产权制度改革奠定了基础，但由于没有触及所有制本身及其内部关系，没有明确产权变革与企业制度创新的关系，所以说，《决定》明确了国家所有权与企业法人财产权的分离，是对《条例》的补充、深化和发展。

第三，确认了国家两种职能分开。

任何国家都具有经济与社会的管理者的职能，但并非任何国家都必须具有所有者的职能。国家充当生产资料的所有者，是生产资料所有制采取国有制的产物。在传统的计划经济体制中，国家的这两种职能是混合在一起的，长期被互相替代。它是政企不分、政资不分的重要根源所在。为了把企业构造成社会主义市场经济体制的微观基础，成为独立的市场竞争主体，必须做到管理者职能与所有者职能的分开，使行政管理与国有资产的保值增值分开。只有这样，才能真正实现政企分开，使企业从根本上摆脱国家行政机构的干预和束缚，自主地按照市场需求进行生产经营活动。在这个问题上，《决定》也比《条例》有所突破与前进。

第四，明确提出"发展劳动力市场"，确认了劳动力的商品属性。

劳动力具有商品属性，进入市场，形成劳动力市场，这是实行市场经济的一个基本条件，也是建立社会主义市场经济体制的根本要求。在传统计划经济体制下，劳动力属于公有单位所有或国家所有，劳动者无权支配自己的劳动力，不能自由地选择职业，更不能在各部门、各地区之间自由流动。实行市场经济，必须改变这种状况，确认劳动者对劳动力的个人所有权，可以自由地支配自己的劳动力，从而形成劳动力市场。《决定》明确提出"发展劳动力市场"，这在事实上就承认了劳动力具有商品属性，可以进入市场进行买卖。这不仅是对马克思主义关于劳动力商品理论的创新与发展，而且是对社会主义市场经济理论的丰富与完善。它将对国有企业劳动制度的改革产生巨大的影响。

第五，明确了国家宏观调控的主要任务和方法。

《决定》指出"宏观调控的主要任务是，保持经济总量的基本平衡，促进经济结构的优化，引导国民经济持续、快速、健康发展，推动社会全面进步"；并且提出调控的方法主要是采取经济办法。

这里讲的"经济总量的基本平衡",是指社会总需求与社会总供给的基本平衡。社会总需求与社会总供给的失衡主要有两种表现形式：首先,社会总需求＞社会总供给,亦即社会总需求膨胀。其主要表现有四种：一是经济增长过快,超过国家的资源供给能力及国民经济所能承受的程度,由此引起国民经济结构失调,从而导致国民经济总体效益下降；二是投资基金和消费基金的增长超过国民收入的增长,国民收入出现严重超分配,从而出现投资与消费双膨胀的局面；三是信贷支出额大大超过存款额,产生信贷膨胀；四是作为上述几种形态的综合表现是发生严重通货膨胀。它给国民经济发展带来更为严重的后果,损伤经济持续增长的机制,破坏经济发展的后劲,继而造成经济的超常波动,产生大起大落现象,继而造成社会经济生活的震荡,引起人民生活水平下降。其次,社会总供给＞社会总需求。这里讲的不是"略大于",而是"严重的大于"。若是略大于则为人们所追求和希望达到的状态。因为社会总供给略大于总需求,会形成一个买方市场,也会为改革与发展提供一个较宽松的社会经济环境。社会总供给严重大于社会总需求意味社会总需求绝对不足而社会总供给相对过剩,它带来的直接后果：一是经济停滞,低增长、零增长或负增长；二是市场严重疲软和萎缩；三是就业锐减,失业猛增。

克服上述两种失衡,使社会总需求与社会总供给基本平衡,这是国民经济持续、快速、健康发展的基本保证。但要实现国民经济的快速、健康发展,还必须实现经济结构的优化。经济结构的优化主要是三次产业的优化及其内部各部门的比例优化。

长期以来,我国并没有把主要力量放在宏观调控目标上,而把大量精力用在管理微观经济活动上,所以经常出现微观管得过死、宏观又失控的局面。并且在调控手段上,不是以行政手段为主,便是经济手段与行政手段并用,在实际上并没有真正做到靠经济方法来管理经济。《决定》突出强调主要用经济手段来实现宏观调控的主要任务,这是向市场经济条件下的宏观间接调控前进的一个重要实践步骤,可以说是我国国民经济管理的一个重大突破。

第六，在财税体制改革上，明确提出分税制，建立中央税收和地方税收体系。

我国原有的财税体制是"分灶吃饭""地方包干"。这种体制较之计划经济下的"大锅饭"体制是一种突破，调动了地方增加财政收入的积极性。但由于这种地方包干体制强化了地方局部利益刚性，使地方不顾国家全局利益盲目追求自身局部利益最大化，严重地助长地方保护主义，产生了所谓"诸侯经济"，不仅严重影响中央财政收入的增长，而且妨碍各地区之间的商品流通与物资交流。显然，这种体制已经不适应市场经济发展的要求。用分税制取代包干制，是深化财税体制改革的一个正确选择。

分税制是在合理划分中央与地方的事权的基础上，合理确定地方税种、中央税种及共享税种，建立中央税收体系和地方税收体系，合理确定中央财政收入和地方财政收入的比例，实行中央财政对地方的返还和转移支付的制度，以调节分配结构和地区结构。这种制度不仅利于增加地方的税收，扩大地方的财力，而且可以保证中央的财政收入稳定增加，提高中央财政收入在国民生产总值中的比重。尤其是，它还可以为在全国实行统一税法、公平税负、简化税制、合理分权的原则，进一步完善税收制度奠定良好的基础。应当看到，分税制是市场经济国家的通行的一种税收制度，也是一种行之有效的经济管理手段。我国实行这种制度，也是采用国际惯例，实现与国际经济接轨的实际步骤。也可以说，是对我国传统税制的一次深刻变革与创新。

第七，明确了我国金融改革的具体目标。

金融体制改革的根本目标是使它适应社会主义市场经济运行的要求，保证社会主义经济持续、快速、健康发展。这个根本目标是早已明确了的。但是其具体目标如何，以往并不是十分清楚的。《决定》明确了这个问题，并做出了具体规定。首先，明确了中央银行的职能。中国人民银行作为中央银行，在国务院领导下独立执行货币政策，运用存款准备金、贷款利率和公开市场业务等手段调控货币供应量，保持币值稳定，同时兼管各类金融机构办理业务。

其次，提出建立政策性银行，实行政策性业务与商业性业务的分离，组建开发银行与进出口信贷银行，同时改组农业银行。最后，专业银行要商业化。专业银行要逐渐转变为企业，实行自主经营自负盈亏，搞商业化经营，商业银行要实行资产负债比例管理和风险管理，商业银行对贷出的款项要风险自担，这就会促进其加强对贷款的论证与管理。上述这些具体改革，都是对我国原有金融理论及原有金融体制的突破和创新。

第八，明确提出效率优先，兼顾公平的原则。

《决定》在谈到建立合理的个人收入分配制度时，明确提出了效率优先，兼顾公平的原则。

为了达到效率优先，必须打破分配上的平均主义，实行多劳多得，合理拉开收入差距。收入拉不开差距，就没有激励，自然也不会有效率。为此，要鼓励一部分地区和一部分人依靠自己的勤奋劳动先富起来。先富者会有强烈的示范效应，带动更多的人走向富裕。

社会主义同资本主义的一个重要区别在于实现共同富裕。为此，社会主义在强调收入拉开差距的同时，要兼顾公平，即收入差距不要拉得过分大，不要形成贫富两极分化。这在市场经济条件下更为重要，因为市场经济越发展便越会产生公民生活水平和物质福利上的悬殊差别。为了避免由于少数人收入畸高形成的两极分化，《决定》明确提出建立个人收入应税申报制度，依法强化征收个人所得税，并适时开征遗产税和赠与税，这都是为了更好地实现市场经济条件下的公平。

公平与效率是既矛盾又统一的关系。只讲矛盾，否定统一，是不对的。同样，只讲统一，否定矛盾，也是不对的。针对我国长期以来平均主义盛行、经济效益低下的国情，《决定》明确提出效率优先，兼顾公平，我认为是符合实际的，是对西方经济学理论的很好借鉴，也是对社会主义社会个人收入分配理论的一个创新。它必将对于调动劳动者的劳动积极性、促进我国个人收入分配制度的改革、推动社会生产力的发展起到越来越重要的积极作用。

第九，明确提出"乡镇企业是我国农村经济的重要支柱"。

我国乡镇企业发展经历了十几年的风风雨雨，走过了坎坷不平的道路。如今，乡镇企业产值已突破亿元大关，其中工业产值占全国工业产值的三分之一左右。《决定》把它概括为我国农村经济的重要支柱，是非常切合实际的。这在党的文件上还是首次。《决定》把乡镇企业作为农村经济的支柱，一改以往壮大农村集体经济的传统做法，为我国农村经济的发展指明了新的方向。这不仅在理论上丰富了社会主义工业化的理论，而且在实践上必将带动我国农村经济的全面腾飞。

第十，明确提出建立适应国际经济通行规则的运行机制。

市场经济是一种开放型经济、国际性经济。它要求各个国家都纳入国际市场体系之中，按照国际市场通行的规则来运行。为此，必须改革原有的外贸体制，建立起适合市场经济运作要求的与国际贸易体制接轨的新贸易体制。《决定》明确提出构建新的运行机制。即要构建出一个坚持统一政策、开放经营、平等竞争、自负盈亏、工贸结合、实行代理制的对外经贸运行机制。这对我国加入国际经济竞争，提高我国在世界经济中的地位和作用，无疑具有重大的作用和意义。

以上十大突破与发展，仅是依据《决定》有关经济方面的论述得出的。对于《决定》中关于政治、法律、精神文明建设等方面的突破和发展，限于篇幅暂不论述。概括起来，这十大突破与发展，是对马克思主义毛泽东思想的丰富和发展，是邓小平同志建设有中国特色社会主义理论的重要组成部分。因此，可以说，这十大突破与发展，是整个《决定》的核心与精髓。我们每个同志都应认真地领会和掌握，以便更好地贯彻落实《决定》，增强建立社会主义市场经济体制工作的主动性和自觉性。

（本文发表于《学理论》1994 年第 2 期）

论市场经济的内涵、特征及其运行机制

一 市场经济范畴的内涵及其特征

市场经济是商品经济发展到一定阶段的产物。市场经济和商品经济是两个既有联系、又有区别的范畴或概念。商品经济是市场经济形成和发展的基础，没有商品经济就不会有市场经济。凡是商品经济，都必须有市场。但有市场并不一定是市场经济。市场经济是在商品经济——特别是在资本主义商品经济发展过程中形成的，是商品经济高度发展的必然结果，即商品经济发展到大机器工业时期、市场体系形成、国际市场产生，商品生产与商品交换覆盖全社会时才产生。当然，市场经济产生后，又反过来进一步推动和促进商品经济的发展。

到底什么是市场经济？其特定含义是什么？至今学术界对这个问题仍没有统一的意见，分歧较大。据我了解，起码有以下几种论点：第一，"经济体制论"。曾康霖教授认为，不能把市场经济仅仅理解为经济运行机制，它实际上是一种经济体制。[1] 第二，"经济运行方式和调节手段论"。北京大学肖灼基教授撰文指出："社会主义市场经济，就是在社会主义国家的行政管理、政策约束和宏观调控下，在生产资料公有制为主体的条件下，按照市场规律进行活动的经济运行方式和经济调节手段。"[2] 第三，"资源配置方式论"。

---

[1] 曾康霖：《市场经济与资金融通》，《金融时报》1992年9月21日。
[2] 肖灼基：《按市场经济的要求推进改革》，《经济时报》1992年8月18日。

刘国光同志在《经济日报》发表文章指出："在社会生产中，资源配置只有两种方式，一种是市场方式，另一种是计划方式……如果说你这个资源配置是以计划方式为主的配置，那么就是计划经济，以市场作为资源配置主要方式，就叫市场经济。"① 第四，"商品经济论"。持这种观点的同志认为，市场经济就是商品经济，但有的同志认为两者是同一个东西，也有的同志将两者加以区别。主张两者是同一个东西的，有于光远和刘吉两同志。于光远同志认为："市场经济同商品经济本来是同义词……这两个名词本来很难分开，因为商品本来是为市场而生产、在市场交换的产品。"② 刘吉同志讲："在我看来，社会化大生产、商品经济、市场经济都是一回事。"③ 吴敬琏同志认为："商品经济和市场经济是两个既相联系又有区别的概念，分别从不同角度来界定同一类型的经济体制。"④ 刘诗白教授则把市场经济区分为广义与狭义两种，他说："什么是市场经济？广义地说，市场经济就是商品经济。商品是为了市场交换的产品，商品经济就是由市场来联系、协调经济活动的。基于商品经济有市场、有市场调节的作用，可以把商品经济称为市场经济。狭义地说，市场经济是社会化大生产条件下的商品经济，是市场充分发育形成了完备的市场体系，市场机制的调节功能得到充分发挥，成为资源配置的主要力量的商品经济。"⑤ 以上几种论点虽然有不同的视角，从不同的侧面来界定市场经济的内涵，但都有其合理性和科学性的一面，即：都否定了市场经济的基本社会经济制度的属性内涵，都指明它与商品经济的密切关系与联系，也都指明了它包含有经济运行方式与调节手段的内容，还都认为它是以市场

---

① 刘国光：《中心问题是资源配置的方式》，《经济日报》1992年9月28日。
② 于光远：《不要再回避"市场经济"这个词》，《改革》1992年第3期。
③ 刘吉：《经济体制改革的关键一着》，《经济日报》1992年9月22日。
④ 吴敬琏：《全力以赴，建设市场经济的基础结构》，《改革》1992年第5期，周叔莲、郭克莎在《确认"社会主义市场经济"提法意义重大》一文中也持这种观点，《经济日报》1992年8月22日。
⑤ 刘诗白：《论社会主义市场经济》，《经济学家》1992年第5期。

作为社会资源主要或基本配置者。但我认为，仅有这些内涵还不够，还应进一步明确：首先，市场经济是一种具体经济制度，也是一种经济体制。作为一种经济体制，它要包括经济运行方式、经济调节手段等，此外还要包括一些具体的管理制度。实行市场经济意味着对原有计划经济体制不是修修补补，而是进行根本性变革，是我国具体经济制度即管理体制的一项创新，它表明我国社会主义经济制度的具体实现形式和运作方式及管理体系将发生革命性的转变。因此，强调指出其具体经济制度或经济体制的内涵，具有极为重要的意义。这有助于我国在实践中经过一段时间的努力，使市场经济制度完善起来，以早日实现国民经济在市场经济轨道上运转。其次，突出强调市场是社会资源的基本或主要配置者。社会资源配置既涉及经济运行方式、经济调节手段，也涉及经济管理体制。因此，刘国光同志按资源配置方式来区分什么是计划经济和什么是市场经济，是具有一定科学道理的。只有在市场经济中，市场才具有社会资源的主要配置者的地位与功能。在市场经济形成之前的商品经济中，尽管也有市场，市场机制也发挥资源调节者的功能，但它不成为其为社会资源的主要调节者和配置者。但仅以资源配置方式这一点加以区分，似嫌狭隘了一些。相比之下，刘诗白教授的广义与狭义说，则更为全面、具体一些。因为它不仅突出市场是社会资源的主要配置者，还特别强调了市场体系的完备与市场机制功能的发挥。严格来讲，不具备这两条，也不称其为真正的市场经济。

社会主义经济既然属于一种市场经济，那它就理所当然地具有一般市场经济的属性和特征。就是说，凡是市场经济具有的典型特征和属性，它都应该并且必须具备。我认为，典型特征主要包括以下几点。

第一，市场主体必须是独立的商品生产者和经营者，必须具有明晰的产权关系和独立的利益。市场经济的微观基础是企业，企业是市场的主体。市场经济的运行是以微观经济分散决策为条件的。企业只有成为具有独立利益的商品生产者和经营者，对企业资产有明晰的产权归属关系，才能进行独立自主的生产经营决策，才能实现自身的物质利益。市场主体追求自身利益最大化，这是市场经济运行与发展的根本动力。只有产权关系明晰，利益驱动直接，企业才敢冒风险，加入市场竞争。没有独立的市场主体，市场经济便无法存在与发展。

第二，价格要在市场供求中形成，并成为社会资源配置的主要机制。商品价格在市场供求关系的变动中自发形成，这是市场经济区别于计划经济的一个重要标志。在计划经济中，商品价格是由人们按计划规定的，是一种主观价格，因而往往既不反映价值规律，又不反映市场供求。市场经济中的商品价格，不允许在远离市场的物价管理部门产生，而只能在市场上依商品价值的实现程度及供求关系的变化状况形成。它是一种客观价格，不会产生主观价格那种既不反映价值规律要求，又不反映供求的问题。它作为市场的最基本信号，具有社会资源配置者和调节者的功能。商品价格上涨，厂商们便知道该商品供不应求。生产与经营该商品有利可图，于是纷纷投资于该种商品的生产和经营，社会资源也就会跟着流入该种商品的生产和经营部门；反过来，市场上某种商品价格下跌了，厂商们便断定该商品已供过于求，生产和经营该商品已无利可图或获利甚少，于是将资本从该种商品的生产与经营中转移出来，这种社会资源就会从该种商品的生产与经营部门流出来。市场价格机制就这样自动地调节社会资源在各个部门与各种商品生产与经营上的分配比例，使社会资源得到有效利用和优化配置。由于计划经济中的价格不能成为真正的市场信号，或是失真的扭曲的市场信号，因此它不能成为社会资源合理配置的有效机制和手段。

第三，市场体系必须健全，市场规则必须规范。这是市场经济运作和发展的基本条件。不能设想，一个国家或地区市场体系残缺不全，市场规则混乱不堪，还能实行市场经济。市场经济作为发达的商品经济，其市场必须形成健全的网络、合理的结构体系，不仅有生产资料市场、消费资料市场、资本和金融市场，还要有劳动力市场；不仅要有技术市场、信息市场、还要有房地产市场；不仅有现货市场，还要有期货市场；不仅有国内市场，还要有国际市场；

等等。这些市场都必须在国家法令和政策的规范下有序、有规则地运作。这里讲的市场规则，主要是指平等进入、公平竞争、反对垄断、优胜劣汰等基本规则。在市场经济中，所有的市场参与者在市场进入和从事交易上，机会和地位都是平等的，任何人都不应享有经济特权和超经济的特权，也不应依权力、地位、职务而形成某种等级差别，大家一律以平等的商品生产者和经营者的身份进入市场，站在同一起跑线上，开展公平竞争。

第四，建立完善的社会保障制度。优胜劣汰是市场经济的最高法则。劣质企业被淘汰，劳动者失业，这是市场竞争的必然结果，也是市场经济发展中的正常现象。没有这一条，市场经济就不会有高效率，社会也不会进步。但职工一旦失业，工资及福利待遇丧失了，生活就无保障。为了保障社会安定，使职工失业不致成为影响社会安定的因素，使市场经济正常运转，必须构建社会保障制度，包括建立失业救济基金制度、劳动保险制度和必要的社会福利制度。江泽民同志在党的十四大报告中讲，这是建立社会主义市场经济体制必须抓好的重要环节之一。

第五，国家机构要精兵简政，转变职能，建立有效的宏观调控体系。国家机构改革，精兵简政，这是政治体制改革的紧迫任务，也是深化经济体制改革、建立社会主义市场经济体制和加快现代化建设的必要条件。通过改革，可大幅度裁减政府机构，精简机关人员，彻底实行政企分开，转变政府职能，提高办事效率，把工作重点切实转到加强宏观调控上来。现代市场经济的发展，没有有效的宏观调控是根本不行的。传统的市场经济以亚当·斯密的"经济人"和"看不见的手"为理论依据，主张完全自由放任，反对政府进行任何干预。1929—1933年爆发的世界性大危机，使传统的市场经济理论遭到沉重打击，人们开始认识到：国家必须对市场经济运行进行调节和干预，否则，就难免出现世界性大危机。于是，凯恩斯主义应运而生。第二次世界大战后，随着凯恩斯主义在资本主义各国的施行，现代市场经济取代了传统市场经济，即各国政府普遍对市场经济运行进行宏观调节与控制，一些国家（如法国、日本）还借鉴社会主义国家的做法，实行宏观计划调节与控制。战后的实践证明，实行有国家调节与控制的市场经济是成功的，保障了资本主义经济的发展与繁荣。我国实行市场经济，绝不是搞古典的完全自由放任的市场经济，而必须是有国家调节与控制的现代市场经济。因此，以为搞市场经济就是完全取消国家的经济职能，完全取消计划调节，完全取消国家对宏观经济活动的调节与控制，那就大错特错了。要真正保障市场经济健康有序地运转，国家必须转变职能，完善税收、信贷、货币、财政等经济杠杆，调整产业政策，建立一整套有效的宏观调控体系，使政府机构主要行使统筹规划、掌握政策、信息引导、组织协调、提供服务、检查监督等职能，不再干预企业日常生产经营活动，真正做到宏观管好、微观放开。

社会主义市场经济同资本主义市场经济还是有区别的。最本质的区别就在于所有制基础不同。资本主义市场经济建立在生产资料资本主义私有制的基础上，社会主义市场经济建立在生产资料社会主义公有制基础上。正是由于这一点，才使得社会主义市场经济除了具有上述一般市场经济的特征以外，还具有其独特性，那就是：其一，社会主义市场经济在所有制结构上以公有制经济为主体，以全民所有制经济为主导；其二，社会主义市场经济在分配制度上以按劳分配为主体，允许一部分地区和一部分人依靠勤奋劳动先富裕起来，先富带后富，最终达到共同富裕；其三，社会主义市场经济的本质是解放生产力、发展生产力、最终消灭剥削，它应该而且能够避免两极分化。

二 实行市场经济体制必须启动"国家调节市场，市场引导企业"新机制

调节社会主义市场经济运行的机制模式是什么？我认为，就是"国家调节市场，市场引导企业"。其根本理由主要有以下几点。

第一，这个机制模式是间接调控机制模式，符合市场经济体制的要求。计划经济体制与市场经济体制是两种截然不同的经济体

制。在计划经济体制下，国家对企业下达指令性计划，通过计划直接管理企业，整个经济的运行靠国家计划支配和调节。这种直接计划调节机制模式使企业缺乏自主性，没有前进的内在激励与动力，窒息了企业的生机与活力。而在市场经济体制下，国家不向企业下达任何指令性计划，也不直接管理企业任何经济活动，而是直接面向市场，运用经济政策和经济杠杆调节市场供求关系、价格变动等。并向市场传输国家经济发展战略意图，诱导企业实现国家的经济发展战略目标。目前我国经济体制正在由计划经济体制向市场经济体制过渡，所以经济运行机制模式也必须由单纯的计划机制模式转变为"国家调节市场，市场引导企业"机制模式。这是市场经济的根本要求。

第二，这个运行机制模式是一个双向调节循环流程，符合市场经济运行的要求。这个运行机制以企业为基础，以市场为中介，以国家为调控主体，沿着企业—市场—国家与国家—市场—企业的轨迹运行，构成了国家—市场—企业三位一体的双向循环流程，如图1所示。

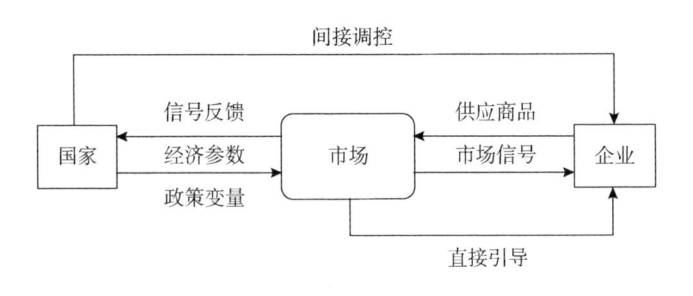

图1 "国家调节市场，市场引导企业"运行机制

从这个动态的运行机制可以清晰地看出，企业是市场经济的主体，它每时每刻都要以独立的商品生产者与经营者的身份进入市场、参与市场活动。一方面，它要接受市场信号的引导，进行生产经营决策，购买各种生产要素；另一方面，它依据市场的需求，生产出各种各样的产品供应给市场。由上可见，企业以其自身的需求与供给调节着市场。企业需求多少及需求什么，决定并调节市场需求总量及需求结构；企业生产多少及生产什么，决定并调节市场供给总量及供给结构。市场供求关系的变化以及由它引起的市场价格变化，必然要反馈到国家。国家对市场信息反馈及时作出反应，调整政策变量及经济参数，再开始新一轮的调节市场过程。如此循环往复不断地调节市场经济健康运行。当然，每一个循环流程都不是上一个循环流程的简单重复，它在形式上、内容上，都有新的表现与特征。所以，"国家调节市场，市场引导企业"这个新机制是能够保障社会主义市场经济有序运行、健康增长的现实有效机制，这是其他机制不能比拟和替代的。

第三，这个运行机制突出了市场在经济运行中的枢纽和主轴作用，更符合市场经济运行规律的本质要求。任何市场经济运行，都必须以市场为枢纽和主轴，社会主义市场经济也毫不例外。就是说，在社会主义社会，必须以市场为枢纽和主轴来配置资源。这种资源配置是通过市场需求和供给的变动引起市场价格的变动来实现的。市场价格上升、生产这种产品有利可图，资源就往这种商品生产上流；市场价格下跌，生产这种商品无利可图，资源就要从这种商品生产中流出来，流到有利可图的商品生产上去。这种市场配置资源的过程，就是价值规律自动调节社会资源或社会劳动量在各个部门或各种商品生产上自由流动的过程。市场引导企业，严格来说，就是市场在各企业之间进行资源有效配置的过程。国家调节市场，就是国家通过市场机制来合理配置资源，以保证市场总需求与总供给大体平衡的过程。这个机制以市场为轴心和枢纽来配置社会资源，能更有效地促进市场经济加速运行，实现均衡增长。

第四，这个运行机制强调了国家对市场的调控作用，可避免出现资本主义市场经济那样的严重盲目性和周期性的市场震荡。市场经济不是万能的，它本身也有弱点和缺欠。市场在配置资源过程中，容易造成竞争的盲目性、逐利的近期性、分配的无序性和收入悬殊性，而这些缺欠在资本主义私有制作用下，不仅得不到消除，反而会更加加剧和强化，达到一定程度便会引起经济危机，使市场激烈震荡。在社会主义市场经济中，启用"国家调节市场，市场引导企业"这个运行机制，无疑会通过"国家调节市场"这一重要环节，充分发挥公有制经济在市场竞争中的主导作用，减少或抑制竞争的盲目性、收入的悬殊性，增加分配的有序性和逐利的长期性，消除市场的激烈震荡，增加经济运行的稳定性与可调控性。

综上所述，可见"国家调节市场，市场引导企业"新机制，是适合社会主义市场经济健康运行的有效机制，是国家从全社会规模上自觉运用价值规律，组织与管理国民经济的好形式。所以，发展我国的市场经济，启用这个新机制无疑是一个正确的选择。

(本文发表于《经济管理学报》1993年第4期)

社会主义市场经济的若干理论问题

市场经济同商品经济既有同一性又有差别性。市场经济不仅仅是经济调节手段、运行方式,而是一种具体经济制度,也是一种经济体制。社会主义市场经济既具有一般市场经济的典型特征,又具有自身的特点。实行市场经济体制是我国14年改革开放的必然抉择。要使市场经济体制运行起来,必须启动"国家调节市场,市场引导企业"的新机制。

一 关于市场经济范畴的内涵及其特征的不同认识

什么是市场经济?市场经济的特定含义是什么?至今学术界没有统一的意见。据我了解,起码有以下几种论点:第一,"经济体制论"。曾康霖教授认为,不能把市场经济仅仅理解为经济运行机制,它实际上是指一种经济体制。① 第二,"经济运行方式和调节手段论"。肖灼基教授指出:"社会主义市场经济,就是在社会主义国家的行政管理、政策约束和宏观调控下,在生产资料公有制为主体的条件下,按照市场规律进行活动的经济运行方式和经济调节手段。"② 第三,"资源配置方式论"。刘国光同志指出:"在社会生产中,资源配置只有两种方式,一种是市场方式,另一种是计划方式……如果说你这个资源配置是以计划方式为主的配置,那么就是

---

① 曾康霖:《市场经济与资金融通》,《金融时报》1992年9月21日。
② 肖灼基:《按市场经济的要求推进改革》,《经济日报》1992年8月18日。

计划经济，以市场作为资源配置的主要方式，就叫市场经济。"①第四，"商品经济论"。于光远和刘吉同志认为，市场经济就是商品经济，二者是同一个东西。于光远同志说："市场经济同商品经济本来是同义词……这两个名词本来难得分开。因为商品本来是为市场而生产、在市场上交换的产品。"② 刘吉同志讲："在我看来，社会化大生产、商品经济、市场经济都是一回事。"③ 但也有的同志将二者加以区分。吴敬琏同志认为："商品经济和市场经济是两个既相联系；又有区别的概念，不同角度来界定同一类型的经济。"④刘诗白教授则把市场经济区分为广义与狭义两种："广义地说，市场经济就是商品经济。商品是为了市场交换的产品，商品经济就是由市场来联系、协调经济活动的。基于商品经济有市场、有市场调节的作用，可以把商品经济称为市场经济。狭义地说，市场经济是社会化大生产条件下的商品经济，是市场充分发育，形成了完备的市场体系，市场机制的调节功能得到充分发挥，成为资源配置的主要力量的商品经济。"⑤

以上几种论点虽然有不同的视角，从不同的侧面来界定市场经济的内涵，但都有其合理性和科学性的一面，即都否定了市场经济的基本社会经济制度的属性内涵，都指明它与商品经济的密切关联，也都指明了它包含有经济运行方式与调节手段的内容，都认为它是以市场作为社会资源的主要或基本配置者。

但我认为，仅有这些内涵还不够，还需进一步明确以下问题。

首先，市场经济是一种具体经济制度，也是一种经济体制。作为一种经济体制，它包括经济运行方式、经济调节手段等，此外还

---

① 刘国光：《中心问题是资源配置方式》，《经济日报》1992 年 9 月 28 日。
② 于光远：《不要再回避"市场经济"这个词》，《改革》1992 年第 3 期。
③ 刘吉：《经济体制改革的关键一招》，《经济日报》1992 年 9 月 22 日。
④ 吴敬琏：《全力以赴，建设市场经济的基础结构》，《改革》1992 年第 5 期。周叔莲、郭克莎在《确认"社会主义市场经济"提法意义重大》一文中也持这种观点，《经济日报》1992 年 8 月 22 日。
⑤ 刘诗白：《论社会主义市场经济》，《经济学家》1992 年第 5 期。

要包括一些具体的管理制度。实行市场经济意味着对原有计划经济体制不是修修补补，而是进行根本性变革，是我国具体经济制度即管理体制的一项创新，它表明我国社会主义经济制度的具体实现形式和运作方式及管理体系将发生革命性的转变。因此，强调指出其具体经济制度或经济体制的内涵，具有极为重要的意义。这有助于我国在实践中经过一段时间的努力，使市场经济制度完善起来，以早日实现国民经济在市场经济轨道上运转。

其次，突出市场是社会资源的基本或主要配置者。社会资源配置既涉及经济运行方式、经济调节手段；也涉及经济管理体制。因此，刘国光同志按资源配置方式来区分计划经济和市场经济，是具有一定科学道理的。只有在市场经济中，市场才具有社会资源的主要配置者的地位与功能，在市场经济形成之前的商品经济中，尽管也有市场，市场机制也发挥资源调节者的功能，但它不成其为社会资源的主要调节者和配置者。不过，我还觉得只从资源配置方式来界定市场经济的内涵，似嫌狭窄了一些。刘诗白教授的广义与狭义说，则更为全面，具体。因为他不仅突出市场是社会资源配置者，还特别强调了市场体系的健全及市场机制的功能发挥。严格来说，不具备这两条也称不上真正的市场经济。

社会主义经济既然属于一种市场经济，那它就理所当然地具有一般市场经济的属性和特征。就是说，凡是市场经济具有的典型特征和属性，它都应该并且必须具备。我认为，典型特征主要包括以下几点。

第一，市场主体必须是独立的商品生产者和经营者，必须具有明晰的产权关系和独立的利益。市场经济的微观基础是企业，企业是市场的主体。市场经济的运行是以微观经济分散决策为条件的。企业只有成为具有独立利益的商品生产者和经营者，对企业资产有明晰的产权归属关系，才能进行独立自主的生产经营决策，才能实现自身的物质利益；市场主体追求自身利益最大化，这是市场经济进行与发展的根本动力．只有产权关系明晰，利益驱动直接，企业才敢冒风险加入市场竞争。没有独立的市场主体，市场经济便无法存在与发展。

第二，价格要在市场供求中形成，并成为社会资源配置的主要机制。商品价格在市场供求关系的变动中自发形成，这是市场经济区别于计划经济的一个重要标志。在计划经济中，商品价格是由人们按计划规定的，是一种主观价格，因而往往既不反映价值规律，又不反映市场供求。市场经济中的商品价格，不允许在远离市场的物价管理部门产生，而只能在市场上依商品价值的实现程度及供求关系的变化状况形成。它是一种客观价格，不会产生主观价格那种既不反映价值规律要求，又不反映供求的问题。它作为市场的最根本信号，具有社会资源配置者和调节者的功能。市场价格机制自动地调节社会资源在各个部门与各种商品生产与经营上的分配比例，使社会资源得到有效利用与优化配置。由于计划经济中的价格不能成为真正的市场信号，或是失真的扭曲的市场信号，因此它不能成为社会资源合理配置的有效机制和手段。

第三，市场体系必须健全。市场规则必须规范。这是市场经济运作和发展的基本条件。不能设想，一个国家或地区市场体系残缺不全，市场规则混乱不堪，还能实行市场经济。市场经济作为发达的商品经济，其市场必须形成健全的网络、合理的结构体系，要有生产资料市场、消费资料市场、金融市场、劳动力市场、技术市场、信息市场、房地产市场、现货市场、期货市场、国内市场、国际市场等。这些市场都必须在国家法令和政策规范下有序、有规则地运作。市场规则紊乱是市场经济健康运行的严重阻碍，它损害整个经济运行的效率，容易导致社会经济发展无政府状态。这里讲的市场规则，主要是指平等进入、公平竞争、反对垄断、优胜劣汰等基本规则。在市场经济中，所有的市场参与者在市场进入和从事交易上，机会和地位都是平等的，任何人都不应享有经济的和超经济的特权，也不应依权力、地位、职务而形成各种等级差别，大家一律以平等的商品生产者和经营者的身份进入市场，站在同一起跑线上公平竞争、优胜劣汰。这是市场竞争的基本法则。也是促进市场经济高效率运行，推动社会进步的重要规律。

第四，必须建立完善的社会保障体系。优胜劣汰是市场经济的法则。劣者企业被淘汰，劳动者失业，这是市场竞争的必然结果，也是市场经济中的正常现象。没有这一条，市场经济就不会有高效率。但职工一旦失业，工资及福利待遇丧失了，生活就无保障。为了保障社会安定，使失业职工不致成为影响社会安定的因素，使市场经济正常运转，必须构建社会保障体系，包括建立失业救济基金制度、劳动保障制度和必要的社会福利制度。

社会主义市场经济除了具有一般市场经济的特征以外，还具有其独特性。一是社会主义市场经济在所有制结构上以公有制经济为主体，以全民所有制经济为主导；二是社会主义市场经济在分配制度上以按劳分配为主体，允许一部分地区和一部人依靠勤奋劳动先富裕起来，先富带后富，最终达到共同富裕；三是社会主义市场经济的本质是解放生产力，发展生产力，最终消灭剥削，它应该而且能够避免两极分化。

二 建立市场经济体制必须启动"国家调节市场，市场引导企业"的新机制

三年前，笔者曾对党的十三大提出的"国家调节市场，市场引导企业"的新机制进行了较系统的理论考察，明确提出"国家调节市场，市场引导企业"是社会主义有计划商品经济运行机制的目标模式。现在看来，这个运行机制就是社会主义市场经济运行的最佳模式。然而，这个模式提出不久，尚未启动和运行，就在治理整顿中不恰当地被否定并"治理"掉了。我认为，我国实行市场经济体制，从现在开始必须启动"国家调节市场，市场引导企业"的新机制。主要原因在于以下几点。

第一，这个机制模式是间接调控机制模式，符合市场经济体制的要求。计划经济体制与市场经济体制是两种截然不同的经济体制。在计划经济体制下，国家对企业下达指令性计划，通过计划直接管理企业，整个经济的运行靠国家计划支配和调节。这种直接计

划调节机制模式使企业缺乏自主性，没有前进的内在激励与动力，窒息了企业的生机与活力。而在市场经济体制下，国家不向企业下达任何指令性计划，也不直接管理企业任何经济活动，而是直接面向市场，运用经济政策和经济杠杆调节市场供求关系、价格变动等，并向市场传输国家经济发展战略意图，诱导企业实现国家的经济发展战略目标。目前我国经济体制正在由计划经济体制向市场经济体制过渡，所以经济运行机制模式也必须由单纯的计划机制模式转变为"国家调节市场，市场导引企业"的机制。这是市场经济的根本要求。

第二，这个运行机制是一个双向调节循环流程，符合市场经济运行的要求。这个运行机制以企业为基础，以市场为中介，以国家为调控主体，沿着企业—市场—国家与国家—市场—企业的轨迹运行，构成了国家—市场—企业三位一体的双向循环流程。在这个动态的运行机制中，企业是市场经济的主体，它每时每刻都要以独立的商品生产者与经营者的身份进入市场，参与市场活动。一方面，它要接受市场信号的引导，进行生产经营决策，购买各种生产要素；另一方面，它依据市场的需求，生产出各种各样的产品供应市场。可见，企业以其自身的需求与供给调节着市场。企业需求多少及需求什么，决定并调节市场需求总量及需求结构；企业生产多少及生产什么，决定并调节市场供给总量及供给结构。市场供求关系的变化，必然要反馈到国家。国家对市场信息反馈及时做出反应，调整政策变量及经济参数，再开始新一轮的调节市场过程。如此循环往复，不断地调节市场经济健康运行。当然，每一个循环流程都不是上一个循环流程的简单重复，在形式上和内容上都有新的表现与特征。所以，"国家调节市场，市场引导企业"这个新机制是能够保障社会主义市场经济有序运行、健康增长的现实有效机制，这是其他机制不能比拟和替代的。

第三，这个运行机制突出了市场在经济运行中的枢纽和主轴作用，更符合市场经济运行规律的本质要求。任何市场经济运行都必须以市场为枢纽和主轴，在社会主义社会，资源的配置必须以市场为枢纽和主轴。市场配置资源，就是通过市场需求和供给的变动引起市场价格的变动来实现。市场价格上升。生产这种商品有利可图，资源就往这种商品生产上流；市场价格下跌，生产这种商品无利可图，资源就要从这种商品生产中流出来。市场引导企业，严格说来，就是市场价格在各企业之间进行资源有效配置的过程。国家调节市场，就是国家通过市场机制来合理配置资源，以保证市场总需求与总供给大体平衡的过程。这个机制以市场为轴心和枢纽来配置社会资源，能更有效地促进市场经济加速运行，实现均衡增长。

第四，这个运行机制强调了国家对市场的调控作用，可避免出现资本主义市场经济那样的严重盲目性和周期性的市场震荡。市场经济不是万能的，它本身也有弱点和缺陷。市场在配置资源过程中，容易造成竞争的盲目性、逐利的近期性、分配的无序性和收入的悬殊性，而这些缺陷在资本主义私有制作用下，不仅得不到抑制和消除，反而会更加加剧和强化，达到一定程度便会引起经济危机，使市场激烈震荡。在社会主义市场经济中，启用"国家调节市场，市场引导企业"这个运行机制，无疑会通过"国家调节市场"这一重要环节，充分发挥公有制经济在市场竞争中的主导作用，减少或抑制竞争的盲目性、收入的悬殊性，增加分配的有序性和逐利的长期性，消除市场的激烈震荡，增加经济运行的稳定性与协调性。

综上所述，可见"国家调节市场，市场引导企业"新机制，是适合社会主义市场经济健康运行的有效机制，是国家从全社会规模上自觉运用价值规律，组织与管理国民经济的好形式。所以，发展我国的市场经济，启用这个机制无疑是一个正确的选择。

(本文发表于《经济学家》1993年第1期)

市场经济体制：必然抉择·框架构建·强国富民

一 建立社会主义市场经济体制是我国14年改革开放的必然抉择

江泽民同志在党的十四大报告中明确指出："我国经济体制改革的目标是建立社会主义市场经济体制。"这表明我国将要彻底抛弃传统的计划经济体制模式，建立起符合社会主义市场经济要求的新体制，这个决策反映了全体人民的根本愿望和要求，符合社会主义建设发展的规律，是我国年改革开放进一步发展的必然抉择。

首先，明确我国经济体制的目标是建立社会主义市场经济新体制，这是改革开放以来，我们党和国家思想解放、理论创新，创造性运用与发展马克思主义理论的结果。我国的经济体制改革，确定什么样的目标模式，是关系整个社会主义现代化建设全局的一个重大问题，也是关系到我国社会主义前途命运的大问题。这个问题的核心是如何处理和认识计划与市场的关系。传统观念认为，市场经济是资本主义特有的东西，计划经济才是社会主义的本质特征。所以，我国在一个很长时期，实行高度集权的计划经济制度，排斥商品经济，否定市场机制，更反对搞市场经济。党的十一届三中全会以后，我国开始认识到传统计划经济制度的弊端，大胆承认并发展我国的商品经济。1982年在党的十二大明确提出市场调节的问题，但还坚持计划经济为主，尚没有突破传统计划经济的旧框框。1984

年，党的十二届二中全会通过《关于经济体制改革的决定》明确将我国经济定为有计划商品经济，这是一个重大的突破。1987年召开的党的十三大系统地阐述了有计划商品经济理论，提出要建立统一性与灵活性相结合的有计划商品经济的新体制。但是在1989年的"政治风波"之后，提出"计划经济与市场调节相结合"，实际是开始回归到20世纪80年代初"计划经济为主、市场调节为辅"上去了。是邓小平同志拨正了航向，他在南方谈话中明确指出计划经济不等于社会主义，资本主义有计划，市场经济不等于资本主义，社会主义也可以搞市场经济。这是一个重大的思想解放与理论创新，从根本上解除了把计划经济与市场经济看作基本社会制度范畴的束缚，使我们在计划与市场问题上的认识有了新的重大突破。所以，建立社会主义市场经济体制的选择，不是偶然的，它是我们党和国家坚持改革开放，坚持解放思想与创新，创造性运用与发展马克思主义的必然结果。

其次，明确我国经济体制改革的目标是建立社会主义市场经济体制，是我国14年社会主义经济建设实践经验的科学总结。我国改革开放10多年来，大多数商品价格已放开。1990年，国家定价在社会商品零售总额中所占的比重只有29.70%，市场调节价所占的比重已达53.1%，加上国家指导价，已达70%左右。到目前为止，市场定价部分已上升到80%以上。随着国家对商品价格的放开，计划直接管理的领域大大缩小，市场对社会经济活动的调节作用大大增强。实践表明，哪个地区胆子大，改革开放步子大，市场调节作用发挥充分，哪个地区就充满生机与活力，商品经济就发展得快。最近，中国社会科学院对改革开放14年社会经济发展进行综合评价指出，发展最快的是浙江、上海、广东，第4—10位分别是江苏、云南、海南、山东、湖北、新疆、河南。吉林排在第28位，仅在黑龙江与青海之前。1991年与1978年相比，增长速度在90%以上的13个地区，有9个是沿海开放地区、是市场经济最发达的地区。实践证明，搞市场经济就发展快，不搞市场经济就落后。所以实行市场经济是我国对改革开放10多年来社会主义经济建设实践经验进行科学总结基础上作出的正确选择。

最后，明确我国经济体制改革的目标是建立社会主义市场经济体制，也是借鉴外国经验教训，加速我国社会主义现代化建设的需要。第二次世界大战后的历史表明，苏联东欧国家长期坚持推行高度集权的计划经济体制模式，纷纷垮台、失败了。我国原有的经济体制基本上是照搬苏联的，虽然在新中国成立初期起过一定的积极作用，但是随着我国商品经济的发展，它越来越成为束缚生产力发展的一种僵化体制。这种高度集权的计划体制的最大弊端是政企职责不分，排斥市场机制的作用，否定价值规律，在分配上搞平均主义，吃大锅饭，经济运行低效率乃至无效率。不改革就不能解放、适应和促进生产力的发展；不改革，也只有死路一条。与此形成鲜明对照，第二次世界大战后一些资本主义国家靠实行市场经济实现了经济的高速发展，创造了经济"奇迹"。战后日本是一片瓦砾，人民吃不上，穿不上。在美国的扶持下，经过几年的战后恢复时期，于1956年经济开始起飞，仅用15年时间，到1970年就成为世界第二经济大国。"亚洲四小龙"也是战后靠搞市场经济实现经济腾飞的。比较典型的是泰国。1961年时国内生产总值为29亿美元，到1989年国内生产总值猛增到650亿美元，增长20多倍，人均国民收入达到1150美元，增长了10倍。每年平均以7%的速度递增，仅用30年便成为亚洲第五个新兴工业化国家。战后资本主义国家的经济发展表明，由市场调节和导向的**市场经济体制是一个竞争型、开放型充满生机与活力的高效率的体制，是一种解放和促进社会生产力高速发展的体制**。评价一种经济体制好坏，首先不要问其是姓"社"姓"资"，而是看它是否适合生产力发展，是否有利于综合国力的提高，是否有利于提高人民的生活水平。确定市场经济作为我国经济体制改革的目标完全是借鉴外国的经验教训，以"三个有利于"为客观依据的现实选择，是为了实现我国经济腾飞、早日实现现代化的需要。

二 构建社会主义市场经济体制的基本框架

什么是市场经济？社会主义市场经济体制的基本框架什么样子？

我认为市场经济就是社会资源主要由市场来调节和配置的一种经济形式。社会主义市场经济体制就是社会主义国家组织市场经济运行，管理市场经济活动的各种具体制度的总称。其基本框架包括下内容。

(一) 具有独立的市场主体

市场经济要求，市场的主体——企业必须是独立的商品生产者和经营者，必须具有明晰的产权关系和独立的自身利益。市场经济的运行是以微观经济分散决策为条件的。企业只有成为独立的商品生产者和经营者，对企业资产拥有明晰的产权归属关系，才能自主地进行生产经营决策。企业追求自身利益最大化，这是市场经济运行与发展的根本动力。只有企业具有独立的产权，才会有强劲的利益驱动，才敢冒风险，加入激烈的市场竞争。目前，我国全民企业产权关系不明晰，即全民产权"人人所有，人人又不实际占有，人人都不负责任"。实行承包制，使所有权与经营权有一定分离，企业有了一定的经营权和自身利益，但它并没有使产权关系明晰化，企业仍没有独立的产权，不能真正自主经营，更不能实现自负盈亏。承包制不能塑造出适合市场经济发展需要的具有明晰产权关系的市场主体，所以对它必须进行改造与发展，使之逐渐过渡到股份制。股份制实行"两权"完全分开，股东掌握所有权，经理掌握完全的经营权，这样可以依据市场需求变化自主地进行生产经营决策，开展市场经济活动。

(二) 建立健全的市场体系和市场规则

建立健全的市场体系，这是市场经济运作与发展的基本条件。不能设想，一个国家或地区市场体系残缺不全，市场规则紊乱，还能实行市场经济。市场经济作为发达的商品经济，其运行载体——市场必须形成健全的网络系统与合理的结构体系。不仅有生产资料市场、消费资料市场，还要有劳动力流动市场；不仅要有技术市场、信息市场，还要有房地产市场、产权交易市场；不仅要有现货市场，还要有期货市场；不仅有国内市场，还要有国际市场；等等。这些市场都必须在国家法令和政策的规范下有秩序、有规则地运作。这里讲的规则是指市场规则，主要是指企业平等进入市场，在市场上公平交易，平等竞争，反对特权与独断，优胜劣汰等基本规则。目前，我国的市场体系尚很不健全，如劳动力市场还没有完全形成，劳动者还不能自由流动、自主地选择职业；金融市场还不发育，股票市场刚刚建立，并且仅有深圳、上海两处；技术市场也很少，科学技术成果还不能通过市场更快地转化为现实生产力。所以，构建市场经济新体制，必须加紧我国的市场体系建设。

（三）建立合理的市场价格形成机制

商品价格在市场竞争和供求关系变动中形成，并在社会资源配置中起基本调节者的作用，这是市场经济区别于计划经济的一个根本标志。在计划经济中，商品价格是由人们按计划规定的，是一种主观价格。这种主观计划价格虽然能在一定程度上模拟市场需求，但会经常发生主观与客观的不一致，违背价值规律的要求。市场经济中商品价格，不允许在远离市场的物价管理部门制订，而只能在市场竞争与供求变动中产生。它作为一种客观价格，不会像计划价格那样经常失真或扭曲。它作为基本的市场机制，具有调节和配置社会资源的功能。某种商品价格上涨，厂商便知道该商品供不应求，生产与经营该商品有利可图，于是纷纷投资于该商品的生产与经营，社会资源也就会流入该商品的生产与经营部门，反过来市场上某种商品价格下跌，厂商们便会断定该商品已供过于求，生产和经营该商品已无利可图，于是资源便会从该商品的生产与经营部门自动流出来。市场价格机制就这样自动地调节社会资源，在各个部门与各种商品生产与经营上的比例、实现社会资源的有效利用与优化配置。目前，我国的商品价格形成机制仍有些控制在政府部门，不由市场定价尤其是劳动力价格，不能由市场形成，这是市场经济正常运转的一大障碍。因此，国家只有放开价格管制，让价格在市场竞争和供求变动中形成，社会主义市场经济体制才能建立起来，并有效地运行。

（四）建立完善的社会保障制度

优胜劣汰是市场经济的最高法则。劣质企业被淘汰，劳动者失业，这是市场竞争的必然结果，也是市场经济中的正常现象。没有这一条，市场经济就不会有高效率。但职工一旦失业，工资及福利待遇丧失了，生活就无保障。为了保障社会安定，使失业职工不致成为影响社会安定的因素，使市场经济正常运转，必须构建社会保障体系，包括建立失业救济基金制度、劳动保险制度和必要的社会福利制度。江泽民同志在党的十四大报告中指出，这是建立社会主义市场经济体制要抓好的四个重要环节之一。

（五）国家机构要精兵简政，转变职能，建立有效的宏观调控体系

国家机构改革，精兵简政，这是政治体制改革的紧迫任务，也是深化经济体制改革、建立市场经济体制和加快现代化建设的重要条件。国家要大幅度裁减非常设机构，精简机关人员，把综合经济部门的工作重点要转到加强宏观调控上来，转变职能，提高效率，完善税收、信贷、货币、产业政策等宏观调控手段，建立一整套有效的市场经济调控体系，以彻底实现政企分开，使国家不再干预企业日常生产经营活动而主要行使统筹规划、掌握政策、信息引导、组织协调、提供服务、检查监督的职能。

要把社会主义市场经济体制构建好，关键在人。人要"换脑筋"，增加商品经济意识，树立市场观念。市场经济是要人参加和组织的。人的思想观念不来个根本更新转变仍停留在产品经济、自然经济上，是不可能适应市场经济要求的，更不能促进市场经济的发展。搞市场经济，就更不能封闭保守，必须敢冒风险。

三　实行市场经济将会使我国社会主义制度巩固和发展，人民更快富裕

（一）实行市场经济不会改变我国的社会主义性质和方向

有些同志担心搞市场经济会不会改变我国的社会主义性质和方向，其实这是没有必要的。实行市场经济不仅不会改变我国的社会主义制度，而且还会使我国的社会主义制度更加巩固和发展。这是因为：第一，我国搞的市场经济是社会主义公有制经济占主体地位的市场经济。任何一个社会形态的性质，都是由这个社会形态中占主体地位的经济形式所决定的。我国社会主义社会也毫不例外。其性质是由在多种经济成分中占主体地位的社会主义公有制经济所决定的，只要公有制的主体地位不丧失，社会主义社会的性质就不改变。第二，多种经济成分共同发展市场经济，国家、集体、个体、私营一起上，可以更快地增强综合国力，使我国的社会主义制度建立在强大的物质技术基础之上。第三，目前我国的非公有制经济（包括个体经济、私营经济、三资企业），在整个国民经济中所占的比重仅为11％左右，它们都只是社会主义公有制经济的有益补充。国家放手大胆发展非公有制经济，即使它们在国民经济中的比重大幅度上升，达到30％，也不会改变社会主义公有制的主体地位。第四，党和国家已决定把公有制企业推向市场，参与激烈的市场竞争，由于公有制经济具有雄厚的物质技术基础，拥有先进的科学技术队伍，掌握发达的市场信息网络，因此在竞争中不仅不会丧失主体地位，反而会真正强化其主体地位。

（二）实行市场经济不会导致贫富两极分化

不少同志认为，实行市场经济必然要造成社会贫富两极分化。不可否认，资本主义市场经济的发展，确实使富者越来越富、贫者

越来越贫。但社会主义条件下的市场经济与资本主义市场经济有重要的区别。除了上面讲的所有制不同以外,在于它们实行根本不同的分配制度。资本主义市场经济实行按资分配,而社会主义条件下的市场经济则以按劳分配为主体、多种分配方式为补充。首先,按劳分配要承认差别,拉开收入差距,因为劳动者的劳动贡献有大有小,劳动贡献大的要多得,劳动贡献小的要少得。由于客观上劳动者的劳动差别有一定限度,因而其收入差别不可能无限大,这就不可能产生两极分化,而只是富裕程度的差别。其次,在非公有制经济中,由于存在按资本和资金分配,因而存在收入过分悬殊的问题。这部人毕竟是少数,不会使整个社会产生两极分化。所谓两极分化是有特定含义的,它是指阶级贫富差别过大。我国现阶段的个体户和私营企业主都只是一个阶层,构不成一个独立的阶级,更不是所谓新生资产阶级,所以他们与公有制劳动者的收入差别也是人民内部的富裕程度的差别。对这种差别国家要予以适当的调节。再次,党和国家鼓励一部分地区和一部人依靠勤奋劳动先富裕起来,然后促进先富帮后富。最后,我们对共同富裕也要有一个正确的认识,它不是同时富裕,而是有先富后富的,是最终达到共同富裕。特别是共同富裕不能成为搞分配平均主义吃大锅饭的盾牌。现在的突出问题还是如何打破分配上的平均主义、拉开收入档次的问题,否则,整个经济就没有效率可言。

(三) 实行市场经济会加速现代我国经济的腾飞

传统计划体制的致命弱点是经济行为主体——企业没有自身独立利益,经济发展缺乏内在动力,主要靠政府行政力量外在推动。由于政府的"看得见的脚"经常踩住市场价值规律这只"看不见的手",所以经济运行滞缓,缺乏活力与效率。市场经济的优势在于它承认经济行为主体——企业具有自身独立的利益,追求自身利益最大化这个内在动力与激烈竞争的外在压力,比行政动员和号召更能激发人们的积极性,能更有效地把社会各群体与个人召唤到发展经济、脱贫致富的战场,这个体制是价值规律充分发挥作用的高效率的体制。20世纪90年代我国将从根本上摆脱传统计划经济体制，走上市场经济体制轨道，从而会使我国被计划体制束缚的生产力获得空前的解放，推动我国经济的腾飞。

20世纪80年代的10年，我国仅仅是引进并扩大了市场机制的作用，尚没有实行市场经济，我国的经济面貌就大改观。10年所创造的财富比过去30年创造的财富还要多。1991年我国的工业总产值达28248亿元，按可比价格计算，比1978年翻了二番多，平均每年增长12.2%，大大超过前28年的水平。工业固定资产原值达17000多亿元，比1978年的3400亿元增加14000多亿元，增加量比前29年多3.1倍。仅10多年时间，人均国民生产总值增长了1.4倍，人均消费水平提高了3.6倍。

关于20世纪90年代我国经济的增长速度，1991年春通过的"八五计划纲要"规定国民生产总值平均每年增长6%。当时考虑到国内外政治形势严峻，治理整顿正在进行，所以留的余地比较大。根据邓小平同志关于我国经济发展要抓住机遇，加快速度的战略思想，江泽民同志在党的十四大报告中指出"现在从国际国内形势的发展情况来看，可以更快一些。根据初步测算，增长百分之八到九是可能的"。我认为这个修订是积极的、留有余地的，因而是科学的。如果年平均增长率为8%，可以在1997年提前实现翻两番（2000年比1980年增长5.60倍）；如果年平均增长率达9%，则可提前到1996年实现翻两番（即2000年比1980年增长5.5倍）。

市场经济体制是能够支撑20世纪90年代以及今后我国经济的起飞和加速发展的。其对经济发展的推动作用主要表现：第一，在由于国有制企业尤其是大中型企业被推向市场，其经营机制转变后，将会在市场竞争中发挥更大的主导作用，利益驱动力的加大，必然产生出更高的经济效率。现已显现良好势头。1992年1—3季度，预算内国营企业实现利税达1228亿元，比1991年同期增长18.9%，其中实现利润249.5亿元，增长31.2%。第二，20世纪90年代，我国乡镇企业职工已达9600万人，产值突破10000亿元，其中工业产值已占全国工业产值的30%。预计今后10年，乡镇企业每年要以20%以上的速度增长。第三，非公有制经济增长势头更猛。由于思想大解放，消除了"恐资病""惧私症"，各地都大胆放手发展三资企业、个体和私营经济。仅1992年1—9月，全国新批准利用外资项目就达2.8万项，协议金额364亿美元，比去年同期成倍增长。据专家估计，我国非公有制经济用不了五年就可上一个新台阶，20世纪90年代10年可上两个台阶。第四，随着产业结构的调整与优化，第三产业将呈高速增长。20世纪80年代，我国第一、第二、第三产业占国民生产总值的比重分别为23.5%、52.4%、24.1%。20世纪90年代，将从1990年的28.5%、44.3%、27.2%转变到2000年的21.1%、47.3%、31.6%。这就说，10年第三产业在国民生产总值中的比重要提高8.1个百分点。这将是一个巨大的增长。第五，外贸体制改革迈出新步伐，将进一步推动企业走向国际市场，促进我国外贸的大发展。1993年1—3季度，全国进出口总额达1100亿美元，比去年同期增长18.6%；其中出口额575亿，增长16.2%；进口额525亿美元，增长21.4%。据预测，20世纪90年代我国进出口总额年平均增长可能要超过15%，这就会使国民生产总值进一步加快增长。

20世纪90年代我国经济的发展，是在追求质量、求效益、能给人民带来更多实惠的没有水分的高速度条件下进行的。所以，能够切实保证全国人民生活由温饱进入小康。

（本文发表于《税务与经济（长春税务学院学报）》1993年第2期）

论市场经济有序运行

市场是市场经济的枢纽和主轴。只有市场有序地运行，市场经济才能健康地发展。目前，我国经济正处在由计划经济向市场经济转变的过程中，传统的指令性计划机制被废弃，新的市场运行机制刚刚启动，市场运行比较混乱，呈现严重的无序性。从无序走向有序，是市场发育的基本规律和市场运行的总趋势。为了使我国市场运行从无序走向有序，我们必须积极创造条件，完善和发展我国的市场体系，构建全国统一市场，建立市场运行的新秩序，建立健全各种市场管理体系。

一 市场有序运行的基础：完善的市场体系

在社会主义社会，由于存在多种经济成分，各种经济成分之间以及每种经济成分内部都存在错综复杂的交换关系，因而市场必然不会是单一的，而只能是多元化的，各种不同的市场紧密联系、有机结合形成市场集合或系统，就是市场体系。市场作为一个完整的体系，不仅要包括生活资料和生产资料等商品市场，而且还要包括资金市场、劳动力流动市场、技术市场、信息市场和房地产市场等生产要素市场。

社会主义社会的市场体系不是自我封闭的，而是对内对外全方位开放的；不是独家垄断的，而是充满竞争的；不是互相分裂的，而是相对统一的；不是完全自发的，而是由计划调节与指导的。这些特征反映了社会主义市场经济的一般要求。社会主义市场经济要正常运行与发展，没有一个开放的、竞争的、统一的、由计划调节与指导的完整市场体系是不可能的。市场封闭，商品不能按其内在要求与属性自由流通，势必影响经济的活力；市场缺乏竞争，必然影响整个经济效率的提高；市场分裂，必然产生地区割据，"诸侯经济"；市场完全自发运行，不可避免地陷入无政府状态。因此，建立一个机制健全、结构合理的市场体系，是发展社会主义市场经济的基本要求与条件。

市场体系大体是由以下三大类市场构成的：一是商品市场，二是劳动力流动市场，三是资金市场。其中，商品市场是市场体系的主体，劳动力流动市场和资金市场也都是社会主义社会市场体系必不可少的重要组成部分。在上述三大类中，每一类都包括许多具体的市场，市场结构合理，就是指市场的上述组成部分构成合理，即各类市场必须齐全，它们在市场体系中所占的比例适当，形成合理的网络系统，不仅能使每种市场按照本身特定的规则有效运行，而且能够较好地发挥市场体系的整体功能，保证社会主义市场经济健康运行。目前，我国市场的种类还不齐全，各种市场在市场体系中所占的比例还严重不当；不少市场发展滞后，更没有形成合理的网络系统，致使市场运行紊乱。因此，实现我国市场体系结构的合理化，仍是我国深化经济体制改革的一项主要任务。

第一，克服不完整性，使我国市场体系更健全、更完整。我国的市场体系不健全、不完整主要表现在：劳动力市场没有真正形成，劳动者尚不能自由流动和自由选择职业；人才市场也仅刚刚起步，各类科技人才仍为单位所有，不能自由流动；知识产权市场还没有建立，知识产权的交易也难以进行；股票市场仅是零星的（只有深圳、上海两家），并未在全国真正形成。全国人民还不能公平地参与股市交易；民间金融市场的缺乏，使民间的资金难以融通；等等。市场体系的残缺不全，直接影响市场体系整体功能的有效发挥，妨碍市场经济的健康运行。因此，健全市场体系，必须加紧上述各类市场的构建与完善。

第二，克服滞后性，使各种市场都能适应市场经济发展的需要。我国市场体系的滞后性，主要是指两个方面：一是整个市场体系与市场经济发展要求不相适应，存在滞后的现象；二是市场体系中的某些市场发展滞后，满足不了市场经济发展的需要。例如，一般商品市场与特殊商品市场相比，特殊商品市场发展滞后；现货市场与期货市场相比，期货市场发展滞后；城市市场与农村市场相比，农村市场发展滞后；消费品市场与生产资料市场相比，生产资料市场发展滞后；有形市场与无形市场相比，无形市场发展滞后；债务市场与股票市场相比，股票市场发展滞后；等等。改变上述市场发展滞后状况，促使各类市场协调发展，进入良性循环轨道，无疑是完善和发展我国市场体系的重要任务和途径。

第三，克服封闭性，使我国的市场体系更开放。市场封闭，是我国市场发育过程中的一个严重痼疾。它主要表现为：地区之间行政割据，人为地进行市场封锁，搞地方市场保护主义。这种市场封闭，是根本违背商品交换的场所和交换关系的总和，其本质也是不开放的。作为现代商品经济的市场经济，它不仅要求国内市场互相开放，而且还要向国际市场全方位开放。只有冲破重重市场壁垒，打破种种市场封锁，才能真正建立起一个统一、开放的市场体系，适应市场经济的本质要求。

第四，克服垄断性，使我国的市场体系具有充分的竞争性。我国市场体系发展过程中的一个严重缺陷，就是缺乏合理竞争。垄断是竞争的直接对立物，垄断排斥竞争，为了使市场竞争机制充分发挥作用，激发市场经济运行的高效率，必须消除垄断现象。这主要包括：消除因行政分割而形成的市场垄断；消除因资源分配不合理而形成的资源垄断；消除因资金独家经营，不能横向流动而形成的金融垄断；消除因人才单位所有制，不能合理流动而形成的人才垄断。只有消除了这些不合理的垄断，才能有效地保护并开展合理的竞争。竞争作为市场机制的一个重要组成部分，其作用的发挥程度，要受市场本身的完善程度所制约和决定。在市场本身不完善的条件下,竞争是难以充分发挥作用的。只有在竞争充分展开的条件下,谁也不能垄断市场价格,价值规律才能充分贯彻与发挥作用,才会保证市场经济运行的高效率,实现经济的高速增长。

二 市场有序运行的前提:建立全国统一市场

任何一个国家,要使市场有序运行,保证市场经济健康发展,没有一个全国统一市场,是绝对不可以的。不能设想,一个国家的市场四分五裂,各个部门、各个地区的市场互相封闭,互相分割,还能实行和发展市场经济。

所谓统一市场,是指由全国各种市场和各个地区的市场互相联系、互相结合、有机统一而形成的市场体系和系统。它是相对于分散化的市场而言的,从本质上否定市场封锁与市场分割。

在我国,一个发达、完整的全国统一市场尚未最终形成。为了发展我国的社会主义市场经济,建立社会主义统一市场,是尤为必要的。

第一,是破除地方市场保护主义,促进区域间商品流通和物资流通的需要。所谓地方市场保护主义,即是地方政府为维护本地区局部利益所采取的保护乃至封闭本地区市场的种种政策、规定和措施的总称。其主旨是防止当地资源和资金流入外地市场,禁止外地商品进入本地市场,使各省份之间关卡林立、壁垒重重,形成了地区封锁、市场割据状态。这种地方市场保护主义,严重地违背市场开放性的本质要求,阻碍了区域间的商品交流与物资流通。建立社会主义统一市场,使各个地区的市场有机地联系起来,可以有效地打破地区封锁和市场割据的状态,使社会主义统一市场的整个功能得到有效发挥,保障和促进区域间的各种商品顺畅地流通。

第二,是适应社会化大生产要求、发展专业化与分工协作的需要。全国的生产是社会化大生产。这种社会化大生产是由分布在全国各地的成千上万个企业来具体组织进行的。由于各个企业所处地区不同、自然状况不同、生产条件不同，它们所生产的产品也千差万别；随着社会分工与生产专业化的发展，它们之间的联系和依赖关系越来越紧密。建立社会主义统一市场，可以有效地破除各部门、各行业和各企业的产品经济观和自然经济观，不搞自成体系的"大而全"和"小而全"。使各企业都依照商品经济发展的要求，面向一个统一市场，发展横向经济联合，实行广泛的分工协作与专业化生产，从而促进社会化商品经济的发展。可见，建立全国统一市场，既是社会化大生产发展的客观要求，又是促进社会化大生产发展的重要条件。

第三，是保证价值规律在全社会范围较充分发挥作用的客观要求。我国实行的市场经济，是公有制占主体地位条件下多种经济成分共同发展的现代商品经济。价值规律作为商品经济的基本规律，必然要对我国社会主义经济起调节作用。商品生产是为市场需要而进行的生产，商品交换离开市场便无法进行，价值规律的基本要求——按比例分配社会劳动及在各个部门之间合理配置资源，要得到很好的实现，更是离不开市场。可见，要保证价值规律在全社会范围对社会主义经济起调节作用，必须借助于社会主义统一市场。因为，分散割据的市场，是无法实现在全社会范围按比例分配劳动及在各个地区、各个部门合理配置资源的。

第四，是社会主义国家对国民经济运行统一调控的需要。社会主义国家的国民经济是由多种经济形式组成的。尽管每一种经济形式都有自己运行轨道与运行方式，但它们都不能离开社会主义统一市场而孤立运行。社会主义统一市场把各种经济形式联系起来，成为各种经济形式借以正常运行的枢纽。国家通过向社会主义统一市场发布政策、传导信息、输入国家发展经济社会的战略意图等，来调节社会主义经济的发展规模和速度，引导各种非社会主义经济为社会主义服务，从而实现对整个国民经济发展的有效调控。如果没有社会主义的统一市场，各地实行经济封闭、市场割据，各种非社会主义经济形式就不能与社会主义经济联系起来，就会离开为社会主义服务的方向盲目运行，完整的社会主义经济也会分割为"诸侯经济"，国家对整个国民经济的统一调整也就难以实现，国民经济的发展必然陷入严重的无政府状态。可见，社会主义统一市场的建立已成为国家对国民经济运行进行统一有效调控的必要条件。

三 市场有序运行的关键：全方位深化改革

要真正改变我国市场目前的无序状态，实现无序到有序，我认为最关键的环节就是深化市场管理体制的改革。具体地说，就是要做好以下几方面的工作。

（一）整顿市场秩序

任何市场运行都必须遵守一定的秩序。所谓市场秩序，就是市场在运行中所必须遵循的各种规定与法律规范的总称。它是保证市场有序进行的根本条件。市场无秩序，就等于市场运行没有章法，那就不可避免地引起市场运行紊乱，不仅妨碍市场机制作用的有效发挥，而且还会使整个国民经济运行造成阻碍和破坏。

市场秩序主要包括进出市场秩序、市场交易秩序、市场竞争秩序等。目前我国市场混乱无序的一个重要原因，就是市场无秩序，或已有的正常秩序遭到严重破坏。这主要表现在以下方面：第一，市场主体和市场客体（即商品）进入或退出市场缺乏必要的法律规范和行为准则。不该进入市场的进入了，该清除出市场的没清除。例如政府官员进入市场经商，伪劣商品充斥市场。第二，市场交易无规则。市场交易规则是各市场主体进行市场活动所必须遵守的行为准则。主要的市场交易规则有等价交换，平等买卖，禁止强买强卖；公开交易，明码标价，禁止黑市交易；交易场所和计量器具要符合国家规定，禁止场外交易和短斤少两、掺假作假。没有这些规则，或是这些规则遭到破坏，市场交易就必然无秩序。第三，市场主体之间不能公平竞争。反对特权与垄断，实行公平竞争，这是市场运行的基本规则。实现公平竞争，要严禁使用非法手段（例如使用虚假广告或利用广告诋毁竞争对手等），更不允许使用伪劣假冒商品进行市场竞争。违背这些竞争规则，市场竞争必然混乱无序。因此，建立有效的市场规则，整顿和维护正常的市场秩序，是实现我国市场有序运行的主要一环。

（二）规范市场主体

市场主体及其行为规范化，是实现和保持市场有序运行的根本条件。市场的运行是由其主体来进行推动的。市场的主体是具有独立法人资格的企业，企业之间的商品与劳务交换行为，便构成市场的运行，长期以来我国市场运行无序的一个重要原因就在于，市场主体及其行为破坏市场秩序。具体来说，就是不是市场主体变成市场主体，如政府机构和官员经商，各种非企业性公司（如政府创办的"翻牌公司"）从事商品倒卖等。非市场主体大量进入市场，并且进行不规范的商品交换乃至非法的交易，干扰和破坏了市场规则和秩序。因此，要实现和保持市场的有序运行，必须整顿市场主体，清理公司，严禁非企业性公司及非法人经济实体进入市场，使市场主体及其行为规范化。

（三）保持总需求与总供给的基本平衡

总供给与总需求是两个重要的市场机制。在不同的供求格局下，市场运行会呈现三种不同的状态：一是总供给大大超过总需求，出现生产过剩，市场疲软，大量商品找不到买主，其价值不能实现，生产这些价值所耗费的劳动被白白地浪费掉。二是总需求大大超过总供给，会拉动市场物价水平全面上升，发生严重通货膨胀，使人民币贬值，市场价格信号失真或严重扭曲，市场机制不能正常发挥作用，甚至造成人的心理恐慌，社会生活震荡。以上两种状态都会造成市场运行的无序性。只有第三种状态，即总需求与总供给在总量和结构上基本平衡，才能保证市场物价总水平基本稳定，各种市场机制和信号能正常运作，既能准确地为企业生产经营活动进行正确导向，又能很好地调节社会资源在各部门、各产业之间合理分配，从而保证国民经济有序运行和协调发展。因此，增加供给，调节需求，保持总供给与总需求在总量与结构上基本平衡，是社会主义国家保证市场稳定，实现市场有序运行的一个重要任务与目标。

(四) 各种市场要协调配套

由于社会主义市场是一个完整统一的系统，犹如一架大机器一样，要正常有序地运行，其各个组成部分必须有机衔接，相互配合，协调运行。首先，劳动力市场与生产资料市场二者要相协调配套。这是社会主义商品生产顺利进行和实现的需要。社会主义商品生产要顺利进行和实现，必须使人的要素与物的要素即劳动者与生产资料之间保持适当的比例。而这两种生产要素分别来自劳动力市场与生产资料市场。为此就需要劳动力市场与生产资料市场二者相协调配套。否则的话，就难以保证劳动者与生产资料之间的适当比例。其次，资金市场与商品市场二者也要协调配套。社会主义商品经济的运行是一个双重运行过程，即一方面是使用价值的运行过程，表现为商品的运动；另一方面是价值的运行过程，表现为资金的运动。商品运动离不开商品市场，资金运动离不开资金市场，资金的运动必须同商品的运动相适应。如果二者发生严重的脱节，资金市场与商品市场就会发生混乱，以致陷入严重无政府状态。

(五) 健全合理的市场管理体系

市场管理体系是国家对市场进行统一管理的各种机构与手段。它主要包括国家计划部门、各经济行业主管部门、各经济杠杆调节部门、各监督管理部门等。它们代表国家行使权力，运用经济的行政的和法律的手段对整个市场活动进行干预、调节、指导管理和控制，任务在于建立和维护正常的市场秩序，保证市场有效有序地运行。在传统经济体制中，这些部门直接面向企业，干预生产经营活动，没有成立市场管理的职能机构，排斥市场和市场机制，既压抑了企业的生产经营积极性，又阻碍了价值规律的调节作用。结果，市场的有序运行得不到保证与实现。经过体制改革，随着政府职能的转换，上述部门的主要职能与任务应是面向市场，调节与管理市场，保持市场的有序运行。

[本文发表于《长白论丛》1993年第4期，入选"中国社会科学文献丛书（1990—1995卷）"]

股份制与市场主体的构建

构建能够进入市场,对市场信号做出灵敏反应,并相应调整自身经济行为以期达到盈利最大化的市场主体,是在向市场经济迈进的过程中要解决的关键性问题。而作为市场主体中的主体的国有企业怎样转换经营机制,成为在市场经济中能够高效运作的"四自"企业,这一直是经济体制改革的难关。本文试图就股份制作为公有制的实现形式在这一方面所能起的作用做一些探讨。

一 构建市场主体,建立和完善社会主义市场经济体制

(一) 社会主义市场经济体制对市场主体的要求

江泽民同志在党的十四大报告中明确地描述了我国经济体制改革的目标模式:"我们要建立的社会主义市场经济体制,就是要使市场在社会主义国家宏观调控下对资源配置起基础性作用,使经济活动遵循价值规律的要求,适应供求关系的变化;通过价格杠杆和竞争机制的功能,把资源配置到效益较好的环节中去,并给企业以压力和动力,实现优胜劣汰;运用市场对各种信号反应比较灵敏的优点,促进生产和需求的及时协调。"社会主义市场经济,在本质上是市场经济发展的一个特定阶段,是市场经济制度的一个具体形态,它是把市场经济运行的基本原则同我国的社会主义基本制度结合在一起的,在坚持社会主义公有制的前提下,发挥市场经济促进生产力发展的积极作用,形成一个充满生机和活力的社会主义新经

济体制。因此，社会主义的市场经济体制应当具有市场经济的一般性特征，表现在对市场主体的要求上，就是要求进入市场的企业是具有明确收益与风险意识的不同利益主体，它们能基于自身利益进行独立的经营决策和市场选择，并作为相应的市场参与者，根据市场信号变化所提供的信息，提供或购入商品与劳务，彼此签订合约及从事其他各类交换活动。概括起来就是企业作为市场经济体制的微观基础，应是独立的商品生产者和经营者。

(二) 建立社会主义市场经济体制，必须构建市场主体

在我国，能够进入市场，成为市场主体的企业有三类：竞争性的国有企业、集体企业及其他企业（三资企业、私营企业等）。集体企业、三资企业和私营企业由于其资产所有权明确，企业的生产经营活动不受到或较少地受到行政部门的干扰，具有明确的生产经营目标——获取最大化盈利，并且需要承担生产经营的风险，因而能形成健全的经营机制。它们能主动进入市场，自觉地遵循价值规律和供求规律，依据市场信号的变化，相应调节企业的生产经营行为，在激烈的市场竞争中求得生存和发展。这类企业，能够作为独立的商品生产者和经营者参与市场经济活动，是符合市场经济要求的市场主体。但是，在国民经济中占主导地位的国有企业却不然。虽然我们一直把搞活国有大中型企业、增强企业活力作为整个经济体制改革的中心环节，推行并进一步完善企业承包经营责任制，在一定程度上调动了职工的生产积极性，使企业恢复了生机。但由于改革没有解决窒息企业活力的根本性问题，企业的一些积弊难以消除，如政企不分，企业的生产经营活动既受政府这个"婆婆"的干扰又依赖于它，利益分配向个人倾斜，没有发展后劲，负盈不负亏等。这样的企业，是无法适应现代化商品经济的要求的。在激烈的市场竞争中，它往往表现得无能为力，体制上的束缚使企业既缺少依据市场信息自主进行生产经营决策的权力，也失去了在逆境中求生存、谋发展的动力。如果国有企业不能面向市场，不能成为独立的商品生产者和经营者，那么市场主体就残缺不全，健全的市场体

系就难以形成。因而深化国有企业改革，转换企业经营机制，使之成为自主经营、自负盈亏、自我发展、自我约束的符合市场经济要求的市场主体，是建立和完善社会主义市场经济体制的客观要求。

（三）构建市场主体的关键是明确产权，实现国有企业经营机制的转变

近几年来，我们围绕着搞活国有大中型企业，对我国的企业制度进行了深入的探讨和研究，已充分认识到要使企业充满生机和活力，成为符合市场经济要求的"四自"企业，就必须转换国有企业经营机制；而要实现国有企业经营机制的转换，就必须理顺产权关系，改变原有的企业组织形式。这是我国企业改革面临的难点。不攻破这个难点，符合市场经济要求的市场主体就很难构造出来。

我国的企业组织形式已不符合现代化商品经济的要求，它的缺陷主要表现在以下几个方面。第一，产权关系不明确，名义上的所有者并不能行使所有者的职能，同时也不承担直接经济责任；第二，所有的企业同属于一个人，由政府垄断地占有，因而缺乏竞争性；第三，经理人员作为行政官员，其行为准则不是追求盈利最大化，而是完成上级下达的行政计划指令。企业运行既无内在动力也无外在压力，效率低下乃至无效率。我们需要建立怎样的企业组织形式，才能避免上述缺陷，从而实现企业经营机制的转换？这还是一个不断在探索的问题。但是有一点我们已明确，那就是新的企业组织形式必须具有以下两个特点：第一，产权界限明晰化，这样才能保证政企完全分开，使企业拥有充分的生产经营自主权，自生地依据市场需要和价格变化进行决策，追求自身利益的最大化，从而促进商品经济的发展。第二，产权本身实现商品化。因为只有这样，产权才能进入市场自由流动，实现产权使用的优化和社会化，从而在市场机制的作用下实现资源的合理配置。新的企业组织形式，只有具备了这两个特点，才能使企业成为真正的市场主体。

二 实行股份制是把企业构建成市场主体的必然选择

为提高企业经济效益，使企业真正活起来，我们在全民企业中相继推行租赁制、承包制。但实践证明，它们只能是体制改革过程中的一种过渡形式，而不可能成为目标模式。租赁制只是单纯的所有权与使用权的分离，而不是在财产所有权分离基础上的"两权分离"。承包制与旧体制下的企业制度相比有很多的优越性，如增加企业的自主权，使企业也有了一定的利益激励，但是，这种形式本身还有较大的局限性，不能有效地适应市场经济发展的要求。在承包制条件下由于政企不能完全分开，企业处于"一只眼睛向市场，另一只眼睛向政府"的两难境地，难以形成内在激励机制、自我发展机制和自我约束机制，当然也就不可能有充足的活力。股份制作为社会主义公有制下的企业组织形式，是现代化商品经济发展的必然结果。在社会主义条件下实行股份制，也是经济体制改革实践的客观要求，是生产力发展的必然选择。

（一）股份制能明确界定企业产权，并把企业推向产权交易市场

实行股份制，对国有企业进行改革的思路有几种，但我们认为以下这种思路更规范化，更能体现股份制在社会主义制度下的新的功能，那就是通过法人化，建立股份公司制度。第一，将现有的国有企业改组为股份有限公司，由各种公有制人（包括各级政府的投资公司、保险公司等金融组织，其他企业、养老金基金、捐赠基金会等）分散持股；第二，法人组织建立后，出资者不再保持对已入股的财产的直接控制，而是将法人财产的经营权交给由股东们选聘的经理人员行使；第三，在公司内部，将经理人员的工资同经营效绩联系起来的激励—约束机制，保证经理人员努力改善经营管理，谋求公司盈利的最大化。具体说来，应分两步走：第一步，是将原

有的国有资产划分为归各级政府的资产管理部门代表持的股权。这种以各级政府资产管理部门持股为主的股份公司也应大体做到政府所有和专项治理的"两权分离"。但是政府的主要经济职能应该是对整个国民经济的运行进行调节管理，如果它同时以国有权代表人的身份出现，就可能重新出现政府直接经营企业的弊端。因此，法人化改革的第二步，应当是更彻底地实现政府职能同所有者职能的分离，进一步实现股权的分散化，也就是说，要更多地用国家行政机构以外的法人组织，如金融中介机构、保险公司、投资公司、养老基金会、公益基金会等代表公众持股。而且在股份公司建立后，即可着手将国有股的相当部分，出售给别的企业（企业相互参股）和各种基金来自民间或政府捐赠的非营利性的公益基金会，也可以出售给居民个人，这样就可以把原来由政府代表社会掌握所有权和直接经营的公有制企业，改造成为以各种法人组织代表公众持股为主，自然人持股为辅，实行股权分散化，允许股权自由转让的委托专业人员全权经营的法人化企业（公司）。

进行这样的改革以后，公司的法人资产就从全民拥有的资产中独立出来，与全民拥有的其他资产之间有明确的界限，公司以其法人财产承担有限民事责任的同时，如果公司经营不善，其他公司可以通过收买公司股票等方式来实现企业产权的转让，这样，就把企业推向了一个更深层次的市场，即产权交易市场，企业成为买卖的对象。这就为资金的优化和社会化使用创造了条件，对于促进产业结构的合理化和高级化有着十分重要的意义。通过这种企业组织形式，就明确界定了企业产权，并使产权本身实现了商品化，从而为构建新型的市场主体奠定了坚实的基础。

（二）股份制在转换企业经营机制方面具有承包制所没有的更为先进的功能

1. 能使政企真正分开

股份公司制度从公有制的形式上消除了政府行政机构直接干预企业的基础，为实现所有权与经营权的完全分开的专家治理提供了前提条件。它和政府的关系非常清楚,就是"遵纪守法","照章纳税"。政府具有双重职能。作为管理者,政府要求企业遵纪守法,照章纳税;作为投资者,政府只能作为股东从内部决策来影响企业的生产经营活动,而不能从外部进行干预。

2. 有利于实现企业的自负盈亏

在股份制中,由于企业产权有明确的界定,一切投资者都要对自己的投资利益负责,不能再推到国家身上。即使是国有资产部门的投资,也因具体投资主体的确定而使得产权明晰化,具体的投资主体将负责投资利益的维护并承担风险。

3. 有利于企业形成自我发展机制

实行股份制后,企业就不能再将眼光集中到短期利益上,不能再把企业的利润分光吃光、拼老本。各类投资主体都希望通过企业的发展、壮大来使自己的资产增值、长期化和最大化。这样,企业在激烈的市场竞争中必然增加生产投入,推进技术进步,强化管理以增强竞争实力,从而形成自我发展机制。

4. 有利于企业形成自我约束机制股份制

股份制把股东的利益与企业的经营状况紧紧联系在一起,因而作为股东必然密切关注企业的经营活动。大股东通过选择自己的代表进入董事会参与决策,对企业实行监督;小股东根据企业效益情况及是否有发展后劲等,在股票市场上决定自己的投资方向。这样就形成了投资者利益的内部约束机制,进入产权交易市场的股份制企业如果经营不善,就有被收买的危险。在这个市场的压力下,每个企业都必须尽力提高经济效益,这就形成了投资者利益的外在约束机制。

只要我们建立起规范化的股份公司制度,充分发挥股份制在界定企业产权、转换企业经营机制方面的功能,就能使企业成为活跃的市场主体是建立和完善社会主义市场经济体制的关键。

对于股份制是否具有明确界定企业产权,实现国有企业经营机制转换的功能,学术界正存在异议,其观点是:在资本主义条件下股份制是适应发展规模经济、分散投资风险的要求而产生的,它本身并不具备解决企业内部经营机制问题的功能；股份制并不能明确产权关系，它恰恰要以产权关系明确为前提。所以期望通过实行股份制来明晰产权关系的设想，实际上是对股份制通行的原则和功能的一种误解。我们认为这种看法是失之偏颇的。第一，在不同的社会制度下，股份制可以有不同的功能。诚然，在资本主义条件下股份制的产生是生产社会化的结果，主要是为筹集资金、分散风险。这与我国期望通过实行股份制来转换企业经营机制的目的不同，但这只能说明创建股份制的出发点不同，而并不能否认股份制就没有转换企业经营机制的功能。在资本主义条件下，生产资料的私有制决定了企业产权关系是明确的。所有者从自身利益出发，必然促使企业加强经营管理，向着利润最大化目标努力，不存在企业经营机制不健全、负盈不负亏的问题。所以，也根本就谈不到去解决我们现在所面临的明确界定企业产权，从而转换企业经营机制的问题。在资本主义条件下，任何一种企业组织形式的建立都不会以解决这个问题为目的。股份制也只是适应生产社会化的要求而产生的，同时，它本身就具有形成健全的企业经营机制的客观必然性。但是，国有制下的企业产权不明确，经营机制不健全这一问题却很尖锐地摆在我们面前。这一问题产生的根源在于全民所有制的内在矛盾，即一方面，全民所有制的所有权必须属于全民所有或在现阶段必须属于代表人民利益的国家所有；另一方面，由于生产的设备技术条件所决定，实际的生产只能分散在单个的生产经营单位（企业）中进行。这就使得名义上的所有者——国家并不行使所有者职能，也不承担经营风险，而劳动者通过国家这样一个中介与生产资料间接结合，必然缺乏动力的效率。在社会主义国家解决这一问题，是不能搞私有化的。那么，在坚持公有制的条件下如何明确企业产权，实现企业经营机制的转换？实践的发展已使我们充分认识到，我们完全可以借鉴资本主义发展的成功经验与优秀成果，对股份制加以利用和改造，从而实现和发挥股份制在社会主义条件下的新的功能。第二，股份制创建的前提赋予了它在社会主义条件下的新的功能。股份制要以产权明确为前提，而我国国有制企业产权不明确，在这种条件下实行股份制似乎是一个矛盾。其实不然，正因为股份制需要这样一个前提，我们就要在股份制的创建过程中把产权明确下来，并利用股份制这种形式使之固定，不至于再发生侵权现象，从而解决长期困扰我国经济发展的企业产权不明晰问题。至此，我国经济生活中存在的那么多因产权关系不明晰而引起的效率低下问题，因产权不清而发生的经济纠纷问题，因产权关系不明而形成的对经济发展的种种阻碍，都会迎刃而解。

三 坚定地推行股份制，要在股份制的规范化上下功夫

股份制试点企业在发展社会生产力、推动社会主义市场经济发展中已显示出积极的作用。它在一定程度上明确了产权关系，而且在股份制发育后，可以形成一种有利于改革的环境，进一步明确产权关系，并且为经济发展和企业筹集了急需的资金。

但是也应当看到，在这些股份制企业中，规范的股份制形式所占的比重较少，大多存在不同程度的变形和走样。主要表现在以下方面：第一，财产关系不明确，国家缺乏最终所有，无人负责，企业股五花八门，甚至由职代会、工会持股；第二，股东利益不平等，分配关系紊乱，内部职工股大多既取息（股息进成本）又分红，且分红率高，而国家股则不分红或无保证；第三，股权约束软化，有些股份制企业没有开过股东大会，没有设立董事会，或者股东大会和董事会名存实亡；第四，股票债券化，不少股份制企业规定职工可退股，风险机制未体现出来；第五，原有资产评估不准确，国有资产价值流失严重；第六，未摆脱政府部门的行政干预。股份制在变形和走样以后，其作用就会偏离最初的设计，难以达到股份制改革的初衷。

股份制改革方案在实践中出现相当程度的变形和走样，其原因当然是多方面的。有些问题是由于理论上混乱和实践经验不足造成的，也有的是在操作上出现失误而引起的。这些问题，只要我们认

真对待，采取有效措施，就可以逐步纠正过来。有些问题是由于股份制不成熟而引起的，只要等股份制发育以后，就可以获得解决。还有些问题是由外部条件不具备而引起的，如现有固定资产的管理体制和企业的领导体制都会引起股份制不规范，这些问题的解决要与相关体制的改革相配合。

鉴于上述情况，我们必须在股份制的规范化上下功夫。因为它关系到股份制试点的成败，关系到在我们国家发展股份制的前途和命运，更关系到能否构建出新型的市场主体。为此，我们必须本着"坚决试，不求多，务求好，不能乱"的原则，从以下三方面做好股份制的规范化工作：第一，股份公司组织和运作要规范化。这是股份制试点规范化的第一项要求。要确立规范化的适合我国国情的较优的股份公司制度，政府可对股份制形式作出尽量详尽的规定，尽快制定出股份制企业组建和试点的法规及其实施细则，以克服资产评估不确切，个人股只分享利润不承担风险，同股不同利等问题，必须下大力气对股份制企业的不规范行为进行认真纠正。第二，政府对股份公司的管理要规范化。这是股份制试点规范化的第二项要求。政府对股份制试点企业的管理要符合股份制的要求，因而就必须对各项体制进行全面配套改革。这实际上是要求用与现行体制不同的另外一套体制管理股份制企业。试行股份制绝不单纯是企业体制改革的试点，而是各项体制全面改革的综合试验。第三，股票市场的组织和运作要规范化。这是股份制试点规范化的第三项要求。我们对股票市场组织和监管的实践很少，未被认识的问题很多。当前亟须研究解决的问题是证券交易所的设立问题、股票交易和易地上市问题、向社会公众发行股票问题、股票市场的监管问题等。股份制试点是一项复杂而艰苦的系统工程，面临的问题很多，任务繁重而艰巨。我们一定要大胆试，大胆地闯，真抓实干，分阶段有步骤地把股份制改革深化下去。

（本文发表于《长白论丛》1993年第1期）

统战工作要为发展社会主义
市场经济服务

党的十四大明确提出我国的经济体制改革的目标是构建一个充满生机与活力的社会主义市场经济新体制。这是对马克思主义经济理论的重大发展和贡献，不仅对我国进一步扩大开放、深化改革、加速社会主义现代化建设产生极其深远的影响，而且也为我们党的统战工作指明了方向，提出了新的要求。

我国经济已进入了发展社会主义市场经济的新时期。在这个时期，要实现新旧体制的交替，顺利完成由计划经济体制到市场经济体制的转换。党的各级统战部门必须审时度势，适应和跟上这个战略转变，把工作重心切实转到为发展社会主义市场经济服务的轨道上来，为使整个国民经济跃上新台阶贡献力量。

为发展社会主义市场经济服务，是新时期统战工作的根本任务。在现阶段乃至今后近百年，统战工作贯彻以经济建设为中心，就是要团结一切可以团结的人，调动一切积极因素，为发展和繁荣社会主义市场经济服务。凡是对发展和繁荣社会主义市场经济有利的事，尽管有重重阻力和巨大风险，我们也要大胆地试，大胆地闯，大胆地干；凡是对发展和繁荣社会主义市场经济作出贡献的人，不管是海内的还是海外的，也不管是哪个阶层的，我们都要给予支持和鼓励。离开发展社会主义市场经济这个中心，统战工作就会偏离正确的方向。

怎样才能使统战工作更好地为发展社会主义市场经济服务呢？

第一，深入学习邓小平南方谈话和党的十四大报告，进一步解放思想，排除"左"的思想干扰，消除"恐资病""惧私症"，大胆鼓励和放手发展个体私营经济。经过改革开放以来10多年的努力。我省个体私营经济有了长足发展。到1991年，个体户达31.2万户，从业人员达44.4万人；私营企业达2026户，雇工达30543人。但与全国先进省份比较，我省仍十分落后。个体工商户从业人员仅占全省总人口的1.83%，比全国平均水平低0.17个百分点，私营企业的户数占全国的2%，仅是广东的1/10，还没有沈阳一个市多。我省个体私营经济发展之所以严重滞后，一个重要原因，是受"宁左勿右"思想的影响，思想理论偏"左"，一些干部和群众存在严重的"恐资病""惧私症"，怕犯搞资本主义和私有化的错误，不敢放手发展个体私营经济，甚至还采取一些手段和措施加以限制。为了扭转这种局面，8月份省委、省政府已作出决定，放手发展我省的个体私营经济，并出台了36条鼓励措施和规定。我省各级统战部门要坚决贯彻省委、省政府的规定，进一步解放思想，鼓励广大个体户和私营企业主自动抑制消费、扩大积累、增加生产、提高水平，促进全省个体私营经济有一个较大的发展，以保证我省市场经济全面协调增长，在三年内跃上一个新台阶。

　　第二，进一步动员和组织各民主党派为扩大我省改革开放、发展社会主义市场经济献计出力。发展社会主义市场经济，各民主党派有着自己的独特优势。我省各民主党派中聚集着各方面的代表人物，同社会各界、各阶层人士有着广泛的联系，有些人还有一定的海外关系。调动他们的积极性，多方筹措资金，兴办实业，引进外资，创建"三资"企业，可以直接促进市场经济的繁荣与发展。目前，在邓小平南方谈话和党的十四大精神鼓舞下，各民主党派发展社会主义市场经济的热情和积极性空前高涨，他们广交朋友，同朝鲜、韩国、中国香港、俄罗斯、泰国等国家和地区开展联谊活动，进行经济往来与合作。各级统战部门要支持和保护他们的积极性和热情，有针对性地加以组织和引导，使之形成促进市场经济加速发展的合力和推力。

　　第三，进一步落实知识分子政策，鼓励广大科技人员兴办科技产业和第三产业。广大知识分子和科技人员，是发展社会主义市场经济的一支强大的生力军。市场经济的发展，不仅要靠正确政策的引导，而且还要依靠科技进步。一个时期以来，由于受"左"的思想影响，对知识分子尤其是科技人员的政策落实不够，不敢让他们从事第二职业，限制他们开办私人科技开发实体，甚至对科技人员从事科技咨询、科技服务获取的正当收入加以限制或没收等。要通过深入细致的统战工作，使上述状况迅速改变。要通过合理的利益导向，并辅之以必要的政治思想工作，把广大科技人员推向发展社会主义市场经济的主战场，把科学技术迅速转变为现实生产力，使我省的科技产业和第三产业有一个新发展。

(本文发表于《统战纵横》1992年第11—12期)

二

国企改革研究

搞活国有大中型企业的
若干理论与对策思考

全民所有制经济是我国社会主义经济制度的重要基础。国有大中型企业又是社会主义经济的主要支柱。全民所有制经济尤其是国有大中型企业缺乏应有的生机与活力，势必动摇公有制经济的主体地位，影响其主导作用的发挥乃至会影响社会主义经济制度的巩固与发展。因此，搞活国有大中型企业已不单纯是一个经济问题，而且是个十分严峻的政治问题。

一 "搞活"的含义及其衡量标准

什么叫"搞活"？"搞活"的内涵及衡量标准是什么？对这个问题学术界认识并不一致。有的同志认为"搞活"就是企业的各种经济行为正常运行，不呆滞、不僵化、不死板。还有一种颇有代表性的观点认为"搞活"就是使企业具有旺盛的生存能力。我认为"搞活"企业绝不仅仅是使企业维持"生存能力"能够"活着"，更主要的是使企业具有持续发展的能力和增值能力。其基本内涵应当包括：第一，职工的积极性充分调动起来。第二，物质资料得到充分合理的利用。要"物尽其用"避免不必要的闲置与浪费。最根本的是提高利用率。第三，资金流通顺畅，周转时间不断缩短。第四，产品在国内外市场具有较强的竞争能力，具有较高的市场占有率和产品实现率。第五，企业设备不断更新，生产技术不断改进和提高。这是使企业具有"活力"的物质基础和技术条件。第六，经济效益持续稳步提高，企业自我积累、自我发展的能力不断增强。这是搞活社会主义经济的根本要求。

显而易见，"搞活"企业的内涵是多方面、多因素的。每个方面或因素都从某一侧面反映企业是否具有生机与活力，它们是一个互相关联的有机体系或有内在联系的系统，缺少某一个方面或因素都会影响企业整体的生机与活力。所以，一个企业搞活的标准是多元化的，其衡量标准是一个指标体系。原则上可以划分为两个方面：一是使用价值方面的指标，二是价值方面的指标。从使用价值方面讲，尽管衡量企业是否真正搞活的指标很多，但最根本的却是产品必须符合市场的需求，能够真正满足人们的物质文化生活需要。从价值方面看，衡量企业是否真正搞活的指标也很多，但最根本的一条就是看企业的经济效益是否提高、是否盈利。企业高投入低产出，或高产出是靠高投入取得的，必然不盈利或很少盈利，这样的企业不能算是"搞活"。至于亏损企业原则上说不能叫作"搞活"。当然从动态来考察企业逐年减亏或扭亏为盈是经济效益提高、企业活力增强的重要标志与表现。

衡量企业是否真正"搞活"的指标之所以是二重的，这是由商品经济条件下社会主义生产目的所规定的。社会主义生产的目的是最大限度地满足全体人民日益增长的物质文化生活需要。企业生产的产品只有经过市场最终到达消费者手里满足了人们的物质文化生活需要，才算实现了社会主义生产目的。因此，在这里使用价值是至关重要的。从根本上讲使用价值满足了人们的需要才算企业真正"搞活"，否则使用价值不为人们消费所需要无论如何也不能认为这个企业"搞活"了。在商品经济条件下，盈利也是社会主义生产目的所要求的。企业盈利越多就能更好地实现社会主义生产目的。所以企业盈利与否是衡量企业是否"搞活"的根本标志。这里讲"根本标志"不是说它是"唯一标志"。因为在现实经济生活中仍有许多企业不顾产品使用价值是否符合消费需要，甚至采用掺假使假、制造伪劣商品、大搞偷税漏税等违法活动来牟取利润。在当前价格体系不健全、价格关系没有理顺、许多商品价格不合理的条件下有些企业的"效益"并不是靠自身经营管理水平的提高取得的,而是靠商品"价格高"得到的。在这种情况下所取得的盈利特别是靠违法活动取得的利润或"效益",当然不是企业"搞活"的标志。

二 关于企业"死"与"活"的关系问题

从哲学上讲"死"与"活"是生命运动的两种对立状态,二者是矛盾统一的关系。我们这里讲的"死"是有确定含义的,它不仅仅是指与"灵活"相对立的"死板""僵化",更重要的是指企业不仅丧失了发展能力和增值能力,而且失去了生存能力。

据估计,目前我国全民所有制企业有5%—10%是处在"死"而不"死"状态,即实际上有的企业已经破产还要硬撑着不让其破产。我认为这类企业根本不是如何"搞活"的问题,而是应当尽快落实企业破产法把它们关掉。因为这类企业已是"空壳",其全部资产也抵偿不了银行贷款和全部债务。这类企业已经处于停产或半停产状态,职工工资不仅照发不误(靠银行贷款),而且奖金、补贴也照发。关掉这些企业从眼前看确实要受到一些损失,但从长远的发展来看是利多弊少的,是有利于宏观经济效益提高和经济社会发展的。另有20%—30%的企业处在"半死"不"活"的状态。造成这种状态的因素是多方面的。这类企业多半是设备老化、陈旧,生产技术落后,经营管理水平低下,产品质次价高、不适销对路。只要采取适当的政策和措施全力救治,这些企业多数还是可以"起死回生"的。还有40%左右的企业活力很不足更不持久,原因也是多方面的。既有职工积极性没有充分调动起来的原因,也有企业资金不足、周转不畅的原因,还有生产技术落后、产品结构不合理、物资消耗高等原因,特别是传统企业体制没有破除、新的企业体制尚未建立的原因,等等。

我认为"搞活"全民所有制企业的主攻方向应是这60%—70%的活力不足和半死不活的企业。只要主攻方向明确重点突出有针对性地实施搞活企业的方针、政策和措施，就能收到良好的效果。至于其余的20%左右的比较活的企业（如首钢、吉化公司等国家一级、二级企业）就不是"搞活"的问题了，而是如何保证持续的活力问题。

现在，我国全民所有制经济管理中最突出、最尖锐的问题是：该"死"的企业不"死"，该"活"的企业"活"不起来。该"死"的企业不"死"严重地制约和影响应该"活"和能够"活"的企业。打通这个"肠梗阻"的唯一出路就是："死"一小批企业救活一大批企业。这是调整产业结构、优化资源配置、从根本上搞活社会主义经济的需要。"死"一小批企业有两个最大的障碍：一是影响社会安定的障碍；二是地方财政包干体制的障碍。几年来的实践表明：第一，不建立健全社会保障体系解决企业破产后职工就业安排问题，该"死"的企业就无法"死"。第二，不改革地方财政包干体制，解决地方本位主义让地方局部利益服从国家全局利益。尽管有破产法存在，企业破产也是一句空话。严酷的事实摆在面前：不忍痛关掉那些消耗高、产品无销路、效益低下、严重亏损、资不抵债而又无法救活的企业，产业结构就得不到有效调整和优化，而那些消耗低、产品销路好、经济效益高、盈利多的企业反而受到严重制约和影响。这就势必造成一方面在不断地浪费能源和原材料，而另一方面又由于缺乏能源和原材料而不能全力开工，影响了效益和活力的发挥。因此必须痛下决心及早着手构建社会保障体系和进行地方财政包干体制的改革，以促使60%—70%的全民所有制企业活起来。

企业有死有活不仅是企业这个有机体自身发展运动的正常现象，而且是商品经济发展的一种必然。通过企业"死"与"活"的运动，社会产业结构不断得到调整与优化，资源的配置日益趋向合理化，从而推动社会经济健康有序地向前发展。所以我们既要积极促进企业的"活"，也要敢于让失去生存能力的企业痛痛快快去"死"。从一定意义上讲这个"死"也是好事。没有少数企业的"死"便没有整个社会主义经济的"活"，这就是企业死与活的辩证法。我们不仅要从理论上明确，更重要的是在经济生活中实践这个辩证法。

三 关于清理"三角债"问题

企业之间的"三角债"是个象征性的说法。实际上目前我国企业之间的债务关系已不仅是"三角"的，而是"多角"的，是错综复杂的关系。

"三角债"的拖欠已经严重影响企业资金正常的循环与周转，是造成企业丧失活力或活力不足的一个重要原因。以上海为例，1988年9月底全市企业拖欠约55亿元，经近两年的多次清理，仍有应收款108.6亿元、应付款83.9亿元。1989年上海增加的110亿银行贷款中约有70亿元被企业拖欠。上海宝山钢铁总厂1991年1月向全国发出钢材5亿元而回笼的贷款仅1.2亿元，到2月底该厂被拖欠的贷款达11.7亿元。[①]重点企业、效益好的企业被效益差的企业拖欠大量货款还要为此承受利息负担，使本身的效益也随之下降。

企业之间的债务拖欠不仅使企业支付困难、资金流通不畅，陷入停产或半停产的困境，而且还把整个国民经济缠得无法运行，大有发生社会信用危机乃至引发经济危机的可能。马克思在分析商品流通的形态变化时所指出的买卖脱节包含危机可能性的原理，在社会主义商品经济条件下是仍然有效的。因为随着信用制度的发展，在社会主义商品经济条件下也不可避免地产生买卖行为严重脱节的现象。清理"三角债"、解开企业之间的债务链条，疏通资金流通渠道，不仅可以缓解企业资金奇缺的矛盾，为搞活企业提供必要的条件，而且可以避免整个国民经济陷入信用危机、经济危机的泥潭。

但是，目前有一种倾向值得我们充分注意，就是对清理"三角债"期望过高，对其作用估计过大，以为清理了"三角债"就解

---

① 叶史尧：《论企业拖欠债务的成因及治理》，《中国经济问题》1991年第1期。

决了根本问题，企业自然就会长久地具有活力了。这是一种不切实际的想法。首先，必须看到清理"三角债"是救活、搞活企业的一种治标之计，而非治本之策。它解决的是表层的问题，并没有触及"三角债"的病根。其次，也应当看到并承认在商品经济条件下，随着社会主义信用的发展与完善，企业之间发生复杂的债权债务关系是必然的，也是正常的。发生前清后欠的现象也是难免的。清理"三角债"只是清理拖欠的债务，合同期内的正常债务不在其列。所以清理"三角债"工作不能毕其功于一役。要依据《中华人民共和国企业法》《中华人民共和国经济合同法》等有关规定经常进行。最后，必须看到也应当承认，目前我国发生的大量"三角债"从根本上来说是由体制上的原因造成的。原有资金管理体制和原有的信用制度已被冲破，但新的适应社会主义有计划商品经济要求的资金管理体制和信用制度尚未建立起来。一方面资金流通渠道多元化，资金市场却不健全、规范，资金流向出现了盲目化、无序化；另一方面国家对金融和信贷又失去有效的调节与约束，加之生产盲目扩张，经济发展过热，一旦紧缩，就会使一些企业到期不能支付，从而必然引起一系列连锁反应，产生大量的"三角债"。这正如马克思所讲的那样："正是信用制度在繁荣时期的惊人发展，正是对借贷资本的需求在繁荣时期的巨大增加，以及这种需求在繁荣时期的容易得到满足，造成了停滞时期的信用紧迫。"[①] 正因如此，清理"三角债"，解决企业之间的债务拖欠问题，最根本的还是要深化改革，构筑新的资金管理体制和有效宏观金融调控体系，不断完善和健全社会主义的信用制度。

四　国有企业要搞活，国家政策要正倾斜

前一个时期我国国有企业尤其是大中型企业不活，一个重要原因就在于：国家政策逆倾斜或误倾斜即不适当地或过分地向非社会

[①] 《马克思恩格斯全集》第二十五卷，人民出版社 1974 年版，第 509 页。

主义经济成分倾斜。其表现主要是国家对个体经济、私营经济、"三资企业"实行过多优惠政策，政策偏宽管得过松；而对国有企业则实行多取少予的政策，政策偏紧管得也过严过死。这一松一紧、一宽一严导致竞争环境与条件的严重不公平。因此必须改逆倾斜为正倾斜。这绝不是说我们应改变对个体经济、私营经济及"三资企业"的鼓励政策，而是说"优惠"要适当，要有节制，这些经济成分发展了也应当对国家有较大的贡献。

为了救活和搞活国有大中型企业，国家在近期内实行有效的倾斜政策，起码在如下一些方面要有所动作。

第一，减税。对国有企业切忌实行竭泽而渔的政策，只讲索取不讲给予。以往我们的财政税收政策包含着这种只取不予的因素或成分。长期以来我国国有企业尤其是大中型企业税赋负担过重，严重地影响了企业自身的改造、积累与发展。现在该是"蓄水养鱼"让企业休养生息以增强发展后劲的时候了。国家已开始实施降低国有大中型企业所得税率，对大中型企业实行税收优惠政策，这是非常正确、及时的。关键是要切实保证此项政策全部到位，真正使企业得到"优惠"。

第二，放权。我国国有企业的体制改革是从放权让利开始的。这对政企不分、企业毫无经营自主权、没有自身独立利益的旧体制是一个较大的冲击。1984年国务院发布了"企业扩权十条"。1988年颁布的《中华人民共和国企业法》，又用立法的形式明确了企业应当拥有的经营自主权。概括起来，经营自主权主要包括以下几项：生产经营计划权、产品定价权、产品自销权、资金使用权、资产处置权、物资选购权、机构设置权、劳动人事权、工资奖金分配权、联合经营权、企业对外谈判签约权和拒绝摊派权。这些权力若真正落到实处，切实掌握在企业手里，是不愁企业不"活"的。然而这几项法定的经营自主权没有一项是完全落实的，有些已经下放的权力在治理整顿中又以种种借口被收了上去，难怪一些大企业负责人说他们根本没有自主权。为什么该放给企业的权力不放下去，放下去的还随时被上收？为什么改革10多年我们一直在"放权—

收权"的怪圈中循环？我认为应重新审视我们奉行的所有权与经营权"适当"分离的理论。所谓"适当"分离是一种"两权"关系的理想化状态，但在理论上是难以界定的，在实践中是难以做到的。所有权是不能分的，分割了所有权就改变了国家所有制的性质。经营权在国家与企业之间分割主动权和决定权在国家而企业处于被"赐权"的地位，因而这种"权力分割"不可能是"适当"的。几年来的实践也表明，企业并没有真正获得"适当"的"经营权"。因此应当抛弃"两权适当分离"论，按照"两权完全分割"的原则，实行国有资产长期增值的租赁制和推行股份制。只要国家健全宏观调控体系，强化各种调控手段，全民所有制经济采用上述两种企业制度，其运行是不会失控的。

第三，增留利。近年来企业留利明显减少，缺乏必要的更新改造资金，也是企业丧失发展后劲和活力的一个重要原因。据四川省搞活大中型企业第一调查组对8户企业的调查，1985年企业留利占实现利润的比重为26.4%，1988年降低到25.5%，1990年企业实际留利仅占实现利润的2.6%，多数企业留利很少或根本没有留利，根本无法提留发展基金。企业留利骤减的直接原因是成本上升、利润下降。这既有原材料价格上涨、税费增加、利息加重等因素，也有企业内部管理水平下降等原因。除了转变企业经营机制、完善内部管理以外，国家要着力治理市场环境、完善市场体系、理顺市场价格关系，为企业增加留利、提高留利水平增强发展后劲创造一个良好的外部环境。

第四，取消各种不合理摊派。现在社会各界、四面八方都向企业伸手，名目繁多的"摊派"达几十种之多，压得企业喘不过气来无法承受。企业虽有拒绝权但又无法拒绝。

第五，深化改革。这是搞活国有大中型企业的治本之策，也是增强全民所有制经济持久活力的根本出路。我认为，进一步深化国有制经济体制改革最关键的一环，是把国有企业真正塑造成独立的商品生产者和经营者，让企业拥有完全的经营自主权，以适应市场需求的变化自主地进行生产经营决策。对现行的承包制必须进行根本改造。改造的最佳出路就是逐步向股份制过渡。只要实行以公有股为主的股份制，就不会改变企业的社会主义性质。认为搞股份制就是搞股份化，就是搞私有化，这是一种误解。可以讲各项具体的政策措施尤其是上述对国有大中型企业的优惠政策，对于搞活这些企业是有效的。但是最根本的出路还在于深化企业改革。如果不能把国有企业真正塑造成自主经营、自负盈亏的商品生产者和经营者，企业"搞活"是不能实现的。

（本文发表于《天津社会科学》1992年第2期）

论中央企业深化改革与科学发展

2003年国务院国资委挂牌成立，标志中央企业改革进入一个新阶段。此时中央企业总共有196家，大部分企业陷入生产经营困境，几乎个个企业都为不良资产难以处置而苦恼。经过8年多兼并、重组优化等方面的改革，企业户数减少到如今的117家。虽然企业户数大大减少了，但企业整体素质及综合竞争力却大幅度提高，经济效益明显提升。2005—2011年中央企业资产总额从10.5万亿元增长到28万亿元；营业收入从6.79万亿元增长到20.2万亿元；实现净利润从0.45427万亿元增长到0.9173万亿元；上缴税金从0.57799万亿元增长到1.7万亿元；实现了资产总额、营业收入、实现净利润及上缴税金等主要经济指标翻番，年均国有资产保值增值率达到115%。在2011年公布的世界500强中中央企业已有38家上榜。中央企业再也不是负债累累、包袱沉重、举步维艰的国民经济发展的累赘而成为国民经济发展的重要支柱力量。上述伟大成就的取得固然取决于多种因素，但根本因素是改革。可以肯定地讲，没有近10年中央企业的改革攻坚就没有中央企业辉煌的今天。实践证明，只有坚持不懈地深化改革，中央企业才会在科学发展的道路上充满生机与活力地前进实现可持续的发展。本文拟就中央企业今后如何坚持深化改革实现可持续的科学发展谈谈个人的一些看法。

一　深化改革绝不是改掉国有企业

目前，中国有一股很强的理论鼓噪，即"国有企业障碍论"。其主旨是：国有企业（尤其是中央企业）现在已成为中国经济发展的最大障碍，若深化改革必须首先将这个最大障碍改掉除掉，否则话，中国经济就不可能实现可持续发展。之所以说这种理论鼓噪"很强"，就是因为鼓噪者中既有老一辈经济学家，又有一些中青年经济学家，且其在经济学界地位很高名声很大影响较广。因此有必要加以剖析。

改掉国有企业（或曰国企"退出"）理由之一：产权主体虚置或"缺位"。这完全是从西方产权理论出发强加在国有企业头上的一顶"破帽子"。按照马克思主义所有制理论，产权是所有制在法律制度上的实现即法律意义上的所有权。国有企业在所有制形式上是全民所有制，其产权是全体人民拥有所有权，这是十分明确的，不存在什么"虚置"或"缺位"的问题。问题在于全民所有人人有份人人又不实际占用。这主要是由于所有权与经营权分离所致。占用权、支配权、使用权同属于经营权范畴，是所有权派生的一种权利。占用权的"虚置"并不等于所有权的"虚置"。全体人民的财产所有权并不意味着全体人民直接占用或经营，委托国家这个"中介"由其特派机构——国有资产管理委员会来实际运营与管理并不损害全体人民拥有所有权。因此将全体人民的占用权误读为法律上的所有权并冠以产权主体"虚置"是毫无道理的。

改掉国有企业（或曰国企"退出"）理由之二：垄断。国有企业尤其是中央企业在我国国民经济中一般居于垄断地位，甚至居于自然垄断地位。在传统经济学中，垄断被认为是自由竞争的否定和替代物，是一种市场失灵，会使市场经济丧失活力从而导致国民经济的僵化与停滞。在我们看来，这种看法无疑是一种绝对化的理解与认识。事实上，世界上任何事物都是辩证的，都具有两面性，垄断现象或垄断范畴也是一样。上述看法只是讲到垄断的不利一面，忽视或否定其积极的一面。垄断是由自由竞争引起并在自由竞争基础上形成的,它并不完全否定或排斥竞争。并且纯粹垄断和纯粹自由竞争一样在现实生活中实属偶然状态,垄断与竞争并存是现实市场经济运行的常态。从单个国家来看,某企业是垄断型企业,它垄断了某一行业的生产和销售;但从国际上来看,它不仅不居垄断地位反而自由竞争能力还很弱。目前中国的许多"垄断型"国有企业都属于这种情况。在中国加入WTO后中国经济融入世界经济体系实现世界经济一体化的情况下,中国市场与世界市场二者融合为一个统一大市场中国国有企业还能否轻易断言垄断呢?据悉1994年中国最大的500家国有企业,其中有相当大的部分是国家垄断企业,其全年销售收入的总和还不如美国通用汽车公司一家的销售收入。[1] 讲反垄断能否把这500家最大的国有企业统统反掉呢?美国有国家反垄断法为什么没有依法将通用汽车公司这样大的企业"反"掉呢?恰恰相反美国政府为了避免其在危机中破产还千方百计加以保护,令其继续发展壮大。

从以美国为首的垄断企业发展状况(见表1)看,无论是企业的绝对规模和相对规模还是寡头企业绝对数和相对数占据前5位是美国、日本、德国、英国和法国。全世界绝大部分寡头企业基本上都分布在上述主要发达国家。从行业上来看,20世纪90年代世界17个主要产业中美国有16个具有销售规模居于世界排名第一的大企业,如航空业中的美国航空、饮料行业的可口可乐、化学业的杜邦、计算机和办公设备业的IBM、电子行业的通用电气、娱乐业的迪斯尼、零售业的沃尔玛、肥皂和化妆品业的宝洁公司等,如今世界上大跨国垄断企业不都是世界上最先进、效益最好的跨国垄断企业吗?[2]

---

[1] 邵宁:《珍惜"来之不易",稳步推进改革》,人民网,2012年4月12日。
[2] [美]默里·L. 韦登鲍姆:《全球市场中的企业与政府》,张兆安译,上海人民出版社2002年版,第37页。

表1　　　　　　　　　世界主要发达国家垄断寡头状况

名次	国家	绝对规模（10亿美元）	相对规模（%）	名次	国家	寡头企业数目(家)	相对数目（%）
1	美国	10782.5	100	1	美国	185	100
2	日本	5068.9	47	2	日本	100	54
3	德国	1916.5	18	3	德国	42	23
4	英国	1579.4	15	4	法国	39	21
5	法国	1385.9	13	5	英国	38	21
6	意大利	1114.6	10	6	加拿大	12	6
7	加拿大	789.8	7	7	意大利	11	6
8	西班牙	621.7	6	8	瑞士	11	6
9	韩国	614.9	6	9	韩国	9	5
10	澳大利亚	466.5	4	10	荷兰	7	4
11	荷兰	379.2	4	11	澳大利亚	7	4
12	瑞士	253.1	2	12	西班牙	5	3

资料来源：鲁政委、冯涛：《寡头垄断市场结构与寡头垄断企业的效率性分析》，《河北经贸大学学报》2005年第4期。相对规模数据以美国为基准，由作者自行整理。

垄断企业由于规模庞大更有利于开发新技术，采用更加先进的生产方法实现规模经济。对此创新主义经济学家熊彼特明确指出："垄断者能得到优越的生产方法，一大批竞争者根本得不到这些方法或者很难得到它们。……换言之此竞争这个要素可能完全失去作用，因为垄断价格和垄断产量与那种和竞争假设相一致的企业能达到的生产效率和组织效率水平上的竞争价格和竞争产量相比价格不一定较高产值不一定较小……没有理由怀疑在我们时代条件下这种优越性事实上是典型大规模控制单位的突出特征。"①

改掉国有企业（或曰国企"退出"）理由之三：国家所有制缺乏存在的必然性。持这种意见的人认为马克思主义经典作家讲社会主义存在国家所有制是指发达的社会主义而我国目前的社会是不发达社会主义即社会主义初级阶段。以此从理论上否定社会主义初级阶段国有制存在的必要性，这是站不住脚的。国家所有制的性质取决国家的性质。有资本主义国有制也有社会主义国有制。关于资本主义国有制，恩格斯明确指出："资本主义社会的正式代表——国家不得不承担起对生产的领导。这种转化为国家财产的必然性首先表现在大规模的交通机构，即邮政、电报和铁路方面。"② 关于社会主义国有制，恩格斯指出："这种生产方式（指资本主义生产方式——引者注）迫使人们日益把巨大的社会化的生产资料变为国家财产，同时它本身就指明完成这个变革的道路。无产阶级将夺取国家政权，并且首先把生产资料变为国家财产。……国家真正作为整个社会的代表所采取的第一个行动，即以社会的名义占有生产资料，同时也是它作为国家所采取的最后一个独立行动。"③ 从上可见伴随资本主义生产方式被社会主义生产方式所取代，资本主义国家所有制亦将被社会主义国家所有制所取代。国家所有制不仅是社会主义国家作为整个社会代表以社会名义占有生产资料的第一个行动，也是社会主义国家以社会的名义占有生产资料的最后一个独立行动。不管是社会主义初级阶段还是社会主义高级阶段，整个社会主义历史阶段国有制都将存在。这种理解完全符合恩格斯原意，因为恩格斯在作上述的论断时他在理论上并没有把社会主义划分为初级的或高级的历史阶段。因此以后来出现的社会主义的不同阶段划分来否认社会主义国家所有制存在的必然性，是没有道理的，也是毫无根据的。

---

① ［美］约瑟夫·熊彼特：《资本主义、社会主义与民主》，吴良健译，商务印书馆1999年版，第169页。
② 《马克思恩格斯选集》第三卷，人民出版社1995年版，第628页。
③ 《马克思恩格斯全集》第二十卷，人民出版社1971年版，第305页。

二 深化改革：中央企业可持续发展的动力机制

改革是一场革命，是发展社会生产力的重要推动力。这是邓小平同志对马克思主义关于改革与发展关系理论的重大创新与贡献。邓小平同志讲："要发展生产力，经济体制改革是必由之路。"[①] 同样道理，中央企业要实现可持续发展，深化其经济体制改革是必由之路。换言之，深化中央企业的体制改革是实现中央企业可持续发展的根本动力机制。

（一）实行国有资本集中推进中央企业战略重组与优化以实现企业规模效益最大化

改革开放以来，国家通过"抓大放小"使大量不具备比较优势的国有中小企业退出，并对那些经营不善的国有大中型企业实行兼并、破产让市场经济的优胜劣汰机制发挥作用。1998—2003年我国对大约5000多户经营困难的国有大中型企业实施了破产，有900多万员工下岗、失业并重新安置。自国资委成立以来我国一直大力实行国有资本集中方针推进国有大中型企业战略调整与优化重组，促进国有资本向优势产业、战略产业、高新技术产业等产业集中，以实现控制国民经济命脉及国家战略性新兴产业目标并达到企业组织规模效益最大化。这使得中央企业的数量从2003年的196户锐减至目前的117户。国有企业战略重组规模之大、速度之快、效果之明显都是亘古未有的。但这离国家确定的改革发展战略重组目标仍有很大差距。"十二五"期间国家要建成一批国际一流企业，中央企业数量要缩减到80户左右。因此要上规模、上质量、上档次、上效益，解决目前我国国有企业规模较小、质量不高、档次偏低、效益较差的问题。推动国有企业战略重组、资本集中与结构优化，

---

① 《邓小平文选》第三卷，人民出版社1993年版，第138页。

不仅是当今中国深化国有企业改革的必然选择,也是国有经济实现规模效益最大化,跃上新台阶的重要推动力量。

(二) 深化产权制度改革,以实现产权制度安排收益最大化、合理化

国有企业产权制度改革是建立起一套规范的现代企业制度,其核心是如何确立企业法人财产权制度。

国有制企业的财产权利主体是国家,又是全体人民利益的代表。国有企业的财产归于国家属全体人民所有企业有占用、支配和使用的权利即企业经营者有经营管理权。这种财产权关系本来是十分明晰的。但是企业经营者是在国家委托关系下经营管理企业。企业经营目标与国家委托目标之间存在巨大差异和矛盾。国家(全民、股东)与经营者目标的差异和矛盾性在于国家追求资产保值增值最大化,经营者追求个人收益最大化。合理的企业法人财产制度应该是在上述双方博弈均衡条件下实现收益最大化。然而在当今条件下国有企业的现状是所有者——国家(全体人民代表)的利益被企业经营者(经营管理层)损伤和侵占即人们通常称谓的"内部人控制"。其重要表现是"企业剩余"全部归经营管理层所占有,股东(所有者)根本分不到"红利"。近两年虽然稍有改变,但大头仍被经营管理层所攫取,突出的表现即是国有企业的经营管理层拿几十倍甚至几百倍高于普通劳动者收入的年薪和奖金。普通劳动者本应是企业法人财产权的一个重要主体,对"企业剩余"拥有分享权。最起码他们还是"全民"的一分子,理应有分享"企业剩余"的权利。正是由于上述原因国有企业的权利安排失衡和明显不合理,所以导致企业经营管理层收益最大化、股东(全民)及企业生产者收益最小化。国有企业内部分配不公,其根源在于产权制度安排不合理。不能就分配谈分配而必须深入进行产权制度改革。产权制度改革是推动企业收入分配合理化,股东收益、经营管理层收入和普通生产者收入三者合理化、最大化的主要动力和源泉之一。

（三）技术改革与创新是增强企业活力，增强企业综合竞争能力的不竭动力源泉

福特汽车公司创始人亨利·福特有句名言："不创新就灭亡。"微软公司创始人比尔·盖茨更是反复强调创新对企业生存与发展的极端重要性，他说："企业繁荣中孕育着毁灭自身的种子，要防止这种毁灭的唯一对策就是坚持不懈地创新。""微软离破产永远只有 28 个月不创新就灭亡。"[①] 中央企业不仅是中华民族创新的重要承担者，更是创新型国家建设的顶梁柱。因此自主创新是民族进步和国家富强赋予中央企业的神圣职责，更是时代赋予中央企业的光荣使命。改革开放以来中央企业在科技创新方面已取得辉煌的战绩，成为中华民族自主创新的主力军。国家科技进步奖的特等奖全部由中央企业所获得，一等奖的 60% 也由中央企业所获得，国家专利申请和授权数量中央企业也占 40% 以上。过去的 5 年有 65 家中央企业进入国家级创新型企业行列有 48.9% 的新增国家级重点实验室在中央企业。载人航天工程、嫦娥二号工程取得圆满成功，中国南车、北车的列车制造技术的创新，大庆油田持续高产开发技术的重大突破，上海贝尔新一代宽带无线技术自主研究成功以及特高压输电示范工程的完工，等等，这些处于世界领先水平的科学技术无一不是由中央企业完成或由中央企业主导完成的。

然而，必须清醒地看到中央企业的科技发展现状与民族和国家赋予的使命的要求相距甚远，明显不相适应。一是中央企业科技创新经费投入明显不足。2009 年我国中央企业科技研发集中度为 1.05%，美国在 2008 年就达到了 3%，欧盟 100 强企业 2009 年则达到 2.4%。英国商业、创新和技能部（BIS）2010 年发布的全球 1000 强企业研发投入报告显示，中国内地 21 家进入排名的企业其研发集中度为 1.2%，中国香港地区进入排名的 8 家企业研发集中度为 1.7%，分别比非盟国家 1000 强企业平均研发集中度低 2.7

[①] 李政：《中央企业技术创新报告 2011》，中国经济出版社 2011 年版，第 7—8 页。

个和 2.2 个百分点。日本丰田汽车的科技研发投入超过 73 亿英镑美国大众汽车的研发投入超过 57 亿英镑而唯一上榜的中国东风汽车公司的研发投入仅为 1.47 亿英镑，连丰田大众的一个零头都没有。那些榜上无名的中国中央企业就不值得一提了。二是中央企业人才流失现象严重。科技创新要靠人才。由于中央企业人才管理体制同市场经济发展要求还不相适应，企业急需的科技创新人才引不进来，原有的科技创新人才留不住。尤其科技人员在工资及福利待遇上远不及中高层管理人员，再加上工作环境的种种不如意，使得一些科技人才流向国外和一些待遇优厚的私营企业。国内一些大型私营企业或一些知名股份制企业的科技人才有相当大的部分是从中央企业挖过来的。三是中央企业缺乏具有独立知识产权的品牌和名牌产品。只有独立知识产权的高科技产品才是提高企业综合竞争力扩大市场占有率的有效"武器"，才是在激烈市场竞争中制胜的有力手段。目前我国已有近 200 种产品的产量在世界排名第一，但是其质量、市场占有率并不是第一，真正在国际市场上独占鳌头的名牌产品并不多。我国是制造大国但还不是独立品牌的创造大国。我国是贸易大国但还不是贸易强国。在出口的产品中拥有自主知识产权和自主品牌的产品只占总量的 10%左右。总之我国中央企业的科技创新体制还很不完善，独立的创新体系尚未形成，长期困扰企业的产研脱节、科研成果转化渠道不畅和科研行为短期化等问题还没有从根本上解决。解决这些问题的根本出路与对策就是进一步深化中央企业科技体制改革，整合中央企业的科技资源，建立中央企业科技创新体系与战略联盟，搭建"产—学—研—用"相结合的科技创新平台，以使中国中央企业的科技创新跃上新高度、新水平。

三 中央企业的科学发展与转变发展方式

改革不是目的，改革是为了发展；发展也不是目的，目的是满足人的需要。社会主义企业生产的根本目的是最大限度地满足全体人民日益增长的物质文化需要。人—物—人是从人的需要出发,通过物质文化财富的生产落脚点是满足人的需要。这是人本主义经济学的核心。

科学发展观是马克思人本主义经济学的运用与发展。胡锦涛在党的十七大报告中对科学发展观的科学内涵作了全面、深刻、系统的阐述,明确指出:"科学发展观第一要义是发展,核心是以人为本,基本要求是全面协调可持续,根本方法就是统筹兼顾。"中央企业深化改革一定要以科学发展观为统领,坚持以人为本,实现全面协调可持续发展。为此中央企业必须努力转变发展方式。

第一,从追求产值、速度向追求质量、效益转变,做提高发展质量、讲求效益的排头兵。盲目追求高产值、高速度是传统经济增长方式的痼疾,具体表现是企业注重数量扩张把产值增长看作衡量企业业绩的主要指标,以产值高低论英雄,看企业增长速度快慢比高下。质量第一、效益至上往往是写在墙上的口号和文件里的关键词,经济活动实践上往往丢在一边。这种情况在中央企业可以说有很大改观,但也没有从根本上摆脱产值与速度的困扰。质量第一、效益至上真正付诸中央企业经济活动的始终,真正成为企业自觉行为和持久不懈的追求仍需要付出艰辛的努力。在当今中国讲求质量与效益,在全国各类企业中最好的当数中央企业,但是距离高质量、高效益的排头兵尚有较大差距,具体表现是中央企业仍有近1/3经济效益下滑甚至有一部分企业由于产品质量档次不高市场销售困难出现严重亏损的情况。

第二,从外延扩张型发展模式转向内涵集约型发展模式,做内涵集约型发展的典范。扩大投资上新项目铺大摊子依靠外延扩大再生产来扩张企业规模,这是传统发展方式的典型特征,也是中央企业惯用的发展模式。中央企业要真正转变发展方式必须从根本上摆脱这种发展模式的束缚,自觉走上内涵集约发展之路。可以实事求是地讲,当今中央企业还没有真正完成这个转变。仅2011年国资委下属中央企业与地方政府协议签约的投资项目余额超过10万亿元，某省仅一家就超过2万亿元。到2012年更是势头不减。仅2—4月中央企业就分别同新疆、安徽、河南、广西、吉林召开项目对接会、合作发展、投资洽谈会，有的省份还专门举办央企在本省扩大投资洽谈会，迎来中央企业扩大地方投资的新热潮。有资料表明2011年中央企业的地方投资平均净资产收益率仅为8.4%，剔除息税后的总资产回报仅约3.2%，还不及银行的一年期基准存款利率3.25%高。① 内涵集约发展方式就是企业在发展规模不变情况下依靠自身挖潜节约资源、改进生产技术、提高企业劳动生产率来实现经济增长与发展。中央企业应该成为全国内涵集约发展的先锋与典范。

第三，从资源浪费型企业转变为资源节约型企业，做资源节约型社会建设的中流砥柱。中央企业有1/3以上是工业企业，这些企业分布在石油石化、煤炭、电子、电力、钢铁、有色金属、机械制造、运输、建材等关系国家安全和国民经济命脉的重要领域，既是能源、原材料等资源的生产大户也是消耗大户。以中国石油天然气集团公司为例，2005年中石油年产的油气当量折合标准煤占全国生产总量的1/10，年能耗折合标准煤占全国能耗总量的2.6%，能耗之高由此可见一斑。科学发展不仅使企业要重视"开源"——发展能源生产同时还必须重视"节流"——搞好能源和资源综合利用与节约，坚持发展与节约并重、节能优先的原则。节约能源和原材料等资源的消耗，中央企业应唱主角是主力军，率先建设成为能源及资源节约型企业。但现在最突出的问题是中央企业的能源和资源的利用率与世界先进水平还存在较大差距。中国华能集团单位供电煤耗比德国和法国高14克左右，厂用电率比国际先进水平高出0.67—1.62个百分点。中国石化集团多数炼油企业能耗指标比国外先进水平都高，见表2。

---

① 张立栋：《央企在地方低效率投资令人担心》，《中华读书报》2012年12月17日。

表2　　　中国中石化集团炼油综合能耗等指标与世界先进水平比较

项目	单位	中石化	世界先进水平
炼油综合能耗	千克标油/吨	68.59	53.2
乙烯燃动能耗	亿立方米	678	550—600
加工吨原油取水量	亿立方米	1.08	0.5
加工原油损失率	%	1	0.5
综合利用率	%	5.68	

资料来源："中央企业在资源节约型社会中的地位和作用研究"课题组：《中央企业在资源节约型社会中的地位和作用研究》，《管理世界》2007年第1期。

可喜的是中央企业都已看到了差距，瞄准国际先进水平在节约能源及资源上奋起直追，现已取得长足进步。中石化集团目前已累计关停落后炼油能力1620万吨，炼油原油加工综合能耗每吨66.23千克。标油，同比减少2.81千克，乙烯燃动能耗每吨677千克标油，同比减少6.48千克。工业水重复水利用率95.5%，同比提高0.5个百分点；加工吨原油取水量0.82立方米，同比降低0.23立方米。中国石油天然气集团"十一五"期间节能660万吨标准煤、节水2.55亿立方米、节地2100公顷；国家电网公司2010年提出线损率比2005年下降0.3个百分点，线损电量减少约90亿千瓦时的目标；中国华能在"十一五"期间实行了建设资源节约型三步走的战略：2010年，末达到资源节约型企业标准平均供电煤耗、发电水耗和厂用电率等项指标达到国际先进水平。[①]

第四，从生态环境损伤型企业转变为生态环境友好型企业，做保护生态环境的模范与标兵。中央企业有些不仅是"三废"（废水、废气、废渣）排放大户，而且是森林、植被、水流的损伤与污

---

① "中央企业在资源节约型社会中的地位和作用研究"课题组：《中央企业在资源节约型社会中的地位和作用研究》，《管理世界》2007年第1期。

染大户，对改变当地的生态环境有着重大责任与作用。如石油、煤炭的开采、矿山与草原的开发利用与建设水利工程建设与水流的治理这些无不涉及生态平衡与环境的优化。应当承认在生态环境的保护与治理上，在各类企业中中央企业做得是最好的，如"三废"的治理和环境的优化等。但是与它们应负的责任和应做出的贡献相比还有很大的差距。就是说117户中央企业并没有真正成为环境友好型企业，在企业科学发展上尚需不断努力做出新贡献。

总之，中央企业是企业界的"国家队"，在国际竞争舞台上展示着中国企业的整体形象，在很大程度上代表国家经济实力与水平。因此在经济发展方式转变上，在贯彻落实科学发展观上，在经济社会发展上都应占据主体地位，发挥主导作用，率先垂范当先锋做表率。只有这样才能不辜负国家的重托和全体人民的厚望。

（本文与李莹合写，发表于《当代经济研究》2012年第11期）

政企关系问题的本质：政府参与二重性的外化

学术界对于国有企业的政企关系问题似乎已经到了盖棺论定的阶段。笔者却认为对这一问题思考一直停留在问题的表面，并没有触及问题的本质和根源："政企不分"只是病症不是病根；"政企分开"也不是包治百病的万能膏药。本文试图从政府参与的二重性内在矛盾出发，揭示国有企业的政企关系问题的本质，挖掘政企关系特殊化和复杂化的根源，为进一步研究和改革政企关系问题奠定坚实的理论基础。

一 基本概念和假设

定义一：本文把合法的现代政府定义为以公共利益为最高意志为公共利益服务的权力机构。它有三个主要的特征：一是公共利益性即政府不具有自身利益也不代表自身和任何集团的利益而是代表公共利益；二是权威性即政府的行为具有强制性不仅能够对社会公共事务做出权威性决定，同时也能够对社会资源做出权威性分配；三是吸纳性即政府的经费来自民间的捐税。

说明：经济学中涉及政府的性质、职能和角色的时候，一般都是从经济问题和经济学的角度来界定。而政府本身是一个政治概念和权力机构，因此本文从政府自身的角度界定政府是什么在经济活动中要扮演什么角色发挥什么作用。

本文坚持马克思主义的国家观，认为政府是一个国家中执掌公共权力的主体。政府不符合经济学中的经济人假设,也不是一个与企业、消费者并列的经济部门,不能机械地用经济学的原理来分析政府的行为。

定义二:本文把政府参与定义为政府作为独立的经济主体参与微观经济活动与其他经济主体互相联系相互作用共同构成各种经济关系的微观经济行为。①

定义三:本文把作为企业投资者的政府参与定义为政府通过投资设立企业的方式来参与微观经济活动。②

定义四:本文把公有主体定义为与政府有所有权关系或附属关系的微观经济主体;把与政府没有所有权关系或附属关系的微观经济主体定义为私有主体;并假设公有主体与私有主体的交集为零,并集是所有微观经济主体。

定义五:本文把国有企业分为两类,把Ⅰ类国有企业定义为提供公共产品和特殊产品具有维护社会稳定、保障人民生活和国家安全作用的国有企业;把Ⅱ类国有企业定义为提供一般产品具有调节产业结构、改善人民生活和推动经济发展作用的国有企业。并假设Ⅰ类国有企业与Ⅱ类国有企业的交集为零并集是所有国有企业。

二 政府参与的二重性内在矛盾

政府参与具有二重性即政府的公共利益性与自身利益性。一方面,根据前文的规定政府是公共利益的代表,政府参与的依据和出发点只能是代表和维护公共利益,因此政府参与也具有公共利益性。另一方面,政府参与使政府具有了相对独立的自身利益从而政府参与又必然代表和维护政府的自身利益具有自身利益性。

---

① 政府微观干预行为还包括许多具体的行政管理行为笔者认为应当放在政府管制理论中研究。本文的观点是:在政府参与理论中要研究的政府行为是政府的微观经济行为。

② 在现实中国有企业存在着多种形式。为了方便理论,探讨,本文所指的国有企业是国有独资企业和国有控股企业。

政府参与的二重性是政府参与的内在矛盾。二者之间具有对立统一的关系。

一方面，政府参与的二重性从根本上讲是统一的。第一，政府参与的自身利益性派生于政府参与的公共利益性。政府参与的出发点和依据是公共利益，如果没有维护和保障公共利益这一点，政府参与无从产生也就不会产生政府的自身利益。所以没有政府参与的公共利益性就没有政府参与的自身利益性。第二，政府参与的自身利益性的合理实现是实现政府参与的公共利益性的必由之路。政府参与区别于政府其他行为之处恰恰在于政府参与会产生政府自身利益性这一点。政府正是要通过和其他主体平等共处来实现其参与的公共利益性，也就是说，政府的自身利益合理实现的过程正是政府参与的公共利益性实现的过程。如果合理的政府自身利益无法实现，就会产生两个后果，即要么影响到政府的公共利益性目标的实现，要么证明了某种政府参与方式本身有问题。

另一方面，政府参与的二重性在事实上又是对立的。第一，政府参与的公共利益性与政府参与的自身利益性是相互制约的。虽然在根本上具有一致性但在事实上政府参与的公共利益性和自身利益性存在着冲突和矛盾。当二者发生冲突，也就是政府参与的公共利益性与自身利益性是此消彼长关系的时候，政府可能陷入两难：如果为政府利益牺牲公共利益，有腐败的嫌疑；如果牺牲政府利益保全公共利益，则有无能的嫌疑。第二，政府参与的公共利益性和自身利益性的相对地位不是一成不变的，在特定的条件下会发生变化。政府参与的决策是在特定的条件下做出的；而政府参与的实施有一个过程，有的甚至是一个长期的过程。在这个过程中，客观条件和主观判断都会发生变化。每一个政府参与的决策都是以公共利益为出发点，具体选择的政府参与方式也是以公共利益性为主导的。但当客观条件变化了，已经实施的政府参与方式的公共利益性的效用和地位可能降低，政府的自身利益性开始上升至主导地位。这里有一个政府参与的退出问题，但在具体的政府参与方式退出之前，政府的自身利益性则有可能处于主导地位，其主导作用可能继续放大。所以对于政府参与的二重性要坚持发展的观点，不仅要在某一时点上静态地分析、判断，还要在过程中动态地研究、把握。

总之，政府参与二重性是政府参与的本质属性和主要矛盾，它决定着政府参与的其他特点和性质。在政府参与的二重性中，我们把公共利益性和自身利益性的对立关系作为矛盾的主要方面进行分析和研究。

三 政府参与的二重性矛盾的外化

政府参与的二重性作为政府参与的主要矛盾，总是通过具体的实践表现出来，也就是政府参与二重性的外化。政府参与二重性的外化表现在政府与微观经济主体之间的关系上。

首先，政府与作为政府参与形式的具体经济主体——公有主体之间具有双重关系。政府作为公共利益的代表，与公有主体之间是行政上的管理和被管理的关系，这与政府和私有主体之间的关系没有差别；但政府作为自身利益的代表则与公有主体之间存在产权上的管理与被管理的关系，这一点与政府和私有主体之间就存在天壤之别。政府与公有主体之间的这种双重管理关系存在着对立统一关系。在此我们强调二者之间的对立性，即行政管理与产权管理之间存在着相互排斥、相互影响和相互干预的关系，并把它作为矛盾的主要方面。我们把这一矛盾定义为政府参与二重性外化的第一矛盾。

其次，政府与私有主体之间也因为政府参与而具有了双重关系。在没有政府参与的条件下，政府与私有主体之间是管理与被管理的关系，政府是代表公共利益的特权机构，凌驾于私有主体之上；但在政府参与的条件下，政府与私有主体之间又增加了一层关系，即平等的经济关系，政府代表政府的自身利益。政府与私有主体之间的这种双重关系也存在着对立统一的关系。在此我们仍然强调二者之间的对立性，即不平等的管理关系与平等的经济关系之间的相互影响和相互干预并把它作为矛盾的主要方面。我们把这一矛盾定义为政府参与二重性外化的第二矛盾。

最后，（当然不是仅此）共有主体与私有主体之间也存在着双重关系。在名义上共有主体和私有主体之间具有平等的经济地位和经济利益，是平等的经济关系，但共有主体的背后是政府，具有政府利益和公共利益的双重代表，而私有主体的背后是个人是私人利益的弱势群体。因此，在实际中和实践上，共有主体和私有主体之间是不平等的，从而形成了政府参与条件下的共有主体和私有主体之间名义上的平等关系和实际上的不平等关系的矛盾。我们把这一矛盾定义为政府参与二重性外化的第三矛盾。

我们把以上三个矛盾定义为政府参与的三大矛盾。在没有政府参与的条件下，政府行为具有单一的公共利益性，因此政府与微观经济主体之间的关系是单一的、行政上的管理与被管理的关系，微观经济主体之间也是单一的经济关系。但由于政府参与的公共利益性和自身利益性的矛盾，产生了政府与公有主体之间的双重关系，导致了政府与私有主体之间的双重关系，以及公有主体和私有主体之间的双重关系。因此政府参与二重性是根本矛盾是三大矛盾产生的根源，而三大矛盾是政府参与二重性外化。科学地、全面地认识政府参与的本质属性和现象特征，需要准确把握政府参与的二重性以及政府参与二重性外化的原理和规律。

四 作为企业投资者的政府参与的二重性

作为企业投资者的政府参与本身也具有政府参与的一般性，即公共利益性和政府自身利益性的内在矛盾，它表现为一些具体的特征。

首先，作为企业投资者的政府参与的公共利益性具体包括两种目的：一是提供公共产品和特殊产品，维护社会稳定，保障人民生活和国家安全（Ⅰ类国有企业）；二是调节产业结构，维护经济安全，推动经济发展（Ⅱ类国有企业）。

其次，作为企业投资者的政府参与的政府自身利益性，具体而言是经济利益性。政府投资国有企业的行为是经济行为,国有企业从事的是经济活动,所以政府对国有企业有投资收益的要求——或者以成本约束为主(对于Ⅰ类国有企业),或者以收益性要求为主(对于Ⅱ类国有企业)。公共利益性和政府自身利益性的对立关系是作为企业投资者的政府参与的二重性,其外化,同样表现在政府与微观经济主体之间的关系上,具体而言就是政企关系上。也就是说,作为企业投资者的政府参与的二重性的外化过程,就是政企关系特殊化的过程。

五 作为企业投资者的政府参与的二重性的外化:政企关系的特殊化和复杂化

(一)政企关系一般和政企关系特殊

政企关系通常是指政府与国有企业之间的关系,政企关系的问题也一直是国有企业改革中的关键问题。但在理论上,这个概念是不全面的,也不利于对政企关系问题的认识和改革。

本文认为政企关系应该包括两层含义。

一是在一般意义上,政企关系应该是指政府和企业的关系(这里的企业不区分所有制性质),是一种行政上的管理与被管理的关系,即政府通过颁布法律、政策和行政法规(下文通称法规)对企业行为进行约束和规范;企业则依法自主经营,履行应尽的义务。在这种一般意义上的政企关系中,政府管理企业的目的是约束企业行为,使之不损害公共利益;政府管理企业的途径是立法,即通过法律来实现对企业行为的约束和管理,而不是直接指挥企业经营;企业在接受政府管理的方面是平等的。

二是在特殊意义上,政企关系指的是政府和国有企业的关系。在政府与国有企业之间不仅存在一般意义上的政企关系,还有一种特殊的政企关系——产权上的管理与被管理的关系。政府与国有企业之间关系的特殊性就在于二者的产权关系。直接地看,正是政府与国有企业的产权关系使得政府与国有企业的关系双重化,从而使得政企关系特殊化。而从根本上看，政府与国有企业的产权关系之所以特殊，其实质是政府参与二重性的矛盾，即公共利益性和政府自身利益性的矛盾。

政企关系的特殊化正是政府参与二重性矛盾的具体展开和表现。准确地讲，政企关系的特殊化是作为企业投资者的政府参与的二重性矛盾的外化。

（二）作为企业投资者的政府参与的二重性的外化：政企关系的特殊化和复杂化

政企关系的特殊化的具体表现是政府与国有企业、政府与私有企业以及国有企业和私有企业三种关系的复杂化。

首先，政企关系的特殊化主要表现在政府与国有企业之间的产权关系上。第一，由于国有企业是政府参与的具体形式，是政府的行为和利益的延伸，在公共利益性和政府自身利益性的双重约束下，国有企业不可避免地受到多种目标的约束。而政府投资国有企业的多种目标之间存在着冲突的可能性。Ⅰ类国有企业虽然以公益性约束为基础，但成本和效率等经济性问题也不可能不考虑；Ⅱ类国有企业的经济效率性目标也会受到政府公益性目标的制约。第二，政府管理国有企业的方式上存在着行政管理和产权管理的冲突。在一般意义上的政企关系下，政府对国有企业像对其他一切企业一样行使行政管理权，其惯用的行为方式是行政行为；而政府与国有企业之间又有产权关系，政府可以行使产权所有者的权利，采取产权管理的方式。行政管理行为是政府的特权行为，而产权管理行为是普通权力行为，政府对于行政管理行为方式具有依赖性。因此，最可能的一个结果是，政府对国有企业的产权管理采用行政管理的行为方式。

正是由于政府参与二重性的根本矛盾使政府具有双重权利和身份，使公共利益和政府自身利益具有互相侵蚀的可能，政府的行政权力和财产权利也具有了相互干涉的可能。因此，政企关系的特殊性的根源在于作为企业投资者的政府参与的二重性。所谓的"政企不分"行政管理和产权管理的相互渗透和干涉,其本质也正是政府参与的公共利益性和政府自身利益性的矛盾。因此,不能孤立地评价国有企业的效益,要把它放在政府参与的二重性这一根本矛盾下来认识。在分析和解决国有企业改革问题的时候,也要从政府参与的根本矛盾出发,才能找到症结所在。

其次,政企关系的特殊化导致政府与私有企业之间的关系复杂化。政府与私人企业之间本来是公对私的关系,即政府代表公共利益,对私人企业进行规范和管理。由于政企关系的特殊化的存在,即政府和国有企业的产权关系的存在,政府参与的公共利益性和政府自身利益性系于国有企业一身,政府必然要代表和维护国有企业的利益。那么政府和私人企业之间就不仅仅是公对私的关系,还有政府自身利益和私人企业利益的关系。按照政府参与的本意,在政府参与的领域里,政府和私人企业是平等的经济关系。但这种名义上的平等经济关系在事实上与政府的特权地位是冲突的。这一冲突可以通过两种方式表现出来:一是政府参与利用政府的特权在平等的经济关系的名义下搞事实上的不平等;二是政府特权行为,诸如制定法规、行政管理等,受到政府自身利益的影响,牺牲甚至损害私有企业的利益以维护国有企业和政府的利益。前者失去了政府参与的本意,后者则破坏政府参与的合法性。

政府与私有企业之间关系的复杂化是政企关系特殊化的直接后果。对这一问题的完整认识是研究政府参与和政企关系问题不可或缺的组成部分。我们在研究政企关系的时候,往往只注意到政府参与条件下政府和国有企业的关系问题,而忽视了政府参与条件下政府和私有企业的关系问题。

最后,(但不是仅此)政企关系的特殊化导致国有企业与私有企业之间关系的复杂化。由于国有企业是政府参与的具体形式,国有企业与私有企业之间的关系实际上是政府参与条件下政府与私有企业之间关系的具体体现。按照政府参与的本意,国有企业是要与私有企业平等竞争的;而实际上,由于国有企业的特殊性质,二者之间的经济关系往往是不平等的。由于国有企业的经营效率直接决定着政府参与目标的实现，政府参与的公共利益性和政府自身利益性最终能否实现都取决于国有企业的经营状况。在这种利益的驱动下，政府的特权就有越界的可能。在国有企业和私有企业竞争的时候，在二者机会均等、实力相当的时候，政府对国有企业的特殊照顾往往造成不平等竞争。这就既违反了政府参与的本意，也破坏了市场竞争的秩序。

综上所述，政企关系从一般到特殊，再从特殊到复杂，正是作为企业投资者的政府参与二重性不断外化的过程，国有企业政企关系问题的实质正是政府参与二重性的外化。对于国有企业政企关系问题的认识，只有从政府参与的二重性内在矛盾出发，才能认清问题的本质和根源；对于国有企业政企关系的改革，也只有从政府参与的二重性内在矛盾出发，才能收到标本兼治、事半功倍的效果。

（本文与莫衍合写，发表于《长白学刊》2005年第1期）

产权制度改革是搞活国有企业的根本途径

目前，我国国有企业缺乏生机与活力的真正原因是什么？我们认为，主要在于企业产权关系不明晰，企业没有独立的产权，不能独立自主地进行生产经营决策，更谈不上完全进入市场。因此，要搞活国有企业，根本的出路就是进行企业产权制度改革与创新，使企业真正成为自主经营、自负盈亏的独立的商品生产者与经营者。

一 企业产权的变革是转换企业经营机制的关键

我国国有企业长期缺乏生机与活力的一个重要原因，就在于它受传统计划经济体制的束缚，机制僵化，不适应市场经济的要求。因此，必须转换企业经营机制，使企业真正具有适应市场经济要求的动力机制、激励机制、自我积累和发展机制、自我约束机制。

那么，怎样才能真正实现企业经营机制的根本转换呢？我们认为，关键就是进行企业产权制度的创新与改革。

国有企业的改革，经历了以放权让利，扩大企业自主权和承包经营责任制两个阶段。放权让利是把国家掌握的企业经营权放还给企业，同时给企业一定的利益，这项改革着眼于解决和理顺国家和企业的分配关系。承包经营责任制是通过国家与企业签订承包经营合同，明确规定国家与企业间的责、权、利关系，把生产资料经营权下放给企业，使之成为自主经营，自负盈亏的经济实体的一种经济管理制度。在我国过去高度集中的经济体制下，国家不但是生产资料全民所有制的代表，而且是企业的直接经营者，所有权和经营权集于一身，不能适应社会化商品生产发展的要求。承包经营责任制的实行，触及了企业的所有权与经营权分离的问题，开始突破了企业作为行政机关地位，为企业进入市场、成为独立的商品生产经营者创造了条件。但是，应该看到，承包制只是生产资料所有权与经营权的相对分离，并未彻底斩断国家与企业之间的"脐带"关系，并没有真正解决企业产权关系明晰化的问题。因此，在我国国营企业中，出现了这么一种悖理现象：企业只有成为企业自身的所有者才有承担自负盈亏的责任；但我国国有全民所有制企业归国家所有，国家作为企业的最终所有者只赋予企业相对的生产经营权，并赋予企业资产的所有权。既然企业资产不归自身所有，又如何让企业承担自负盈亏的责任呢？而且在国有企业里，企业作为生产者和经营者从事企业的生产经营活动，国家作为国有企业所有者企业之外，这就势必使企业经营活动受到种种限制。所有权与经营权的相对分离，国家作为所有权的代表，势必对企业的生产经营活动进行干预和约束，这就又回到了国有国营的旧体制上去了。如果国家对企业的经营权没有干预和约束，那么，企业作为经营者由于企业不归自身所有，势必又会出现工资侵蚀利润，企业、职工吃国家大锅饭的现象，导致企业短期行为，国有资产严重流失国家财政收入减少。

承包经营责任制的"两权分离"不彻底，没有触及企业产权这一本质问题，造成了国有企业内部"所有者缺位"和"经营权虚置"的状态，从而无法从根本上解决企业自主经营、自负盈亏的问题，难以充分调动企业生产经营的积极性和建立起对国有企业有效的调控约束机制和利益激励机制，致使国有企业经济效益不高，缺乏活力和效率。

改革的实践证明，不进行企业制度的改革与创新，构建适应市场经济要求的新型企业产权关系结构，就无法从根本上转换企业经营机制，把企业推向市场。

我国是社会主义公有制为主体，国有企业最终归国家所有；而我国实行的又是社会主义市场经济，企业是具有自身经济利益要求的经济实体，企业生产经营的目标就是利润最大化，因此，它必须从国家政府机构附属物的状态彻底摆脱出来，以自主经营、自负盈亏的商品生产者和经营者的身份进入市场，从事生产和经营活动。也就是说，国有企业的所有权与经营权必须彻底分离，企业享有充分的经营自主权。"两权分离"的理论，马克思在《资本论》中早已深刻地阐明了。马克思在《资本论》中论述了两个层次的"两权分离"。第一层次是法律上的所有权与经济上的所有权的分离，这是生产过程之外发生的分离，借贷资本家把货币资本借给产业资本家，前者便成了资本的法律上的所有者，行使对资本的最终支配权并据此获得资产的收益，后者则成为"执行职能的资本的所有者"。第二层次是"执行职能的资本的所有者"与经营权的分离，这是进入生产过程发生的第二次分离，资本家把借来的资本投资于企业，当他无法指挥和管理社会化大生产时，便雇用经理阶层来组织生产经营，于是出现了经济所有权与经营权的分离。利用马克思这一两个层次的"两权分离理论"，结合我国国有企业的现状，来构建我国的企业产权关系，国家与企业的关系就应该是法律上的所有权与经济上的所有权相分离。法律上的所有权即国有企业最终归国家所有，也称作终极产权；经济上的所有权即在经济行动中，企业归自身所有，又称作企业产权。企业产权又包括企业生产过程的所有权与经营权，这两种权力可以分离开来，也可以合二为一，这主要根据社会化大生产发展的程度和需要而定。需要提出的是，产权的界区范围可以大于所有权的界区范围。正如马克思所讲，一个资本家或一个管理者可以支配不属于自己所有的资本，资本家的私有资本可以由别人支配。由此可知，私有的财产可组合起来共同由管理者支配从事生产，即私方可以公用，但并不改变所有的归属和性质。

以上可以看出，国有企业的"两权分离"，在这里同样取得了两个层次的含义，一层是国家与企业间所有权的分离，另一层是企业内部的所有权与经营权的分离。这产权关系的构造，就在于它确立了企业的产权,使原有意义上的"两权"彻底分离。当然,这并不是说它们二者毫无关系,而仍存在密切的关系。这里法律上的所有权即终极产权决定了国有企业的终极归属;企业产权决定了企业在经济上的所有权,经营权以企业产权为基础的,但又不同于产权。经营权是企业法人展开各种经营活动的权利,而法人的资格、地位、权限等是由企业产权决定的,经营活动不能超越法人的权力界限。没有所有权,国有财产的归属便成了问题;如果没有经营权,企业资产就不能合理营运,其作用就不能有效地发挥。企业产权在这里最基本的功能就是明确界定市场竞争和交换的规则和条件,保证国有资产的增值和企业利润最大化。如果只有所有权与经营权的分离,而没有确立企业的产权,那么,市场交换和竞争中的权利、责任、义务将会模糊不清;没有企业产权的有效约束,经营者就可能不顾所有者的利益,滥用权力,甚至所有权的最终归属就变得毫无意义。

企业产权的确立,解决了承包制下"两权"相对分离的矛盾,明确了国家、企业之间的责、权、利关系,确立了国有企业在市场经济中自主经营、自负盈亏的商品生产者和经营者的地位,成为转换企业经营机制,增强国有企业活力的关键所在。

二 产权的明晰会增强企业的活力与效率

企业产权的确立,奠定了国有企业自主经营、自负盈亏的商品生产者和经营者的地位,从企业内部来讲,成为转换国有企业经营机制、增强企业活力的内在因素。

企业产权的确立,明确了国有企业在市场的主体地位,增强了企业自主进入市场的活力。明确的产权关系是市场交换的基本条件。马克思在分析私有产权制度得出的这一结论,对于社会主义市场经济同样是适用的。企业产权关系的确立,使企业彻底摆脱了国家行政机关的束缚,政企分开,"两权"分离。确立了企业自主经营、自负盈亏的商品生产者和经营者的地位,也就明确了市场上商品生产和商品交换的独立地位。各个企业作为平等独立的商品生产者出现在市场上，这也正是社会主义市场交换的基本条件。

企业产权的确立，促进了市场公平的竞争和市场规则的完善，为增强企业活力提供了良好的环境与条件。马克思在《资本论》第一卷分析资本主义企业时，指出了资本主义私有产权具有二重性，即对内的支配权和对外的排他权。他认为，社会分工使独立的商品生产者相互对立，他们不承认任何别的权威，而只承认市场竞争的权威。这也就是说在产权界区范围内，产权拥有者具有绝对的支配权。在产权界区范围外，产权拥有者则是相互独立的，他们之间完全是竞争和相互交换的关系。产权关系越明确，竞争和交换就越有效，市场的发展也就越充分。现代西方经济学家罗纳德·科斯是产权理论研究的集大成者，他以大量的实证材料也证明了这一点：明确的产权关系是竞争性市场交换的基础条件。国有企业产权的确立，必将促进国有企业在社会主义的市场经济中展开公平、充分的竞争。竞争越充分、越公平，市场规则也就越完善，经济就越有活力与效率。可见，市场的有效运行就会给国有企业的发展创造一个良好的外部环境。

企业产权的确立，使企业具有追求自身利益最大的动力，从而促进了资源的合理配置和其他各种要素市场的发展。产权关系一旦界定，就立即会产生两个方面的经济作用：一是利益的驱动。明确的产权规定了所有者的利益所在，这就使他们千方百计地趋利避害，把资产运用到能产生最大效用的地方。二是资源的流动。由于产权的明确，所有者对资产拥有自由的处分权。这就使得各种资源能够按照最优化原则在各种用途中自由转动。企业产权是指企业生产过程的所有权而言，它始终处于生产过程和市场交换的流动过程之中，随着市场的变化可以实现产权的转让和流动，因而企业可以根据市场的具体情况，优化企业内部资源的配置，调整企业的产品结构，从而提高经济效益，增强企业对市场的应变能力；另一方面，也促进了生产要素在全社会范围内进行流动和优化组合，为生产要素市场和资金市场的发展提供了前提和基础，从而促进市场经济高效运行与发展。

三 企业产权的实现方式——股份制

在社会主义市场经济条件下，明晰的产权关系是使国有企业成为自主经营、自负盈亏的商品生产者的必要前提，是转换企业经营机制、增强企业活力的关键。要使企业产权关系明晰化，就必须推行现代化的企业组织形式——股份制企业。股份制企业是适应现代社会化大生产而产生的组织形式。股份制的特征之一就是企业资产的所有权与经营权的完全分离。企业资产经济上的所有者代表董事会执行所有权职能，制约企业的经营者，而经营者在得到董事会授权后可以根据发展需要经营企业资产。国家所有制企业的股份制改革，使我国企业改革摆脱了改革多年来徘徊不前的困境，特别是推行股份制改革从企业制度上解决了国有企业存在的产权不明晰、政企不分和"两权"相对分离的弊端，使企业真正成为社会主义的商品生产者和经营者。

企业产权的明晰化，企业作为企业资产经济上的所有者，就可以向全社会公开发行股票，吸引投资者购买股票。这样，原有体制下的国有企业的终极所有者——国家就成为企业的投资者或原有资产的提供者，它和其他的股东一样，拥有对企业的共同所有权。由于股东的多元化、分散化，不可能实际行使企业生产经营的职能，于是包括国家在内的众股东就把这种职能交给股东的代表组织董事会来行使，对企业的重大经营活动做出决策。董事会一般也不可能具体去指挥企业的生产经营，只能选举或聘任经理、厂长去负责，这样企业内部的所有权与经营权自然就分开了。这里，我们还可以看到，国家是作为企业的一个大股东从法律和经济行为上约束企业，而不能像原有体制下那样用行政性指令任意干预企业的生产经营活动，原有意义上的所有权与经营权也就彻底地分离了。

国家代表全民的利益，全民所有制企业最终归国家所有，即企业的终极所有权属于国家。明晰了企业产权的关系，在企业内部实行股份制，占主导地位的股东仍是国家。现有国有企业的股份制改革，要先将企业现有的资产存量进行评估后将国有资产量化，并在国家控制企业一定股份后向社会和个人发行股票。作为公有股的国家占主导地位是坚持股份制企业的公有制性质的保证。除此之外，有些国有企业可以向全社会公开发行股票，大量利用私人资金或外资。但哪些企业允许做，哪些企业不允许做，其中私人资金或外资占多大比重，这些都可以通过国家制定政策加以严格地控制。

以上分析可见：对国家所有制企业实行股份制，一方面使企业产权关系的明晰得以具体化，使企业成为自主经营、自负盈亏、自我约束和自我发展的商品生产者；另一方面，对企业体制实行股份制改革能够不改变公有制企业的性质，保证了国有企业的社会主义方向。

（本文发表于《社会科学探索》1993年第1期）

深化国有企业分配制度
改革的障碍与对策

企业分配制度改革是全社会分配体制改革的基础；国有企业分配制度的改革进程、绩效直接影响着整个社会的分配秩序和分配格局。因此正确认识国有企业分配制度的现状，分析存在问题及原因，采取有效的对策，是贯彻党的十六大精神、深化国企改革的一项重要工作。

一 目前国有企业分配制度存在的主要问题

改革开放以来，伴随我国经济体制改革的不断深入，国有企业分配制度改革也在不断地深化，其分配机制开始从保障职能向激励职能方向转变。在宏观领域企业工资总额的核定已由计划经济体制下的大包大揽改为工效挂钩；在微观领域企业内部分配也由计划经济下的等级工资制改为岗位技能工资制即职工的收入与岗位责任、岗位贡献挂钩。在企业经营者收入分配方面，不少企业已开始实行经营者年薪制、股票期权、期股等制度。因此国有企业现行的分配制度在某种程度上促进了企业经营者和职工进行经营、管理、生产的积极性。但是现行的国有企业分配制度仍然存在很多不合理的现象和问题。

第一，国家、集体、个人之间的分配关系尚未彻底理顺。从制度上看，一方面，以流转税为主体的税收制度，使大多数上游企业不堪重负，造成国有企业效益滑坡和国税的大量流失；另一方面，企业分配过分向职工个人倾斜，工资外的隐性收入膨胀，经营者的"短期行为"严重，在利润分配上不注意积累。个人所得部分不仅侵蚀利润，还吃掉折旧、技改发展基金和流动资金，严重地影响了企业的长远发展。

第二，对经营管理者的激励约束机制不强。经营管理者的才能（或劳动）是重要的生产要素理应获得较高的报酬。但是在目前国有企业中存在一种自相矛盾的现象：一方面，经营管理者的收入偏低，挫伤了经营管理者的积极性；另一方面，对经营者的约束机制不健全。现阶段企业家"职位消费"之类的隐性收入远远高于其契约中明确规定的显性收入，这种隐性收入导致了激励企业家的一系列制度措施（如年薪制等）失去了应有的效果。

第三，对技术等生产要素的贡献重视不够。大多数企业没有按资本、技术、管理等要素的贡献进行分配。收入分配中的论资排辈现象依然十分突出，个人收入仍是职务、职称、工资的函数，而不是与劳动贡献成正比例关系，这就导致了企业缺少对人才的激励作用，致使科技、管理等人才大量流失。

第四，竞争条件不平等所导致的收入差距拉大的现象十分突出，主要表现在两方面：一是不同行业间收入差距的不断扩大，二是表现在行业内部的企事业单位之间的差距。

第五，国有企业体制内平均主义倾向尚未彻底消除。在某些企业甚至曾经改革掉的一些平均主义现象又有回潮的趋势。近几年在国有企业内部浮动升级中不少企业的浮动升级面越来越宽，几乎是只要出勤就能升级；在"工效挂钩"中不少企业暗自提高了固定工资的比例使"工效挂钩"名存实亡；有的企业不断扩大津贴的发放范围使不应享受特殊津贴的人员增加了不合理的收入，而关键岗位、重要管理岗位的个人工资相对偏低，苦、脏、累工种等特定人员的利益也受到了侵害。

二　深化国有企业分配制度改革的制约因素

目前制约国有企业分配制度改革的因素仍然很多，具体来说主要障碍有以下几个。

第一，传统观念的影响。目前企业员工的市场观念相对滞后，对经营管理要素在企业运营中的重要作用没有足够的认识，一种"不患寡而患不均"与企业经营者收入攀比的心理以及平均主义、"大锅饭"的思想观念没有完全消除。另外，企业职工的心理承受能力也比较弱，认为经营管理者的收入高一些理所当然，但是在大量困难企业和下岗职工存在的情况下，经营者收入过高则难以接受。

第二，大多数国有企业尚未真正建立起法人治理结构和现代企业制度。一是国有企业投资主体不够明确还没有达到"产权清晰"的要求。二是国有企业内部的人事制度改革仍不到位。由于市场体系的不完善，目前还没有形成完备的市场人才选拔机制。三是国有企业经营管理者收入分配机制缺乏明确、能够量化和市场化的制度保障，尚未形成一套对企业经营管理者通用、科学的绩效考核评价体系。

第三，国有企业历史包袱和社会负担仍很沉重，改革和脱困基础还不牢固。特别是军工企业和老的国有重点骨干企业经营状况普遍较差、亏损严重，干部职工收入水平普遍较低，职工对改革的承受能力不强。职工更多地希望企业经营管理者与他们同甘共苦、同舟共济。

第四，相关分配制度的改革没有到位，良好的社会环境尚未形成。一是具有较高素质的国家公务员的待遇水平较低，与市场价格相背离。二是中央、地方分配制度改革进度不一致。不少省（市）改革步子迈得比较大，相比而言，中央的改革步伐相对滞后。三是作为市场经济产物和有效调节手段的经济机制如经营管理者的年薪制、持股、股票期权等激励机制培育、推选以及发挥作用所要求的市场经济条件还未完全成熟与之配套的改革还不完善。

第五，现行国有企业工资管理体制不能适应社会主义市场经济发展的需要。主要表现在三方面：一是工资总额的管理办法已经过时。目前很多国有企业仍然沿袭计划经济体制下工资总额管理的模式由劳动和社会保障部核定各企业的年度工资总额计划并进行工效挂钩结算，这种工资制度管理模式仍然是行政性的非市场性的。虽然采取了"工效挂钩"的形式，但工资方案制定、经济指标核定基数的确定、业绩的考核等方面不尽合理，不能充分反映管理劳动的特殊性。二是企业的经营成果和个人的工作业绩缺乏紧密联系。个人收入仍是职务、职称、工龄的函数，而不是与要素贡献成正比例关系，严重背离了社会主义市场经济条件下个人收入的分配原则。三是收入管理办法缺乏约束机制。国有骨干企业经营管理者的薪酬管理既无标准又无主管审批部门，而由企业领导人员自行决定，造成有的自己给自己加薪，特别是职务消费随意性强、数额巨大。

三　推进国有企业分配制度改革的对策

根据党的十六大提出的"确立劳动、资本、技术和管理等生产要素按贡献参与分配的原则"，完善国有企业分配制度应加强以下几个方面的工作。

第一，要致力于分配制度的创新，形成向关键岗位、重要岗位和从事创新劳动职工倾斜的分配格局。目前国有企业分配制度改革主要是建立以岗位工资为主要内容的岗位工薪制。具体来说就是以完善的职工工资考核发放体系为前提，提高岗位工资在工资总额中的比例，并且对岗位工资实行动态化管理，合理拉开收入分配差距，增强内部分配的激励功能。同时，随着改革的进一步深化，允许职工向企业投资，参加剩余收入的分配。

第二，积极探索技术、管理等要素参与收入分配的途径和方法，加大对技术、管理人员收入分配激励力度，提高企业科技创新和管理创新的能力。企业的生存和发展关键在于经营管理者对企业长期发展战略的把握和核心技术的开发、应用，这就需要管理者和科技人员付出巨大的脑力和体力劳动。作为人力资本和技术要素的所有者，他们的劳动理应受到尊重并且获得与其贡献相对应的劳动报酬。国有企业在新形势下要彻底消除平均主义，通过推行、完善年薪制、股票期权和对技术人员的奖励制度，探索更加灵活和适用的新型分配机制。

第三，加强政府对国有企业收入分配的宏观调控，克服行业和地区之间的分配不公现象。对于某些垄断行业普遍存在的职工工资畸高现象，政府有关部门应对其采取工资总额"零增长"对策，即在今后三年内这些行业在工资总额不变的前提下进行工资制度改革，拉大不同岗位人员的收入差距。三年之后可根据其劳动人事制度改革的完成情况及人工成本、劳动力市场价位等，决定是否增加工资总额。同时，国家应当运用税收、金融、物价、计划以及法律手段进行宏观调控，限制超额利润，以解决社会收入分配不公问题。另外，国家还应进一步规范分配秩序，严厉打击违法经营行为，摒弃行业经营中的非自然垄断因素，最大限度地引入竞争机制，创造公平竞争的外部环境。

第四，深化企业内部工资分配制度改革，建立健全职工收入增长的约束机制。一是要引导企业建立以岗位工资为主的基本工资制度，把市场机制引入企业，确定科学的工资标准。二是要大大提高技术岗位、关键岗位、高素质、短缺人才的工资水平，建立岗位工资水平合理增长和调整的制度，实行竞争上岗变薪变，个人工资与劳动贡献紧密挂钩。三是要建立以标准工资为主体奖金津贴为辅助的工资体制、清理工资外收入、增强工人各种收入的激励功能、合理拉开工资差距完善企业职工持股、技术入股、专利产品入股的有效办法，把按劳分配同按资本、技术等生产要素分配有效地结合起来。

第五，要根据本单位的经济效益、劳动生产率和劳动力市场的供求状况，通过集体协商谈判来决定企业的工资分配方式、工资水平和工资增长幅度。

另外，工资分配制度改革是一项复杂的系统工程，是社会分配体制改革的一个重要组成部分。它的改革还需要其他一些配套改革措施如企业内部的领导制度改革、人事制度改革、企业外部的投资体制改革、社会保障制度改革等。只有逐步完善这些配套改革措施，国有企业分配制度改革才能收到应有的效果。

（本文与徐充合写，发表于《河北经贸大学学报》2004年第3期）

赋予国有资本经营者内生资本化人格

一 国有资本人格化理论分析

(一) 资本人格化理论分析

追求增值是资本的本性。资本实现增值的方式有两种：一是与所有者相结合，即资本由所有者直接经营管理；二是与非所有者相结合，即由非所有者经营管理。资本只有与所有者相结合才能产生追求资本增值最大化的动机和行为，进而实现增值最大化；资本与非所有者相结合则很难产生追求增值最大化的动机和行为，因而也就不可能实现增值最大化。从实现资本增值最大化角度来看，资本客观上要求与所有者相结合。

笔者认为，与资本增值的方式相对应，也可以将资本化人格分为两类，即内生资本化人格和外生资本化人格。

第一，内生资本化人格。内生资本化人格是指资本与生俱来的追求资本增值最大化的人格，它是资本最本质的人格，是资本与所有者相结合的产物。内生资本化人格的主要特点有三个：一是内生性。内生资本化人格是天生就有的，是人自利思想的产物，体现了人的自利追求。只要有资本存在就会有内生资本化人格，它是资本所有者人格的一部分，是永远存在的。二是竭尽性。内生资本化人格会竭尽全力去追求利润和实现利润最大化，而且这种追求非常执着，不会受任何因素的影响，绝不会半途而废。它能够克服一切困难，直至实现目标。三是利己性。内生资本化人格会竭尽全力追逐资本增值，其目的是满足所有者自身的利益需要，它体现了资本所有者利己主义的本性。

第二，外生资本化人格。外生资本化人格是指不是资本原来就有的，而是外加的，是资本所有者（即委托人）赋予非资本所有者（即经营者或代理人）的人格，即经营者按委托人的要求主动学习和培养的人格。它是资本与非所有者相结合的产物。资本与所有者相分离。外生资本化人格的主要特点有三个：一是外生性。外生性资本化人格是在外力的影响下产生的，是委托人施加的，是后天才被赋予的人格。这种人格不会真正成为经营者真实的人格，其存在的时间是有限的。二是相关性。外生资本化人格追求资本增值的动力大小与其所能获得的利益正相关，所能获得的利益大，动力就大；所能获得的利益小，动力就小；没有利益，动力就消失。三是利他性。外生资本化人格是为他人经营资本所获得的利润全部归他人所有，与自己没有关系。因此，经营管理的目标只是完成任务，其余的目标就是去追求属于自己的利益了。

内生资本化人格与外生资本化人格是根本不同的，其区别在于：其一，内生资本化人格是资本所有者内在力量驱使下产生的，是内因所致，是永远存在的；外生资本化人格是外加给经营者的，是受外在因素的影响而产生的，由外因所致。如果不为他人经营资本则不会产生外生资本化人格。其二，内生资本化人格追求利润的动力巨大且长久发挥作用，并不会逐渐减弱或遇阻消失；外生资本化人格相比来说动力要小且发挥作用时间也短，并会逐渐减弱，如果遇阻就有可能消失。其三，内生资本化人格资本运营效果好，这主要是因为其内在动力强；外生资本化人格追求资本增值动力较弱，所以资本运营效果较差。

外生资本化人格在一定条件下可以逐步转化为内生资本化人格。这个条件就是资本化人格转化，即可以通过向经营者转移一部分股份的方式赋予经营者内生资本化人格。

上述分析可以得出两个重要结论：一是内生资本化人格效能要远远优于外生资本化人格，二是赋予经营者内生资本化人格是资本实现增值最大化的客观要求。

(二) 国有资本化人格理论分析

国有资本化人格是指赋予国有资本以人格。国有资本是由具体的人来运营的，所以经营者必须具有国有资本的人格，或者说经营者应该成为国有资本人格的化身，成为国有资本的人格化。因此，国有资本人格化又可以解释为赋予国有资本经营者以国有资本的人格，国有资本人格转化为经营者的人格。

国有资本运营是以企业为载体的。在计划经济体制下，政企不分，国有企业不能独立运营，不具有独立的人格；在社会主义市场经济条件下，市场客观上要求企业具有独立的人格，因此人格化是国有企业独立运营的基础；国有企业在市场上独立运营也要求有资本化的人去经营。从深层次来说是价值增值运动必须有一定的人作为这一运动有意识的承担者。因此国有资本人格化是社会主义市场经济运行的客观要求。另外也只有实现了国有资本人格化，经营者才能像经营自己的资本那样去经营国有资本，尽全力、千方百计经营好企业，保证国有资本运营的高质量、高效率，实现资本增值最大化。

国有资本人格化涉及三个层次的人员：第一个层次是国有企业的劳动者，第二个层次是国有企业的经营者，第三个层次是国有资本所有者的代表（董事会）。这三个层次相互渗透和制约，同时又分工明确、各负其责，共同构成国有资本的人格化系统。

国有资本人格化存在三个层次是由国有资本的特殊性所决定的。但是在现实中，国有资本人格化只能落实到其中的一个关键层次上。从国有资本运营的实践来看，经营者掌握着企业经营权力，是企业的灵魂，决定着企业的兴衰，应该是国有资本人格化的关键层次，可以作为国有资本人格化的代表。

对于第一个层次的经营者，可以通过建立民主、科学、规范的管理制度来调动其劳动积极性和创造性，使其能高质量、高效率地完成国有资本的保值增值目标；对于第二个层次的经营者，国家国有资产管理机构应采用激励和约束机制调动其经营决策的积极性，既能够强化对经营者的激励和约束，又能够保证经营者充分发挥其经营管理职能，最大限度地实现国有资本的保值增值。

国有资本也是一种以追求资本增值最大化为目标的资本，所以国有资本人格也可以分为内生资本化人格和外生资本化人格。

第一，国有资本内生资本化人格。国有资本所有者是投资者，是人格化的资本。他之所以投资，目的是实现资本的保值增值和利润最大化，因此所有者的目标与资本增值的本性是天然一致的。国有资本的这种人格就是国有资本所有者的人格，也即是国有资本的内生资本化人格。事实上，也只有所有者的目标才能够同资本的增值性完全一致。

第二，国有资本外生资本化人格。经营者是受托者或代理人，即是受所有者的委托来经营管理国有资本的，任务是实现国有资本的保值增值，所以他也是国有资本人格的化身和代表。他之所以要经营国有资本，目的是获取报酬即获取个人利益。如果不对其支付报酬，经营者是绝不会经营国有资本的。由于经营者是在利己主义的驱使下来经营国有资本的，所以他的目标是直接或间接追求他个人利益的最大化。在报酬确定了的情况下，企业的利润无论怎样增加也与他没有什么关系。因此只有在有效的激励和约束机制下，经营者才会努力实现预定的经营目标，以获得既定的利益；如果激励和约束无效或作用不足，经营者虽然也会"苦心"经营，但出发点和归宿还是"自利"的。

经营者个人的人格是追求自身利益最大化，但是他同时又是国有资本人格化的代表，国有资本所有者又要求他追求国有资本的保值增值和利润最大化。两种人格相互矛盾，只能取一个最大化，另一个次之。在自利主义的条件下，经营者会形成混合型人格，即把个人利益最大化作为第一目标，然后再去考虑国有资本的保值增值和利润的人格。这种混合型的人格就是经营者内化了所有者赋予的国有资本人格后形成的国有资本人格。混合型人格与国有资本所有者赋予的国有资本人格是有本质区别的。所有者赋予的国有资本人格的核心是追求国有资本的保值增值和利润最大化，而后形成的混合型人格的核心是追求个人利益最大化。这种混合型人格就是国有资本经营者的人格，即国有资本的外生资本化人格。

二 国有资本人格化实践的偏差及纠偏

（一）国有资本人格化实践偏差

国有资本人格化的目的是使经营者能从国有资本的保值增值角度来经营管理企业，实现资本增值最大化。要达到这一目的，国有资本所有者必须同时赋予经营者两种国有资本化人格，即同时赋予内生资本化人格和外生资本化人格。但是在目前的国有资本人格化的实践中却出现了偏差，即只赋予了经营者外生资本化人格，致使经营者不能尽心尽力去经营管理企业；再加上对经营者激励和约束软化结果出现了所谓"内部人控制"现象：经营者滥用权力，追求个人利益和小集团利益，"穷庙富方丈"，严重损害了国有资本所有者的权益。其主要表现，一是经营者在职过度消费；二是虚报财务账，企业设立两种账，虚构成本，少报利润，逃避审核和偷税漏税；三是不考虑企业盈亏实际，滥发奖金，随意提高职工工薪报酬；四是只考虑自己的眼前利益，不考虑企业长远发展，过度投资和低效率使用国有资本；五是侵蚀国有资本，造成国有资本流失；六是不分红或少分红，大量拖欠债务；等等。

国有资本所有者和国有资本经营者的目标函数是不一致的，这是客观现实，是由人的自利本质所决定的，是不以人的意愿为转移的。经济学中的委托—代理理论已深刻地认识到了这一点，所以在现代公司中设立了相互制衡的治理结构，其目的就是最大限度地遏制经营者的自利行为。但是相互制衡的治理结构只能尽量减少经营者的自利行为，却无论如何也消除不了经营者的自利行为，更无法促使经营者像经营自己的资本那样去追求资本增值的最大化。

（二）纠正国有资本人格化实践偏差——赋予内生资本化人格

国有资本人格化的实践偏差是由于对国有资本的内生资本化人格缺乏正确认识造成的，所以要纠正这个偏差，就必须对国有资本经营者赋予内生资本化人格，使经营者的人格与所有者的人格基本一致。也就是说，要通过向经营者赋予内生资本化人格实现国有资本的保值增值和增值最大化。

纠正国有资本人格化的实践偏差，即赋予国有资本经营者内生资本化人格，可以用以下数学模型来进行圆满的解释。

设：Y 为国有资本内生资本化人格，单位为强度，即追求国有资本保值增值和利润最大化的动力大小。

X 为国有资本外生资本化人格，单位为强度，即追求国有资本保值增值和利润最大化的动力大小。

k 为国有资本股份百分数。

a 为国有资本内生资本化人格强度的最大值，或国有资本外生资本化人格强度的最大值。

所以 Y 与 X 和 k 的关系就可以表示为以下关系式：

$$Y = \alpha \frac{k\pi}{2}$$

$$X = \alpha\cos\frac{k\pi}{2} \quad (0 \leq k \leq 10 < \alpha)$$

上面关系式讨论：

1. 当 $k=0$ 时，$Y=0$，$X=a$，即当经营者个人不持有股份时，经营者不具有内生资本化人格，而只具有完全的外生资本化人格，且其强度为最大值。

2. 当 $0<k<1$ 时，如任意取 $k=0.33$、$k=0.5$ 和 $k=0.67$；则 Y 分别等于 0.5a、0.71a 和 0.87a，X 分别等于 0.87a、0.71a 和 0.5a。

可见：一是 Y 随着 k 值的逐渐增加而不断增大，即随着经营者个人持有股份及持有股份数量的逐渐增加，经营者开始产生内生资本化人格，并且内生资本化人格的强度随着持有股份数量的逐渐增加而不断增强，经营者内生资本化人格强度与其持有的股份数量成正比例变化；二是 X 随着 k 值的逐渐增加而不断减小，即随着经营者个人持有股份及持有股份数量的逐渐增加，经营者的外生资本化人格强度开始逐渐减弱，并且随着持有股份数量的逐渐增加，外生资本化人格强度逐渐减弱，经营者外生资本化人格强度与其持有的股份数量成反比例变化。

3. 当 $k=1$ 时，$Y=a$，$X=0$，即当经营者个人持有的股份为100％时（当然这只是讨论问题的需要并不意味着事实上的全部转移），经营者外生资本化人格完全消失，同时完全具有了内生资本化人格，且其强度为最大值。

综合上述分析，可以得到表1。

表1　股份数量、内生资本化人格强度和外生资本化人格强度之间的关系

k	0	0—33	0—5	0—67	1
Y	0	0—5a	0—71a	0—87a	a
X	a	0—87a	0—71a	0—5a	0

表1更直观地表明了经营者持有的股份与其内生资本化人格和外生资本化人格的关系。通过向经营者转移一部分国有资本，可以很好地解决目前国有资本人格化实践中出现的难点问题，有助于国有资本的保值和增值。

赋予国有资本经营者内生资本化人格，就意味着要把一部分国有资本转移给经营者个人，成为私有资本。这也使我们面临着一个问题，即是不是在进行私有化，以及转移的结果是否会改变我国的社会主义制度。这样就出现了一对矛盾，即从提高国有资本的运作效率来看，一部分国有资本应该向经营者个人转移，成为私有资本；但从维护社会主义制度来看，国有资本又不能向经营者个人转移。其实这种担心是没有必要的，因为决定一个国家社会制度的主要是占主体地位的所有制。私有制占主体地位，这个国家就是资本主义国家；公有制占主体地位，这个国家就是社会主义国家。因此，只要我们向经营者个人转移的这部分国有资本与国有资本总量相比很小，就绝不会动摇国有资本在国民经济中的主体地位，更不会改变我国的社会主义制度，而且还会提高国有资本的运作效率，实现国有资本保值增值。

把一部分国有资本转移给国有资本经营者，使其产生的内生资本化人格，是与国有资本所有者的内生资本化人格不同的。从某种意义上说，国有资本经营者的内生资本化人格只能是一种近似的或准字形的。通过国有资本的转移，使经营者具有一定量的私有资本，成为所有者，这就赋予了他本质的内生资本化人格。这时经营者实际上就具有了双重的资本化人格——内生资本化人格（国有资本所有者的人格）和外生资本化人格（国有资本经营者的人格）。一般而言，前者是主导性人格，起主导作用；后者是辅助性人格，起辅助作用。向经营者赋予内生资本化人格可以提高国有资本的运营效率，实现国有资本运营的最终目标。

把一部分国有资本转移给经营者，可以采用多种形式，既可以采用股份期权形式又可以采用赠送、奖励、低价转卖等形式。至于转移的数量可以根据企业的国有资本总额来确定。国家有关部门应制定相应的法规，支持和约束国有资本向经营者转移的行为、比例和形式。

通过向国有资本经营者转移一部分国有资本的方式，可以使国有资本经营者形成国有资本内生资本化人格，促使其全身心地投入实现国有资本保值增值的工作。但我们还是应该指出，国有资本经营者的内生资本化人格的强度大小，完全取决于其所持有的股份数量的多少。持有的股份数量多，则内生资本化人格的强度就大，动力也大；持有的股份数量少，则内生资本化人格的强度就弱，动力也小。一般而言，国有资本经营者的内生资本化人格的动力还是小于国有资本所有者的内生资本化人格的。

另外，值得注意的是，国有资本向经营者转移的结果，将会造成纯粹意义上的国有独资企业的消失。

（本文与年志远合写，发表于《吉林省经济管理干部学院学报》2002年第3期）

论国有企业的生产经营独立性

社会主义全民所有制经济内部国家与企业的关系问题，是当前我国经济管理体制改革的核心。而如何从理论上和实践上认识与解决国有企业的生产经营独立性问题，又是正确处理国家与企业关系的关键。因此，要推进我国的经济体制改革，增强企业活力，把整个国民经济搞活，促进社会主义经济迅速发展，必须从理论与实践的结合上正确认识与解决国有企业的生产经营独立性问题。本文试图结合经济学界的不同意见，谈谈自己的一些粗浅看法。

一 如何理解国有企业的生产经营独立性

长期以来，我国无论是在理论上还是在实践上，一直把全民所有制企业与"国营企业"直接等同起来，认为全民所有制企业就是"国营企业"，"国营企业"也就是全民所有制企业。这样直接等同所造成的结果是，凡是全民所有制企业必须由国家经营，由国家经营的必定是全民所有制企业。全民所有制经济只能有唯一的一种管理与经营模式——国营，这就不可避免地排斥了其他各种可能与可行的经营管理方式。在社会主义阶段，在国家尚存在的条件下，社会主义全民所有制还必须采取国家所有制形式，全民所有制企业的生产资料必须归国家所有。这是毫无疑义的，也是任何时候都不能动摇的。但是这绝不意味着全民所有制企业的生产资料统统由国家支配、使用即统统由国家直接经营管理。全民所有制的生产资料所有权同经营管理权是可以相分离的。把全民所有同国家机构直接经营管理企业混为一谈是不对的。以前人们这样解释这种"分离"：所有权在国家，经营管理权可"分"到各个地方。于是出现了所谓"地方国营"。我认为这只是一种分离，并且还不是真正的完全的"分离"。因为它的经营管理权还在国家手里，只不过从中央政府手里"分离"到地方政府手里，实际上并没有从国家手里"分离"出来。那么什么是真正的分离呢？由国家代表全体人民占有的生产资料，即属于国家所有的生产资料，转交或承包给集体或劳动者个人去经营管理（例如国有农场的生产资料承包给农工家庭去经营管理），这才是真正的完全的经营管理权同所有权相分离。因为只有这样，经营管理权与所有权的掌握者才真正不同。至此，全民所有制经济才会出现多家经营，打破过去生产经营由国家独自垄断的僵死的、缺乏竞争与活力的状态，出现百家竞争的蓬勃发展的新局面。所以，我们不能把全民所有制企业统称为"国营企业"。其中由国家直接管理与经营的是"国营企业"，而相当一部分是非"国营企业"。但无论如何，它们都是"国有企业"。基于上述理由，我认为将社会上流行的"国营企业"改称为"国有企业"，是符合实际的，也是比较科学的。

下面我们就来考察国有企业的生产经营独立性问题。

毫无疑问，国有企业的生产经营独立性是相对的。有的同志讲："全民所有制企业的相对独立性是相对于公有制、相对于全民所有制这个统一基础而言的。"[1] 这种说法起码有以下两点毛病：第一，全民所有制企业的相对独立性根本不是相对于公有制而言的，也不是相对于全民所有制这个统一基础而言的。因为独立性并不与"公有制"或"全民所有制"相对应，二者不能构成矛盾统一体。第二，更重要的是，它没有指明全民所有制企业相对独立性的含义和实质。毛泽东在《论十大关系》中指出："这里还要谈一下工厂在统一领导下的独立性问题。把什么东西都统统集中在中央

---

[1] 顾宗枨：《经济管理体制改革的立足点和基准点——论企业实行相对自负盈亏》，《经济体制改革》1984 年第 1 期。

或省市，不给工厂一点权力、一点机动余地、一点利益，恐怕不妥。中央、省市和工厂的权益究竟各有多大才适当，我们经验不多，还要研究。从原则上说，统一性和独立性是对立的，统一要有统一性，也要有独立性。……各个生产单位都要有一个与统一性相联系的独立性，才会发展得更加活泼。"① 这段论述清楚地告诉我们：第一，全民所有制企业的独立性是相对于它的统一性而言的。全民所有制企业的统一性就是指它在生产经营上必须由国家统一计划，统一纪律，统一政策，进行集中统一领导。这是由生产资料的社会主义国家所有制决定的。国家对所有的全民所有制企业的生产资料都拥有所有权。这是全民所有制企业之间具有同一性或统一性的客观前提与总基础。第二，全民所有制企业的独立性问题并不发生在所有权关系上，而只发生在生产的经营管理权方面。全民所有制企业在所有权关系上是同一的，无质的差异，不存在各自不同的独立性问题。如果认为全民所有制企业在所有权关系上有独立性，那实际上就等于把每个全民所有制企业都看作独立的生产资料所有者，进而否定了社会主义国家所有制或全民所有制了。晓亮同志在论证全民所有制企业独立性时说："它要有自己独立拥有的固定资产和劳动力，有独立的资金运动、独立的生产经营活动，并且以一个独立的经济实体同企业外部各有关单位发生商品货币关系。"② 这里说的"自己独立拥有固定资产和劳动力"的企业显然已不是一个相对独立的生产经营管理者，而是一个不折不扣的独立的生产资料所有者了。这样的企业已经不是全民所有制企业了，而只能称为集体所有制企业。第三，全民所有制企业的统一性与独立性问题，是全民所有制企业内部生产经营上的国家集权与企业分权的关系问题，是国家集中统一领导与企业独立分散经营的问题。从形式上看，是个经营管理权限的划分问题，但实质是个经济利益问题。全

---

① 毛泽东：《论十大关系》，《人民日报》1976年12月26日。
② 晓亮：《把企业作为相对独立的商品生产者是体制改革的中心环节》，《经济体制改革》1983年第9期。

民所有制企业在根本利益一致的前提下具有不同的自身利益。否定了企业生产经营上的独立性实际上就否定了企业应该具有的自身经济利益。这样就会使企业丧失发展的动力，不利于企业自主活泼地向前发展。

国有企业的生产经营独立性并不是孤立存在的，而是与其统一性紧密相连的，是国家集中统一领导下的独立性。国家的集中统一领导是社会主义全民所有制在生产经营管理上的具体实现，是社会主义国家管理好社会主义全民所有制经济的一个根本原则。社会主义全民所有制经济是一种计划程度较高的经济形式，它本身的存在与发展客观上需要在经营管理上有必要的高度集中统一领导。列宁指出："建成社会主义就是建成集中的经济，由中央统一领导的经济。"① 毛泽东也明确指出："为了建设一个强大的社会主义国家，必须有中央的强有力的统一领导，必须有全国的统一计划和统一纪律，破坏这种必要的统一是不允许的。"② 没有国家的集中统一领导，遍布全国各地的成千上万的全民所有制企业势必失去控制，变成各自为政、各行其是、各自为自身谋私利的小团体，这样整个全民所有制经济就会陷入分散主义和严重无政府状态。因此，在全民所有制经济的经营管理过程中，任何时候都不能削弱和放弃国家的集中统一领导。

坚持国家对企业的高度集中统一领导，绝不排斥和否定企业的相对独立性。而恰恰相反，企业的相对独立性正是国家集中统一领导的客观基础与基本前提。我国的经济管理体制的弊病绝不在于坚持集中统一领导，而在于政企职责不分条块分割，国家集权过多，对企业统得过多过死，把企业当作了行政机构的附属物，使企业丧失了生产经营的自主权，忽视商品生产、价值规律和市场机制的作用，在分配中存在严重平均主义。企业的一切生产经营活动都由国家行政机构下达和安排，企业所需要的一切生产资料和资金由国家

---

① 《列宁全集》第二十八卷，人民出版社1956年版，第378页。
② 毛泽东：《论十大关系》，《人民日报》1976年12月26日。

包付，企业所生产的产品一律由国家包销，国家对企业统负盈亏，企业自身没有权、责、利。因此，改革我国的经济管理体制，最根本的环节就是在坚持国家集中统一领导的前提下彻底实行政企职责分开，根本改变企业为行政机构附属物的地位，让企业真正成为相对独立的经济实体，成为自主经营、自负盈亏的社会主义商品生产者和经营者，成为具有自我改造和自我发展能力、具有一定权利和义务的法人。只有切切实实地让企业独立自主地进行生产经营，自觉地按照价值规律的要求来组织商品生产和经营活动，才能真正增强企业的活力，进而把整个国民经济搞活。

在关于全民所有制企业的独立性的讨论中有一种观点，主张将国有企业彻底地同国家摘钩，彻底地同国家脱离关系，企业实行绝对的独立与自主，或者说实行完全的"企业自治"。这是不能令人同意的。我认为，政企职责分开只是国家与企业在职能上进行合理的科学的分工，而绝不是政企完全分离、根本分家，更不是企业从此与国家完全脱离关系。政企职责分开后，政府机构的主要职责是制定经济和社会发展战略、计划、方针和政策，制定资源开发、技术改造和智力开发的方案，协调各地区、部门、企业之间的发展计划和经济关系，部署重点工程特别是能源、交通和原材料工业的建设，汇集和传布经济信息，掌握和运用经济调节手段、制定并监督执行经济法规，管理对外经济技术交流，等等。政府机构在原则上不再直接经营管理企业。企业的一切经济活动主要由企业自身自主地安排和决定。这样做绝不是企业完全与国家脱离关系。企业还必须接受国家的集中统一领导，还必须执行国家制订的经济计划。政企分开后的企业独立也仅仅是相对独立，而绝非完全的"自治"与独立。

在关于国有企业的独立性的讨论中还有一种意见，把国有企业的独立地位抬高到与国家平等，并列的地步，这也是不恰当的。国有企业同国家之间的关系是全民所有制经济的内部关系。在全民所有制采取国家所有制形式的条件下，国家是作为全民所有制的代表者，同属于它所有的企业发生经济关系的。二者的地位显然不是同等的、并列的。国家的地位理所当然高于企业。企业必须服从国家的领导，接受国家的支配。国家可以决定企业的创建和关、停、并、转、迁。所以国家与企业的关系是领导与被领导、支配与被支配的关系。但这样讲绝不是说国家可包办一切、支配一切，更不是否定企业在生产经营管理上的独立地位。我们进行经济体制改革，改善国家与企业的关系，是在维护国家的领导与支配地位的前提下，进一步确认企业在生产经营上的独立地位，适当扩大它的经营自主权，而绝不是无限地抬高企业的独立地位，使企业与国家平起平坐、分庭抗礼。所以，我认为，那种把国家与企业同等看待，不分主从、不分领导地位与被领导地位的观点，实际上是曲解了国家与企业之间的正确关系，说到底是否定了社会主义的国家所有制。

二　国有企业具有相对独立性的客观必然性

在关于国有企业独立性的讨论中，有的同志认为，相对独立性的概念是从外国搬来的，并据此否定我国的国有企业具有相对独立性。这是不对的。

实际上，在社会主义条件下，我国国有企业具有相对独立性根本不是由人们的主观愿望决定的，而是由客观的经济条件所决定的。

第一，国有企业的相对独立性是社会化大生产条件下合理组织社会生产力的客观要求。社会化大生产是以企业为单位进行的。企业是组成国民经济的细胞，是基本的生产经营单位，是生产力的直接组织者。全民所有制企业成千上万，遍布全国各地。社会分工的存在与发展使它们生产种类繁多、千差万别的产品。由于每个企业生产的产品不同，劳动方式不同，经营管理方式与经营管理范围不同，因而它们所需要的劳动者、劳动资料、劳动对象等生产力要素及其组合也不同。代表全体人民利益的国家只有将生产资料和劳动力按一定的比例拨给各个企业去支配、使用，使得各个企业得以相对独立地进行生产经营管理，社会化大生产才能有效地组织起来并顺利地发展。由此可见，社会化大生产的顺利进行与发展是以各个企业相对独立为条件的。只有确认企业的相对独立地位，才有利于生产力要素的合理组合，才有利于劳动生产率与经济效益的提高。

第二，国有企业具有相对独立性是所有制关系中所有权与支配权、使用权相分离的必然结果。生产资料所有制是一个具有复杂内容的概念，而不仅仅是一个单纯的生产资料归属问题。它包括生产资料的所有权、支配权、使用权等方面的经济关系。其中，所有权是基本的，是起决定作用的因素，所有权掌握在谁手里，就可表明生产资料所有制的性质。但其中的支配权、使用权（亦称经营管理权）也是相当重要的组成部分。虽然它们由所有权所决定，但并不永远地与所有权结合在一起，而是可以在一定条件下相分离。在社会主义全民所有制采取国家所有制的条件下，生产资料的经营管理权与所有权的相对分离是适应社会化大生产发展需要的一种必然现象。这是因为社会主义国家所有制并不意味着也不能理解为国家政权直接地集中支配和使用属于国家所有的全部生产资料，国家只能将生产资料分拨给各个企业去支配和使用，由企业独立地组织生产与经营活动。可见，国有企业取得相对独立的商品生产经营者的身份或地位完全是全民所有制内部经营管理权与所有权相分离的结果。

第三，国有企业具有相对独立性是由社会主义全民所有制经济中劳动的特殊性质所引起的。社会主义全民所有制的建立使劳动者的劳动直接具有社会性。恩格斯指出："社会一旦占有生产资料并且以直接社会化的形式把它们应用于生产每个人的劳动，无论其特殊的用途是如何的不同，从一开始就成为直接的社会劳动。"[1] 从社会的角度来看，全民所有制的生产资料与劳动力的结合是社会范围内的直接结合，劳动者的劳动直接成为社会总劳动的有机组成部分，实现了个人劳动与社会劳动的统一，因此全民所有制企业中劳动者的劳动已具有直接的社会性质。但是从个别企业来看，劳动者

---

[1] 《马克思恩格斯全集》第二十卷，人民出版社 1971 年版，第 343 页。

又都只是同本企业的生产资料相结合，这种结合又不完全是社会范围内的结合，这就使各个企业劳动者的劳动又具有局部劳动的性质。这种局部劳动已不同于私人劳动，但它毕竟还不是社会劳动，它只有通过交换才能变成社会劳动。正是由于全民所有制企业中劳动者的劳动具有局部劳动的性质，企业都还有自身的局部利益，所以国家必须把它当作一个相对独立的生产经营者来对待。

第四，国有企业具有相对独立性归根到底是由社会主义的物质利益规律所决定的。在社会主义全民所有制企业中，劳动者的个人物质利益绝不是孤立的，而是与企业的集体利益密切联系着的。劳动者的个人利益在企业中的综合与融汇，便形成了企业集体的物质利益。因为企业是劳动者共同劳动、共同创造财富、共同获取物质利益的集体，在这里，每个劳动者个人的劳动都已不再是独立自在的因素，它只能凝结在劳动者集体劳动共同创造的劳动成果中。这种由个人劳动综合与汇合起来的联合劳动，使得劳动者的个人物质利益同企业的集体利益融合起来、统一起来。这样，那些各个劳动者劳动得好、劳动成果显著的企业，税后留利必然要多，一些职工的收入也要高一些，得到的物质利益自然要多一些；反之，那些劳动者劳动得不好、经济效益低劣的国有企业，税后留利必然要少，甚至出现严重亏损，职工的收入和物质利益必然少些。承认劳动者个人物质利益差异，及企业之间的物质利益差异就必须承认并维护企业的生产经营独立性。否定国有企业在生产经营上的独立性，实际上是违背和否定社会主义的物质利益规律的。

回顾新中国成立三十多年来经济建设的曲折发展过程，我们不难看到：凡是在我国下放管理权限承认并维护国有企业的独立性，使之在生产经营上真正有责、有权、有利的时期，企业的生产积极性和主动性就得到充分发挥，全民所有制经济就获得迅速的发展；反之，凡是我国片面强调权力集中，把更多的国有企业都置于国家政府机构的附属物地位，否定国有企业独立性的时期，企业的生产积极性和主动性便受到挫伤，全民所有制经济的发展就十分缓慢甚至出现停滞。实践证明，国有企业的生产经营独立性具有不以人们主观意志为转移的客观必然性。我们只能承认它、尊重它，而绝不能违背和否定它。这是我们从实践中得出的经验教训，也是我们用较高代价换来的正确认识和结论。

三 实现国有企业的相对独立性必须实行相对的自负盈亏

在现实的经济活动中，采取什么样的经营原则才能保证国有企业的相对独立性真正得到更好的实现呢？对此，经济学界的意见也并不一致。

有的同志主张实行完全的自负盈亏。他们认为，目前我国生产力水平较低，没有全民所有制存在的客观基础；我国现行经济体制中权力过于集中，对企业管得过多过死，主要靠行政手段管理经济，否定经济过程之间联系，存在严重官僚主义、瞎指挥等弊病，都是根源于国家所有制。因此，他们主张改革经济管理体制就是改掉社会主义国家所有制，把它变成"联合劳动者所有制""企业所有制"，并在此基础上实行完全的自负盈亏。这种观点是值得商榷的。

在社会主义国家，所有制是不能改掉的。社会主义全民所有制的生产是高度社会化的大生产，它在客观上要求有一个社会中心来统一支配其所有部门和企业，使它们互相配合，有计划、按比例地协调发展。在国家还存在的条件下，这个社会中心只能是代表全体人民利益的无产阶级国家。因此，社会主义全民所有制采取国家所有制形式具有客观必然性，是由生产关系一定要适合生产力发展水平的规律所决定的。如果改掉了社会主义国家所有制，那就无异于取消了社会主义全民所有制。

完全的自负盈亏不是社会主义全民所有制经济的经营原则，而是集体所有制经济的经营原则。因为完全的自负盈亏是生产资料集体所有制在经营管理上的具体实现。在集体所有制中，生产资料所有权与经营管理权是紧密结合在一起的，根本不存在二者相分离的现象。所以集体企业与国有企业不同，它不仅是一个完全独立的生产经营者，而且是一个完全独立的生产资料所有者。也正是由于国有企业本身不是完全独立的生产资料所有者，因而它不能实行完全的自负盈亏。经济学界有的同志主张：不要把全民所有制、国家所有制改掉，但要实行完全的自负盈亏，这本身就是矛盾的、行不通的。因为实行完全的自负盈亏是以生产资料集体所有制为前提条件的。只有将全民所有制改成集体所有制或企业所有制，才能实行之；否则便不能实行之。

在关于我国体制改革的讨论中，有的同志提出：在维护和巩固社会主义国家所有制的前提下，根据企业在国民经济中的地位作用大小，实行不同程度的非完全的自负盈亏，即相对的自负盈亏。我认为，这种意见是可取的。

国有企业的自负盈亏是在企业承认国家的领导权力、承担国家赋予的经济责任、保证国家利益（全体人民的根本利益）的前提下为谋取企业自身经济利益而实行的一定范围内的自负盈亏。它是建立在国家、集体、职工三者利益一致基础上的盈亏责任制，因而是非完全的自负盈亏，即相对的自负盈亏。因为企业的生产和经营收入首先要以各种税收的形式上缴给国家，然后才是企业盈亏自负。企业的税后留利可作为企业发展基金、福利基金，也可相应地增加职工的收入。企业税后无利，发生严重亏损，国家不予补贴，只能由企业自身负责。企业自身解决不了，只能宣告倒闭。在企业倒闭期间，国家只给职工以必要的社会救济，以保证职工及其家庭的基本生活。这样的自负盈亏显然是与集体所有制企业的自负盈亏不同的。它体现了生产资料归国家、企业相对独立、自主经营的关系，即体现全民所有制中所有权与经营管理权相分离的关系；而集体所有制企业的完全自负盈亏则体现集体所有制中所有权与经营管理权的统一，体现集体所有制企业的独立所有者身份与地位。

国有企业实行相对自负盈亏可以根据企业独立性大小而有所差别。国有企业的独立性大小与企业本身的大小、企业在国计民生中的地位作用大小成反比。一般说来，企业小，在国计民生中地位不重要、作用不大者，其独立性较大；反之，企业越大，它在国计民生中所占的地位十分重要、作用非常大，其独立性也就较小。正因如此，国有企业实行相对的自负盈亏也不能一刀切，而必须在范围、程度等方面有些区别。一般地说，关系到国计民生、面向全国的骨干企业或大企业，国家对这类企业计划控制程度很高，其独立性较小，因而它们只能在有限的范围和程度上进行自负盈亏。至于独立性较大的中小企业，我认为都可以大胆放手让它们实行国家所有、集体经营、自负盈亏的办法。有些以生产小商品为主的国有企业也可以实行国家所有、承包给个人经营、自负盈亏的办法。只有采取不同形式的相对自负盈亏，才能保证国有企业的相对独立性更好地得到实现，从而充分调动广大企业和职工的社会主义积极性，增强企业的活力，促社会主义经济迅速发展。

（本文发表于《吉林大学社会科学学报》1985年第2期）

中国加入 WTO 后深化国企改革的若干理论思考

加入 WTO 是中国经济社会发展的一个历史性大转折，它标志着中国闭关锁国的时代已经一去不复返了，中国经济已经实实在在地融入世界经济体系。从此，中国的对外开放不再是有限的对外开放，而必须是全方位开放；中国的改革亦不能是无规则的"试错"改革，而必须是有理性的根本改革。这种经济社会实质性的转折与变化要求我们对国企改革面临的一些重大理论问题进行深入的思考与探索。

一　WTO 要求突破中国传统国有制理论

中国加入 WTO 以前以及加入 WTO 以来，人们一直比较关注 WTO 对工业的影响、对农业的影响，尤其是对我国对外贸易的影响等。客观地讲，对 WTO 对我国国有企业改革的影响也十分重视。但可以肯定地说，关于 WTO 对我国经济理论尤其是国有制理论的影响，无论是经济领导层还是经济学界都关注不够，甚至没有引起足够的重视。

实际上，WTO 对中国的影响与冲击首先是对经济理论的影响与冲击，其中包括对中国传统的国有制理论的影响与冲击。

(一)"国有制偏好论"

由于我国长期受斯大林理论影响，形成一套"'左'倾范式所有制理论，即认为公有制绝对的好，尽是优越性；私有制绝对的坏，是"万恶之源"。其中包括了"国有制偏好论"，即认为国有制是社会主义公有制的高级的最优越的形式，它最适应社会化大生产要求，其他形式都不如它高级和优越。理论上偏好，实践上必然追求它。很长一段时期，我国一直追求集体所有制向国有制"穷过渡"便是一个有力的证明。对国有企业施行"父爱主义"，像父亲对儿子那样千方百计加以保护，致使"儿子"患了严重软骨病，不能独立地在市场经济中自主行走与拼搏。这既是"国有制偏好论"的突出表现，也是"国有制偏好论"的一个必然后果。我认为，中国国有企业改革之所以至今尚未取得实质性突破与进展，一个主要原因就在于"国有制偏好论"在理论上起支配作用，所有改革的对策措施均在偏好于国有制的框架内出台与推行。在中国加入WTO之前，对此无人厚非或质疑；但在中国加入WTO后的今天，深化国有企业改革必须突破和抛弃"国有制偏好论"的理论指导，代之以"国有制与非国有制（或公有制与非公有制）平等论"。因为WTO的一条基本规则是，参加世界贸易的各种经济主体，必须是具有平等地位的独立市场主体，不允许有国别歧视，不允许有所有制偏好。国有制企业也好，非国有制企业也好，一律以平等的身份与资格参与交易。不能因为它是国有制企业就予以优惠，因为它是非国有制企业就加以歧视。世界贸易领域就是马克思当年所讲的自由、平等的真正乐园："自由！因为商品例如劳动力的买者和卖者，只取决于自己的自由意志。他们是作为自由的、在法律上平等的人缔结契约的。契约是他们的意志借以得到共同的法律表现的最后结果。平等！因为他们彼此只是作为商品所有者发生关系，用等价物交换等价物。"[①] "国有制偏好论"本身就意味着对非国有制的偏恶或歧视，是所有制关系上的不平等或不一视同仁，这同世界贸易领域的自由、平等原则是格格不入的。中国的国有企业改革必须适应WTO

---

① 《马克思恩格斯全集》第二十三卷，人民出版社1972年版，第199页。

规则的要求,而绝不是相反,这是没有商量与调和余地的。因此,废弃"国有制偏好论",实行国有制与非国有制"平等论",不仅是大势所趋而且是唯一正确的抉择。

(二)"主导作用论"

对于"国有经济主导作用论"要具体分析。首先"主导作用"不是人封的,更不能由政府先验地主观规定。市场经济只承认竞争的权威,政府行为也要符合市场竞争规则,接受市场的检验,否则就会受到市场的惩罚。某种经济成分在国民经济中占据什么地位、起什么作用,只能在市场竞争中体现或实现。其次,在市场经济中,价值规律起主要调节者的作用。谁遵从价值规律,经济效益好,经济实力增长快,就可能在国民经济结构中占据主要地位并起主导作用。在这点上是不分所有制成分的。

(三)"国有经济控制论"

这种理论充分地显示了对其他经济成分的歧视与"不放心",似乎其他经济成分一壮大就会"天下大乱",国家的社会主义性质与方向就会改变。这种担心实际上并没有必要。世界上有许多国家,包括一些十分发达的资本主义国家,如美国、法国等,国有经济比重都比较低,没有国有经济的主导作用与控制,国民经济也没有总是或经常发生失控,照样出现经济持续增长与繁荣。

"国有经济控制论"理论上的偏颇在于混淆了国家与国有经济的职能与作用。对国民经济中的所有经济成分,包括对非国有经济成分的调控是国家主要经济职能。国有经济是没有也不能担负起控制其他非国有经济成分的职能与作用的。既然各种经济成分在竞争中处于平等地位,那么"国有经济控制论"显然违背了市场经济平等竞争的原则。如果国有企业改革把它的重心放在追求提高对其他经济成分的"控制力"上,那势必要把国有企业改革引入一个"误区",即忽视自身产权制度的建设、治理结构的完善及效率和效益的提高。而这些恰恰是提高国有企业自身素质及综合市场竞争能力的根本所在。所以，我认为党的十六大报告及有关文件已不再提"国有经济控制力"这无疑是明智的、正确的。

二 理论务必先于对策

提起深化中国加入 WTO 后的国有企业改革，许多人都对笔者说："一定要拿出一套新的切实可行的对策。"我认为这确实十分必要也很重要，但更重要的是理论务必先于对策。因为理论如果不创新，对策思路难以拓宽与创新，所提的国企改革的各种对策措施也只能在原有的框框里打转转，国企改革自然就不能取得实质性突破与进展。

我国的国有企业改革一直是理论滞后的。首先，中国的国有企业改革是在理论准备极不充分的条件下起步的。20 世纪 70 年代末，党中央和国务院审时度势，决定将党和国家工作重心转到社会主义经济建设上来。党的十一届三中全会提出改革开放的方针，拉开了我国经济体制改革包括国有企业改革的序幕。但国企改革究竟怎么改，朝着什么方向改，到底把国有企业改成什么样子，等等，这些并不明确。可以说是理论上基本没有什么准备便匆匆上马。其次，改革开始后，一系列的改革进程又是在不断"试错"的理论支配下进行的。有人说中国 20 世纪 80 年代的改革完全是"跟着感觉走"或是"脚踩西瓜皮，滑到哪里算哪里"，确有失偏颇，但客观理智地分析与总结，中国国有企业改革的进程中无疑存在一个不断"试错"的过程。从放权让利开始，实行利润留成历经两步利改税，到租赁承包制，再到实行股份制和现代企业制度，每一步改革的施行及转换都是在"试错"与"证伪"思想支配下进行和完成的。综上所述，可以清晰地看出中国国有企业改革的理论准备、理论研究，尤其是理论指导的滞后是制约中国国有企业改革难以取得重大突破及实质性进展的一个重要的深层因素。

加入 WTO 后，中国国有企业改革要夺取重大成功，必须改变以往对策先于理论的思路与做法，真正做到理论重于对策、理论先于对策。不仅要理论先行做指导，而且要理论创新。理论不先导、理论不创新，国企改革要走出新路是不可能的。

在我国实践已经证明：只有坚持理论先于对策，坚持理论创新，才能取得改革的新突破和重大成功。当然，在这方面，领袖人物是起重大的关键作用的。邓小平南方谈话明确指出："计划经济不等于社会主义，资本主义也有计划；市场经济不等于资本主义，社会主义也有市场。"① 这个关于计划经济与市场经济理论的重大突破与创新把中国经济体制改革推向了一个崭新的阶段，使中国的经济社会发生了划时代的变化。江泽民同志在党的十五大报告中提出"非公有制经济是社会主义市场经济的重要组成部分"及私营企业主是社会主义建设者，其先进分子可以入党等思想和论断，都是对马克思主义所有制理论的重大突破与创新。正是这些突破与创新才使得当今中国非公有制经济获得前所未有的大发展，在国有经济并不十分景气的情况下撑起了国民经济的"半壁江山"。领袖人物是人民群众的代表，领袖人物对经济理论的创新是集中人民群众智慧的产物。所以人民群众的理论创新活动是基础和根本。如果以为理论创新只是领袖人物的事，那就大错特错了。广大经济理论工作者作为人民群众中具有较高科学文化知识的阶层，是经济理论创新的主体，在我国当今国有企业改革理论的创新活动中理所当然要充当主力军。

深化国有企业改革迫切呼唤国有制理论的变革与创新。如前所述，在传统国有制理论指导下进行改革肯定是不行了，不仅难以取得重大突破与实质性进展，而且明显不适应WTO的规则。但究竟如何创新，又如何做到理论先于对策而切实地指导国有企业改革步步深入，这是广大经济理论工作者亟待攻关和解决的重大课题。

---

① 《邓小平文选》第三卷，人民出版社1993年版，第373页。

三 深化国有企业改革的关键：规范政府及其行为

经济学界关于深化国有企业改革提出多种对策思路，概括起来不外乎有两种：一是"内部关键论"，即认为国有企业改革要取得重大突破与成功，关键是在企业内部深化产权制度改革，建立科学完善的法人治理结构；二是"外部关键论"，即认为国有企业改革要取得重大突破与成功，关键在于实现政企分开，为企业营造一个平等竞争的环境。我认为这两种对策思路都有一定道理，都有可取之处。但必须将二者结合起来、统一起来，不能偏废任何一个方面，只能作为改革不同时期或不同阶段的关键或侧重点。在国有企业改革攻坚战分别在上述两个方面攻了几年都没有取得重大成功的今天，必须审时度势，及时转换主攻的关键及重点，那就是将国有企业改革攻坚的关键和重点由"改企业"转换为对政府机构、职能及其行为方式进行改革与规范，即"改政府"上面。

中国入世首先是政府入世。入世的冲击与挑战首先是对政府的冲击与挑战。因为 WTO 的新规则首先并且主要是规范政府的规则。面对着世界经济一体化和经济全球化的大潮，我们的政府首当其冲。因此，要使中国国有企业改革全面适应 WTO 新规则，保证中国国有企业在世界经济一体化及全球化大潮中立于不败之地，必须将重点放在"改政府"上。这是其一。其二，WTO 规则林林总总有几百条乃至上千条之多，但最根本的一条也是最本质的内容是建立一个全球范围的自由市场，目的在于实现全球资源的市场配置和自由流动。只要认真研究 WTO 的规则就不难发现，WTO 的大多数规则都是针对政府而设立的，要求政府首先必须执行与遵守同时也只有政府才能执行与遵守。中国国有企业与 WTO 规则接轨的前提是中国政府必须与 WTO 规则接轨。因此，中国加入 WTO 后，深化国有企业改革必须首先以"改政府"为重点和关键。

那么"改政府"怎么改呢？我认为，现阶段主要应做好以下几点。

首先，要改革政府机构。政府机构庞大、臃肿，设置交叉重叠、人员过度膨胀、人浮于事，互相扯皮，公文"旅行"，办事效率低下，虽经几次重大的政府机构改革，但客观地审视结果并不很理想。政府机构过分庞大，吃财政饭的人太多，已使国家财政不堪重负，老百姓的负担也过重。因此，必须痛下决心继续加大机构改革的力度。必须强调指出，机构改革要取得实质性成果还必须强力防止反弹，不仅要防止"旧庙"改头换面重新出现，更要防止扩建"新庙"。我认为，改革政府机构，"拆庙"减人不是最终目的，最终目的是建立一个精干高效、廉政务实的"小政府"。因为只有这样一个政府才既能应对WTO挑战又能适应驾驭市场经济的需要。

其次，要改变政府职能。政府职能是一个国家的行政体系在整个社会系统中所扮演的角色和发挥的作用，它主要由政治职能、经济职能和社会管理职能所组成。由于国家是国有企业的所有者，长期以来政府又直接管理企业，所以国有企业常常受到以上三种职能的交叉作用，造成严重的政企不分。改革政府的职能，一是要排除掉政治职能与社会管理职能这两种国家行政性职能权力对国有企业的干预和作用，因为这不是它们职能范围内的事，是一种越界越权行为。二是政府的经济职能主要是提供政策培育市场，建立秩序和"游戏规则"，而不是直接经营企业和干预企业日常活动。适应WTO规则要求，政府必须完成由"运动员"到"裁判员"的身份与职能作用的根本转变。

最后，要改变政府管理行为方式。长期以来，我国政府对经济的管理主要依靠行政命令和指令性计划，因此称"命令型经济"或"指令型经济"。随着计划经济体制向市场经济体制转轨，政府行为方式也逐渐发生转变：指令性计划被取消，行政干预在经济领域也明显减少。尤其是在建立社会主义市场经济体制过程中，市场对社会资源的配置起基础性作用，迫使政府对经济活动放松管制，实行间接调控。可以说，这是一个巨大的转变与进步。但是政府行为方式仍未完成由"管制型"到"服务型"的转变。要达到"服务型"还需经过深入的改革与艰苦的努力。服务已成为21世纪政府行为方式的本质趋势。中国政府的改革只有顺应这个趋势才能跟上世界经济一体化、贸易自由化的潮流。因此，中国务必加速政府行为方式的变革，尽快实现由"管制型"向"服务型"的根本转变。WTO规则对政府行为冲击的凸显，可以说是政府行为方式改革的最佳时机。我们应该抓住这个时机，全力推进这项改革。

总之，"改政府"与"改企业"都不可偏废。我们说"改政府"是当前乃至今后一个时期深化国有企业改革的前提与关键，绝不意味着不要或停止"改企业"；而是说，只有攻破了"改政府"这个关键与难点，"改企业"才会更上一层楼，出现新局面。

(本文发表于《经济学动态》2003年第7期)

论改革对经济利益的调整与社会承受力与保障力的提高

一 改革必然触动和改变原有的经济利益关系

任何经济关系归根结底都要实现一定的经济利益，都不可避免地表现为一定的经济利益。而任何经济体制又都是建立在一定的社会经济关系基础之上，并规定和实现着这种经济关系主体的既定利益。有什么样的经济体制，就有什么样的经济利益格局。经济体制改革实质上是社会经济关系的调整与改革，是我国社会主义生产关系具体形式的根本改善，它必然要触动和改变我国原有经济利益关系的格局。

我国原有经济体制下经济利益关系格局有以下基本特征。

第一，经济利益分配平均化。这主要表现在两个方面：一方面是在国家与企业的利益分配关系上，企业吃国家的"大锅饭"，企业之间存在平均主义。我国原有经济体制对全民所有制企业实行统收统支、统购包销、统负盈亏的制度，企业生产经营所需资金由国家统一支付，企业生产的产品，国家统一收购、统一包销，企业盈利，国家统一收缴；企业亏损，国家统一补贴，各个企业无论经营好坏，盈亏与否，有利平分，无利同受，有利皆大欢喜，无利大家共同受穷。企业之间经济利益平均化，严重侵犯了先进企业的经济利益，同时保护和迁就了落后企业，不利于社会生产力的发展。职工吃企业的"大锅饭"，职工之间存在严重的平均主义。因此说，这种利益分配格局是很不合理的，也是极不公平的。

第二，经济利益实现机制单一化。在原有经济体制下，工资收入成了职工实现自身经济利益的唯一机制。这就使劳动者利益不断增加受到很大的限制。

第三，经济利益相对固定化。我们说固定化，并不是绝对固定不变的。追求高积累、高速度，是原有经济体制的一个痼疾。而追求高积累、高速度的一个直接结果就是使劳动者个人经济利益受损，以致劳动者个人经济利益长期停滞不前，呈现相对固定状态。从新中国成立一直到打倒"四人帮"这一较长的时期，职工工资没有太大变动，居民的消费水平没有多大提高。据统计，1980年同1952年相比，我国人均消费额平均每年仅增长4%，即由1952年的76元增加到1980年的224元。若扣除价格上升因素，以可比价格计算，每人平均年消费额平均每年只增长2.3%。这足以说明人民的经济利益被相对地固定在一个较低的水平上。

经过九年多的改革，我国已经从根本上打破了原有经济体制的上述经济利益格局，初步形成了与公有制基础上有计划的商品经济发展要求相适应的新的经济利益格局。它有以下显著特点。

第一，经济利益差别拉开，并有加大之趋势。由于我国社会生产资料所有制结构的改革和调整，打破了以往的单一所有制结构，出现了多种所有制经济形式共同存在与发展的局面。这样就造就了不同所有制经济形式中的劳动者收入不同。一般说来，个体经济、国家资本主义经济和私人资本主义经济诸经济成分中的劳动者，其收入要比公有制经济成分中劳动者的收入高得多，从而使不同经济成分中劳动者的经济利益呈现明显的差异。这种差异，随着各种经济形式的竞相发展而不断加深、扩大与强化。再有，同是公有制企业由于它们的生产经营状况不同，因而所获得的收入不同。全民所有制企业过去都附属于国家政府机构，经过改革，特别是实行所有权与经营权相分离以后，企业不再是国家政府机构的附属物，而成为具有法人地位的相对独立的商品生产者和经营者。这样，那些生产经营好的单位或企业，就可以获取较多盈利或收入，而那些经营管理不善的单位或企业就会不盈利，甚至亏本、垮台，从而造成企业之间收入出现明显的差别。与此相联系，公有制企业内部，由于劳动者提供的劳动数量和质量不同，劳动者的收入档次不断拉大，由此而形成不同劳动者的收入不同，从而使劳动者个人经济利益也呈现明显的差别。并且，随着企业内部各种经济责任制的进一步落实，尤其是承包制和租赁制的实行，这种劳动者之间收入差别还将进一步扩大。

第二，经济利益实现机制多元化。在社会主义初级阶段，由于实行以按劳分配为主体的多种分配方式，劳动者的收入来源多渠道，因而劳动者的经济利益实现机制必然呈现多样化：劳动者可以通过按劳分配的方式取得劳动报酬，实现自身的经济利益；也可以通过获取个人劳动所得的方式，实现自身的经济利益；还可以凭债券的债权取得利息收入，凭借股票取得股息收入，等等，来实现自身对经济利益的需要。此外，一些企业承包者或租赁者，还可以获取较多的风险收入；一些私营企业主要由于使用了雇佣劳动，因而还可以获取较多的非劳动收入。由上可见，在社会主义初级阶段，人们的收入来源是多渠道的，因而人们实现经济利益的机制就不可避免地多元化。

第三，劳动者的个人经济利益呈上升趋势。经济体制的改革，一举改变了我国原有经济体制下劳动者个人经济利益长期稳定不变的格局，出现劳动者个人经济利益稳步增长的好势头。1986年和1978年相比，农村人均收入由134元增加到424元，扣除物价上涨因素，增长1.5倍以上，平均每年增长13.2%；城市人均生活费收入从360元增加到820元，扣除物价上涨因素，仍增长80%以上，平均每年增长8.4%。到1987年，我国城乡居民收入都大体上翻了一番。十亿人口的绝大多数过上了温饱生活，部分地区开始向小康生活前进。以上变化仅仅是初步的，尚未实现我国经济利益结构的合理化。目前，直接妨碍我国经济利益结构合理化的因素很多，其中最主要的有两个：一是收入分配的平均主义，二是收入分配的不合理差距。所以，随着体制改革的进一步深化，必须解决好这两个问题。

平均主义仍然是我国收入分配中的主要倾向和问题。在我国表明收入分配均衡程度的基尼系数一直很小，近几年虽然有所增长，到 1985 年已达到 0.175，但仍低于 1964 年的 0.184。

二 关于"看不见的手"和"自然秩序"的思想

早在《道德情操论》中，斯密就提出了"看不见的手"这个概念，用它说明整个人类社会和谐一致。在这本书里，斯密把人类社会比作一部复杂的、由无数个不同部件组成的机器，有很多因素，其中包括"看不见的手"，能确保人类社会这部伟大机器得以正常地运转。他说："这部协调一致的机器的伟大的建筑师，就是被以各种名字称作最伟大的宇宙指导者的仁章"。① 在这里，"看不见的手"还没有用来比喻说明竞争过程的有益结果，而且还被赋予一种神秘的角色，但是，它已被作为一个自然规律来对待了。而这个规律的结果，则是个人利益和社会利益的和谐一致。美国新制度学派经济学家海尔布伦纳说："'看不见的手'这个著名的用语在《国富论》中而且只是顺便地提一下。但在《道德情操论》中，'看不见的手'却起着更为基本的作用。实际上全书浸透了一个思想：上帝把人类的幸福寄托在感情和爱好上，而它们以人们自己也察觉不到的方式在起作用"。正如斯密所说："既没打算，事前也不知道，我们对私人目的的追求，便促进了一个超过我们原有更大的目的。'看不见的手'于是成为作用于人类命运的一个最初的动力。"②

"看不见的手"在斯密那里一是资源合理有效配置的问题，二是物博价廉问题。在斯密看来，如果这两点都能保证，资本主义社会里的个人利益和社会利益、生产者的利益和消费者的利益就会一

---

① 蒂尼：《经济思想的演变》，剑桥大学出版社 1987 年版，第 8 页。
② 外国经济学说研究会编：《向亚当·斯密致敬》，载《现代国外经济学论文选》第四辑，商务印书馆 1982 年版，第 36 页。

致起来。这就是"看不见的手"的作用，这是人类社会自身调整的一种机能，这种机能现在被提到对经济规律的认识上来。

先看"看不见的手"对物博价廉的作用。斯密把物博价廉归结到增加劳动数量和节省劳动时间上，又把前者归结到资本积累和改良技术上，但这些都不是资本家的本意。他的本意不是实现社会公众的利益，而只是实现他自身的利益。但是，每个人对自身利益的追求，都要受到其他人追求自身个人利益的限制。社会越是开明，竞争越是激烈，这种个人利害之间的纠葛就会越厉害，对追求个人利益的限制也就是对其他人追求自身利益的一种限制。这种限制力量是一种互相抵消的平衡力量，社会利益就是在这种平衡中得以存在并且实现的。但这只是在竞争中并且通过竞争才可能的。这种为追逐利润而互相竞争的结果，不仅会使商品按照自然价格，按它所包含的劳动量，即按它的价值出售，而且资本家怀着压倒对方的企图，还必然要通过改良技术来缩减商品所包含的劳动时间。于是，就出现了节俭、积累、改良、物美价廉，等等，这事实是社会的福利。

当然，斯密知道，这种社会利益的实现，在残酷无情的竞争条件下才是可能的。竞争会使一些人破产。但斯密认为这是十分自然的，这只能怪他们自己不小心经营，而不能怪其他人。这些人破了产，除他们自己以外，对社会绝无半点害处。相反，斯密倒认为，既然价值规律的作用只有在这样的竞争中才能实现，竞争得越厉害，它的作用就发挥得越充分；既然社会的利益只有在个人利益的激烈追逐中才能实现，那么，这些人的破产，就是价值规律发挥作用的必要条件，就是个人利益对社会利益奉献的贡品——一个非常必要的贡品。

再看"看不见的手"对社会资源有效配置的作用。它涉及社会生产的比例关系问题，涉及社会生产的均衡问题。它在斯密那里被归结为社会总资本的使用方向和顺序的问题。斯密认为，资本有四种不同的用途，即用于农业和采掘业，用于制造业，用于批发商业、零售商业和运输业。斯密这种划分的思想，是以后资产阶级经济学家划分三种产业的最初思想来源。他认识到，在这四种资本的投资方向中，存在着一种互相制约的关系。这种制约关系，既表现为在它们之间存在着一种顺序上的自然关系，又表现在它们之间存在着一种在比例上的自然关系。从顺序上看，如果一个国家没有足够的资本，把一切土地进行改良和耕作，又把全部原生产物加工起来，并且把它们运到市场上，那么，就应该把资本集中使用到最主要的用途上，而不应该平均使用。当然，这并不是说，在社会最主要的用途上投资越多越好，对于社会总资本的投入，还要根据它们的各种用途注意它们之间的比例关系。所以，斯密说："这样，同一资本在国内所推动的劳动量有多有寡，所增加的土地和劳动的年产物价值有大有小，要看它投在农业上、工业上、批发商业的比例的不同而不同。"[1] 就社会各种用途看是如此，就一种用途看也是如此。在每一个大的用途里，包括无数个小的用途。这些小的用途，也要按照一定的顺序和比例才能发展起来。

这里，我们看到，斯密实际是把社会看作一个大的系统，这个大的系统是由无数个小系统按照有序性和平衡性的原则联系起来的。这里包括极为可贵的关于国民经济的良性循环的思想。斯密认为，社会总资本必须按照这种原则投入各种用途，否则，就会使人类社会陷入大混乱、大崩溃之中。

那么，如何使社会总资本合理地投入各种用途呢？是靠投资于各种产业的资本家对社会福利的支持和他们对共同利益的关心和考察来保证的吗？当然不是。斯密说："私人利润的打算，是决定资本用途的唯一动机。投在农业上呢，投在工业上呢，投在批发商业上呢，或投在零售商业上呢？那要看什么利润最大。"[2] 是靠国家和君主们履行监督私人产业、指导私人产业，使之最适合于社会利益的义务吗？万万不可。斯密说："要履行这种义务，君主们极易

---

[1] ［英］亚当·斯密：《国富论》上卷，郭大力、王亚南译，商务印书馆1972年版，第337页。

[2] ［英］亚当·斯密：《国富论》上卷，郭大力、王亚南译，商务印书馆1972年版，第315页。

陷于错误；要行之得当，恐不是人间智慧或知识所能做到。"① 因为政府的计划和指导不能使国家变富，但政府的奢侈妄为会把一个富国变穷。

如此说来，人类社会这个极端重要的事业是靠什么来保证的呢？靠的是自然规律的作用。斯密说："人间虽有疾病，有庸医，但人身上总似有一种莫名其妙的力量，可以突破一切难关，恢复原来的健康。"② 同人的身体一样，斯密也认识到，在社会内部有一种团聚力量，有一种抗生素，有一种莫名其妙的力量，这就是"看不见的手"，这就是市场机制的调节力量。它可以突破一切难关，保证、调节和恢复社会赖以生存的必要条件。他又说："在这场合，像在他许多场合一样，他受着一只'看不见的手'的指导，去尽力达到一个并非他本意想要达到的目的。"③

但是，这一切只有在让自然规律充分发挥作用的基础上才能实现。为此，斯密系统地发挥了经济自由的思想，反对一切阻碍经济自由的政策和学说，主张建立竞争的经济模式，并由此出发提出了一套完整的理论体系和经济政策思想。这就是斯密的"自然秩序"思想。斯密提出的"自然秩序"是为了用它来保证竞争在任何时间、任何地点都能得以充分开展并且贯彻下去，使价值规律的各个方面的作用都能得以充分发挥。实际上，斯密的所谓"自然秩序"，就是一种完全竞争的经济模式。在这种模式中，各种事物都听任其自由发展。

按照斯密的观点，自然秩序的对立面是人为秩序。前者的必然结果是自由竞争，后者的必然结果是垄断，或如斯密所说的独占。他认为，垄断限制了竞争，破坏了市场上"看不见的手"的自发调

---

① [英]亚当·斯密：《国富论》下卷，郭大力、王亚南译，商务印书馆1972年版，第252页。
② [英]亚当·斯密：《国富论》上卷，郭大力、王亚南译，商务印书馆1972年版，第315页。
③ [英]亚当·斯密：《国富论》下卷，郭大力、王亚南译，商务印书馆1972年版，第252页。

节作用，造成了资本各用途之间的不均等，为一小撮人的个人私利损害了全社会人民的利益。垄断是社会的大敌，而竞争才是社会人民的福音。斯密就是本着这样的精神来批判垄断、歌颂竞争的。在《国富论》中，特别是在《国富论》下卷中，抨击垄断或他所说的独占现象的内容，至少占三分之一。他非常天真而又乐观地写道："一切特惠或限制的制度，一经完全废除，最明白最单纯的自然自由制度就会树立起来。每一个人，在它不违反正义的法律时，都应听其完全自由，让他采用自己的方法，追求自己的利益，以其劳动及资本和任何其他人或其他阶级相竞争。"① 正如恩格斯所说："竞争的对立面就是垄断。垄断是重商主义者战斗时的呐喊，竞争是自由主义经济学家厮杀时的吼叫。"②

斯密的"看不见的手"和"自然秩序"的思想，实际是提出了市场机制的刺激力量和调节力量以及如何使之充分发挥作用的问题。我国的社会主义经济是商品经济，这就要求我们发挥市场机制，即价格机制、供求机制、竞争机制这个"看不见的手"对企业经济活动的调节作用，真正使企业成为面向市场、自主经营的商品生产经营者。直接调节企业经济活动的，是市场机制这只"看不见的手"，它是经济活动的直接调节机制。

（本文发表于《吉林社会科学》1988年第5—6期）

---

① ［英］亚当·斯密：《国富论》下卷，郭大力、王亚南译，商务印书馆1972年版，第252页。

② 《马克思恩格斯全集》第一卷，人民出版社1956年版，第612页。

矫正企业的非合理经济行为

企业是国民经济的细胞。企业经济行为不合理，是造成国民经济运行紊乱的一个重要因素。因此，矫正企业的不合理经济行为，实现企业经济行为合理化，是保证国民经济正常协调运行、健康发展的重要基础与条件。

一　企业非合理经济行为及其表现

我们这里所考察的"非合理"经济行为是相对于合理的经济行为而言的。企业合理的经济行为，是指企业按照客观规律的要求，在国家法令和政策所容许的范围内，用规范化的合理手段从事生产经营活动，以尽可能少的劳动占用和劳动耗费换取较大的经济收益，以最大限度地满足全体人民日益增长的物质文化生活需要。这里包含两层意思：一是用合法手段谋取企业收益最大化；二是不得损害客观经济利益，不能违背社会主义生产目的根本要求。与其相对而言，企业的非合理经济行为，也包括两层含义：一是用非法手段谋取企业收益最大化，我们称之为非法经济行为；二是企业在追求自身利益最大化时，损伤了客观经济效益，违背了全体人民的根本利益要求，这是狭义的企业非合理经济行为。我们要矫正的企业非合理经济行为，当然是广义的非合理经济行为，不仅包括狭义的非合理经济行为，而且包括非法经济行为。这是毋庸置疑的。

企业非法经济行为，主要是指企业违背国家税收法令、市场交易法、企业法、食品卫生法、环境保护法、商标管理法、标准计量法等各项法规所发的生产、交换、分配和消费活动。其主要表现有八个：其一，偷税漏税；其二，投机诈骗，走私贩私；其三，欺行霸市，哄抬物价，强买强卖；其四，偷工减料，以次充好，缺尺少秤，掺假作假；其五，出售不符合卫生标准的、有害人身健康的商品；其六，生产或销售毒品、假商品、冒牌商品；其七，出售反动、荒诞、诲淫诲盗的书刊、画片和音像制品等；其八，其他国家法律所不容许的生产经营活动，如开赌场等。

企业的非合理经济行为，除了上述违法行为以外，大量的还是片面追求企业局部利益、职工个人利益，损伤或抛弃国家长远利益或全体人民根本利益的短期行为。这主要表现在以下方面。

第一，生产行为不合理。许多企业不愿生产国家计划内产品，而热衷于生产计划外市场调节产品，因为在存在价格双轨制情况下，计划外市场调节产品价高利大，计划内产品价低利小。还有许多企业在生产中不注重产品质量，片面追求产值，片面追求企业利润最大化，不管它所生产的产品是否符合社会需要，只要有利就干。这在一些承包企业中表现得尤为突出。还有的企业生产经营管理十分混乱，乱摊成本的现象十分严重，并且，不注意设备的维修与保养，实行掠夺式的生产经营。

第二，交换行为不合理。这主要表现为企业的"购""销"行为不合理。在物资十分短缺的条件下，企业往往通过拉关系、走后门、请客、送礼乃至用金钱贿赂等手段向国家物资管理部门争原材料，争能源。一些企业抢购国家紧缺物资，囤积居奇，哄抬物价，转手倒卖，从中渔利；一些企业采取奖售、赊销、搭配等手段，大肆兜售质价不符的劣等货；以次充好、变相涨价的行为，更是屡见不鲜。这些不合理的交换行为，不符合等价交换原则，严重违背价值规律，同社会主义计划商品经济的发展是相违背的。

第三，分配行为不合理。这主要表现在企业的国民收入初次分配上。社会主义企业所创造的国民收入，经过初次分配，形成职工工资和企业收入两大部分。这里主要存在两种不合理的分配行为：一是追求工资最大化，使工资严重侵蚀利润。企业通过承包讨价还价、抬高计件工资单价、搞"浮动工资",不顾劳动生产率是否提高、生产是否发展,不切实际地提高工资;并且,企业之间互相攀比,造成工资基金总额过度膨胀,进而引起个人消费基金客观失控。二是倾向于把企业纯收入分光吃净。首先是把应上缴国家财政的税利,或隐藏起来,截留下来,然后以种种借口或理由加分掉。其次是将企业的发展基金、集体福利基金等,以发奖金、补贴、实物等手段分给职工个人。这样做的结果是使企业的积累功能严重削弱,扩大再生产的能力严重丧失,企业发展已无后劲可言。

二 企业非合理经济行为产生的原因

影响企业经济行为的因素是多方面的。有政治方面的因素、经济方面的因素,也有社会和历史方面的因素。有企业内部的因素,也有企业外部的因素。我们这里仅从经济的角度,从企业内部与企业外部两个方面探寻企业非合理经济行为发生的原因。

首先,从企业内部来看,企业利益主体结构失衡,利益实现机制单一化,是导致企业经济行为严重不合理的一个重要原因。所谓企业利益主体结构,是指企业内部各种利益的代表者之间的关系。在传统的经济体制下,企业的利益主体结构单一化,即国家利益就是企业利益,企业没有自身独立的利益,利益的主体就是国家派驻企业的领导机构。在对传统体制进行改革的过程中,企业内部利益主体结构发生了明显变化:由于企业变成独立的商品生产者和经营者,具有独立的自身利益,由厂长(经理)所组成的企业领导机构成为企业自身利益的代表,已经失去了其代表国家利益的身份,对国家利益的关切度越来越低,而对企业和职工个人利益的关切度越来越高,这样就导致国家利益主体缺位、国家利益实现机制遭到破坏。而企业利益实际上又是职工个人利益的总和,它归根结底又落脚到职工个人利益上,所以企业集体利益的实现机制也发生功能障碍,而唯独职工个人利益实现机制的功能无限扩大。正因如此,才会产生企业把职工个人利益放在集体利益和国家利益之上,损伤集体利益和国家利益的短期行为，才会产生把企业各种基金分光吃净，甚至不惜违反国家财经政策和纪律私分国家财物等不正当乃至违法行为。

其次，国家对企业失去客观控制，这是造成企业经济行为严重不合理的又一个重要原因。国家对企业的客观控制有二：一是通过下达各种指令性计划指标，对企业的生产经营活动进行直接控制；二是通过各种指导性计划和经济杠杆，对企业生产经营活动进行间接控制。国家对企业的直接控制有二重性：一曰利，即它使企业经济活动紧紧围绕国家计划任务而展开，有利于国家计划的实现和完成；一曰弊，即它对企业控制得过死，使企业根本无法对市场供求变化及价格信号及时做出反应，不能适应市场需要来合理组织本企业的生产经营活动。随着社会主义商品经济的发展，国家对企业直接控制的种种弊端越来越突出，越来越不适应商品经济发展的客观要求。而国家对企业的间接控制则具有较多的优越性，它既能通过间接手段达到引导和控制企业经济行为的目的，又能使企业及时迅速地依据市场信号做出合理的生产经营决策，使产品符合市场需要。社会主义商品经济的发展，要求国家对企业的客观控制由直接控制为主要转向间接控制为主。我国在国家与企业的关系上实行所有权与经营权相分离，扩大企业的经营自主权，借以完成由直接控制为主到间接控制为主的转变或过渡，方向是正确的，成绩也是很大的，问题主要在于直接控制体系过早地完全放弃了，有效的间接控制系统尚没有建立起来，造成国家宏观管理上的"真空"状态；并且，国家的指导性计划对企业没有实际约束力，价格、工资、奖金、利息、信贷等经济杠杆作用失灵，或进行逆向调节。这样，就使得企业脱离了国家客观控制的轨道，产生了一系列不符合社会主义计划商品经济发展要求的非合理的经济行为。

当然，上述两方面原因都不是孤立的，并且，也远不止这两方面原因。实际上，企业经济行为的不合理，是企业内外多种因素综合作用的结果。不过，在我们看来，上述两方面原因，尤其是企业内部的原因，还是主要的、基本的。

三　矫正企业非合理经济行为

矫正企业的非合理经济行为,是一项复杂的社会系统工程,需要进行全方位的综合治理。总的来说,结合我国目前的实际情况,应主要抓好以下几点。

第一,全面整顿经济秩序,实现企业外部条件合理化,为企业的自我增值、自我发展创造一个公平合理的经济环境。社会经济秩序紊乱,企业所处的竞争环境、价格环境、财政环境、信贷环境等都不公平合理,使得企业无法在同一水平线上开展社会主义竞争。并且,由于企业所处的经济环境混乱而又不合理,企业和职工收入差别很大,这就诱使企业在工资收入、奖金、物质利益等方面互相攀比,从而发生一些不合理的短期经济行为。因此,要矫正企业的非合理经济行为,实现企业经济行为合理化,必须继续整顿经济秩序,进一步治理经济环境。在混乱的经济环境中是不可能实现企业经济行为合理化的。

第二,在企业内部建立健全利益主体结构和利益协调机制。就物质利益关系来说,企业内部存在着国家利益、集体利益和职工个人利益。从本质上讲,这三种利益是一致的,没有对抗性和根本性的冲突。但三者利益之间也存在着矛盾。这三种利益的矛盾统一运动,是物质利益规律在企业活动中发挥作用的表现形式,也是推动企业发展的内在动力。企业经济行为的合理化,其基础与核心在于企业内部这三种利益主体结构合理化和它们的利益实现机制协调化。就是说,企业内部的三种利益都有明确的代表,即实现人格化,并且都具自身利益的实现机制。它们互相掣肘、互相约束,这就不至于出现忽视国家利益而只追求企业和职工个人利益的短期经济行为,同时也能防止只顾国家利益而否定企业和职工个人利益的倾向。

第三,严明法纪,坚决制止企业的各种违法经济行为。国家制定的各种经济法令、法规,是规范企业经济行为的根本准则,所有企业都必须坚决执行，不得违犯。企业要合法经营、依法纳税，在法律许可的范围内从事各种生产经营活动。许多企业有法不依、违法不究、法制观念淡漠的现象十分严重，必须尽快改变这种状况。不管任何企业，都不能超越法律。任何违反法律的经济行为都必须严加制止或予以必要的法律制裁。

(本文发表于《企业家半月刊》1991年第4期)

论改革是一项艰巨的社会系统工程

纵观世界上社会主义国家改革的历史，不难发现：大凡刚刚起步改革的国家，都对改革的长期性、复杂性和艰巨性估计不足，以为搞好一个"总体方案"，来个"一揽子改革"，就可完事大吉；并且在改革的推进中，明显存在着贪大求快、急于求成的倾向。这个问题在我国目前阶段并未很好地解决。因此，从理论与实践的结合上进一步论证改革是一项宏伟的艰巨的社会系统工程，完成这项工程需要人们长期艰苦奋斗，从而加深人们对改革的长期性、复杂性和艰巨性的认识，仍然是十分必要的。

一 改革必须有目标分阶段配套进行

经济体制是保证经济正常运行的完整系统，它包括计划体制、流通体制、价格体制、物资体制、金融体制、分配体制及外贸体制等许多的子系统。并且，这个大系统及其所包括的子系统，都不是凝固不变的，而是不断运动的，是动态系统。正是由于经济体制是一个复杂庞大的动态系统，所以经济体制的改革就不仅仅是某一子系统的单项改革，也不仅仅是几个子系统简单合计起来的"加总改革"，而必须是所有子系统有机统一与结合起来的大系统的总体改革。这样，经济体制改革就不能不是一个庞大的社会系统工程。以上是从经济体制改革的内涵来说的。

再从经济体制改革所涉及的范围来讲，它不仅涉及资源的重新配置与优化，生产力的合理布局等生产力方面的问题，更要调整和变革社会生产关系，摒弃社会主义生产关系中不适应生产力发展的部分，巩固和完善社会主义经济制度。与此同时，它还要变革社会主义上层建筑中不适应社会主义生产关系的部分，改革旧的国家领导体制，破除旧的思想、传统、观念等。因此可以说，改革是一场广泛的社会变革，是一个涉及社会各个领域的复杂的社会系统工程。

改革作为一个社会系统工程，不能没有自己的目的性，即目标。这个目标不可能预先产生于人们的头脑中，而只有在改革实践中不断探索才能逐步明确。与东欧国家比较起来，我国的经济体制改革起步晚，推进快，在体制上没有现成的模式可供借鉴，国内经验又不足，所以在改革初期，改革的目标模式并不十分清晰。党的十二大以后，特别是党的十二届三中全会通过的《中共中央关于经济体制改革的决定》明确提出"社会主义经济是公有制基础上有计划的商品经济"这个科学论断以来，我国才真正探索到适合我国国情的社会主义市场经济体制的目标模式。那就是建立社会主义有计划商品经济的体制，这个体制应是计划与市场内在统一的体制，是具有中国特色的统一性与灵活性相结合的新体制。

上述改革目标不可能一蹴而就，而必须有计划、分阶段、逐步地实现，大体上要分三步做好综合配套改革。第一步，在前几年扩大企业自主权和直接控制有所减少的基础上，今后要在继续搞活企业特别是搞活大中型企业的同时，运用经济手段，健全经济立法和经济监督，建立信息网络等，以促进改革的健康发展。第二步，围绕着发展社会主义商品市场的要求，逐步缩小指令性计划的范围，认真搞好生产资料价格体系和价格管理制度的改革，进一步完善税收制度，改革金融体制。第三步，逐步建立同新经济体制相适应的组织机构，进一步解决企业隶属关系和条块分割的问题，最终实现政企职责分开。这些步骤各有重点，但又是互相衔接、互相交叉的。完成了这些步骤，我国的经济体制就基本上进入了新的轨道。

与此同时，为了建立起社会主义有计划商品经济的新体制，我国在今后一段时期内，还必须进行三个层次的配套改革，建立新的经济运行机制。第一，重新构造微观基础，转变企业经营机制。全民所有制企业不可能由全体人民经营，一般也不宜由国家直接经营。硬要这样做，只能窒息企业的生机与活力。原有经济体制就是国家直接经营管理企业，企业所有权与经营权统统集中在国家，使企业毫无生机与活力的体制。改革旧体制，建立新体制，首先要保证企业充满生机与活力。为此，就需要淡化国家的所有权，强化企业经营权，真正实现所有权与经营权的分离，使企业真正成为独立经营、自负盈亏的社会主义商品生产者和经营者。第二，建立和培育社会主义市场体系。我国原有经济体制的一个重要弊端就是排斥市场和市场机制的作用。改革原有经济体制，其核心就是在社会主义有计划商品经济的运行中引入市场机制，建立统一的社会主义市场体系。社会主义市场不应当是封闭的、排斥竞争的市场，而应当是开放的，促进商品生产者开展竞争、提高效率的市场，它应当具有调节商品供求，引导企业生产和居民消费，促进劳动时间节约和资源优化配置等功能。市场是企业实现经济联系的重要纽带，是企业从事生产经营活动的重要场所。市场发育起来，其各种机制运转灵活，就能够为企业活力的激发提供一个既有动力又有压力的良好外部经济环境。第三，是使国家对经济的管理由直接控制为主转为间接控制为主，建立健全以间接管理为主的宏观经济调节体系。宏观调节与搞活企业、搞活市场三者是统一的，缺一不可。离开了宏观控制和调节，市场会乱，企业也会乱。因此，建立一套以经济手段为主，经济、法律、行政手段相结合的间接宏观经济调节体系，是搞活企业，搞活市场的重要保证与条件，是建立有计划商品经济体制的客观要求。如果采用原有体制的直接管理方式，对生产要素实行调拨分配，企业没有自主权，市场难以形成，那么有计划商品经济体制也就无法建立与发展。这就需要加快对宏观经济管理方式的改革。国家除了对极少数重点建设工程和特殊企业，以及某些重要而短缺的商品仍需保持必要的直接控制以外，对其他企业和商品都要实行间接控制。

上述三个层次的改革，是一个密切相关的有机体。其中任何一个层次的改革单方面突进，都不可能发挥新机制、新体制的应有作用，并且还会带来不必要的摩擦、碰撞，产生负效应。如果孤立地对企业放权，强化企业的利润刺激，而不同时硬化企业的预算约束，使之真正自负盈亏，那么企业行为就必然会短期化。如果企业获得了经营自主权，而没有一个良好的平等竞争的市场环境，那就不可能使企业在同一水平线上进行合理竞争，必然产生落后排斥先进、劣胜优败等反常现象，并且还会发生严重的苦乐不均、鞭打快牛的状况，影响商品经济的规范化发展。如果只有市场的自发调节而无宏观系统的有效调节与控制，市场机制作用的自发性与盲目性就必然导致经济的短期波动和对长期经济发展目标的偏离。同样，在微观运行机理不正常、市场机制不健全的条件下，孤立地启动宏观调节系统的各种杠杆，也不会产生预期的良好效果，并且可能造成整个社会经济生活的紊乱。所以，上述三个层次的改革必须协调一致，相互配套，同步前进。

经过上述三个层次的改革，要形成一个崭新的经济运行机制——"国家调节市场，市场引导企业"的机制。实现这个目标，是一个渐进的过程。但绝不能以此为借口，拖延改革的进程，坐失配套综合改革的良机。目前我国的改革已进入了一个关键阶段。物价、工资等关键性问题不解决，改革就难以深化和大步前进。改革不能避重就轻，绕过物价、工资等关键性问题，而要敢于迎着风浪前进，突破难关。只有把市场价格理顺了，使工资制度更合理，并做好其他各项配套改革，才能促进"国家调节市场，市场引导企业"这个新的经济运行机制早日形成和运行。

二 局部改革要与整体改革相结合

尽管国民经济管理体制是一个完整的大系统，是个有机整体，但对它的改革都不能像泼污水一样，一泼了之；也不能像翻烧饼一样，一翻个便完事。就是说，这个改革不能从总体上入手，而必须从局部入手，按"局部—全局"的思路来进行改革。这样，就不可避免地碰到一个局部改革与整体改革的关系问题。

所谓局部改革，就是对原有经济体制的某一部位或某一个、某几个组成部分进行的变革。它具有以下几个明显的特征：第一，区域性。某一省、市政府在自己所辖范围内进行的经济体制改革，都属于局部改革的范畴，都呈现明显的区域性。例如，吉林省四平市关于城市住宅商品化的改革、就是典型一例。他们把住宅由低租分配改为补贴出售给个人，受到群众的欢迎。这种改革涉及的范围较小，基本上没有越出市辖区，并且仅仅局限于住宅上。第二，单项性。从国家来说，进行某一个项目的改革，也属于局部改革。例如财政收支制度的改革，工资制度的改革，尽管它们涉及的面要大得多，但也都仅是国民经济体制的一个部分或一个方面。第三，速效性。局部改革由于涉及面有限，相对来说又比较简单、容易，因此往往能够在较短时期见到效果（好效果与坏效果）。

而整体改革则不同，它是整个国民经济体制的总体性的根本变革。它具有以下鲜明特征：第一，是全方位所有地区所有方面的改革；第二，是系统性的总体性的综合改革；第三，由于这种改革涉及全局，操作复杂，推进慢，所以不易在短时期内收到明显的效果。

局部改革是整体改革的重要基础和组成部分。没有局部改革，也就谈不上整体改革。反过来，整体改革又是局部改革的根本保证。没有整体的改革，局部的改革最终也要失败。因此，局部改革要服从于整体改革。

在实践当中，把局部改革同整体改革结合起来、统一起来，按照"局部—整体"的思路进行改革，确实是一件非常艰巨复杂的事情。

（一）局部突破难

我国的经济体制改革，究竟从何处下手，从哪里突破，经济理论界和实际经济部门都众说纷纭，莫衷一是。我国对改革"突破口"的选择，经历了一个曲折变化过程，这个变化过程就足以说明要选准经济体制改革的"突破口"是相当困难的。起初，我们的经济体制改革，试图从分配关系入手，从改革工资制度上进行突破。破除原有的等级工资制度，实行新的结构工资制度。现在看来，这项改革并没有根本解决个人消费品分配上的平均主义。因为它打掉了原来的小平均主义，却产生了复杂劳动与简单劳动、脑力劳动与体力劳动在报酬上的新平均主义，甚至出现复杂劳动、脑力劳动的报酬大大低于简单劳动、体力劳动报酬的反常现象，不仅没有充分调动起劳动者的积极性，反而压抑和挫伤了知识分子、科技人员等的积极性。实践表明，这项改革并没有取得成功。接着，仅从商品价格入手，试图从价格体系的改革上突破。随着各种价格改革措施的相继出台，一些农副产品和原材料价格开始放开，确实解决了这些商品价格严重不合理的问题，也有力地促进了这些短线商品的生产。但由此带来两个严重问题：一是市场物价急剧轮番上涨，尤其是消费品价格涨势更猛；二是国家财政补贴加重，财政支出大增，引发财政赤字。这双重后果结合在一起，造成严重的通货膨胀。这样，不仅人民的实际生活水平受到较大影响，而且恶化了改革的经济社会环境。因此，从价格体系的改革上突破，在我们看来也不是正确道路。

近年来，有些同志极力主张从国家所有制改革上进行突破。他们认为，必须全面推行国有企业的股份化，从根本上废弃目前我国的国家所有制。

我们认为，这种主张并不切合我国的实际。首先，在社会主义历史阶段，为适应高度社会化大生产的需要，调节社会生产各个部门之间的比例关系与经济利益，使它们大体上协调发展，必须有一个统一支配和协调各个部门的社会中心。在国家还存在的条件下，这个社会中心只能是国家，而不可能是其他。因为只有国家才能代表全体人民的利益，对属于全体人民的生产资料行使所有权。所以，国家所有制是适应高度社会化的生产力水平要求的，它的存在具有客观必然性。尽管国家所有制在管理体制上存在一些弊端，但改革其弊端就是了，泼污水何必连同孩子一起泼掉呢？其次，将我国的国有企业全部股份化，在实际上也行不通。其他方面姑且不论，单是我国国有企业的数千亿固定资产，靠职工用工资收入的节余部分（我国实行低工资制度，职工的工资节余很少）来认购股票加以吸收，是很难实现的。所以，从根本改变国家所有制上进行突破，也未必是正确的选择。

我认为，比较切合实际的选择是对我国现有的国家所有制进行重大的改造或改组。认为我国的经济体制改革丝毫也不能触动国家所有制，改变了国家所有制的形式就会改变我国的社会主义性质，这种看法未免失之偏颇。问题在于如何改变。必须明确，改造或改组社会主义国家所有制绝不等于废弃和根本否定之，而是调整之，完善之，使之更适合社会生产力的性质和要求。具体来讲，改造或改组我国社会主义国家所有制，可以按照以下思路来进行。

第一，按照所有权与经营权相统一的原则，对关系国民经济命脉的骨干企业、对那些对国计民生有重大影响的企业，仍然实行国家所有、国家统一经营。现在流行一种论调或思潮，即国家所有的企业实行国家经营必然经济效益低下，必然发生亏损。实际上这是一种非常片面也非常有害的论调。纵观中外经济发展史，我们不难发现：无论是资本主义的国有企业还是社会主义的国有企业，在实行国家统一经营的条件下都有许多经济效益好、盈利较多的。问题的关键在于国家经营的体制、方针、政策以及各种具体方法、措施是否得当。这样讲绝不是说国家统一经营就没有任何弊端，但无论如何不能把国家经营说得一团漆黑、一无是处，彻底否定。我认为，只有对我国关系国民经济命脉的诸如铁路、银行、交通、煤电、航空等方面的骨干企业，只有对能源、冶金、机器制造、石油化工、基础设施等有关国计民生的大企业，实行国家所有和国家统一经营，才能切实保证国家掌握和控制国民经济命脉，实现对宏观经济的有效调控，进而保证社会主义国民经济健康稳定地增长。

第二，将一部分国有制退回到集体所有制。新中国成立以来，我国长期受"左"的思想影响，在所有制上追求"一大二公"，对为数众多的城镇集体所有制实行"拔苗助长",搞"穷过渡",使许多集体所有制企业不适当地变成全民所有制企业。有些现在虽然名义上还是集体所有制企业,但实际上是"准全民"所有制企业。这些企业在实行集体所有、集体经营时,一般来说经济效益都是比较好的,但变成全民所有制企业以后,由于违背了生产关系一定要适合生产力发展水平的要求,一般都变得经济效益低下,发生经营亏损。因此,我建议国家及早地将这部分全民所有制企业退回到集体所有制企业,由国有国营变成集体所有、集体经营。

第三,按照"两权"完全分离的原则,将一部分不关系国计民生的中小型国营企业(如一些地方国营的中小工业企业、商业企业及服务业等)变成租赁制。这种租赁企业的生产资料所有权掌握在国家手里,生产经营权完全交给企业。企业实行完全的自负盈亏,国家不介入企业的生产经营活动,凭借生产资料的所有权从企业收税和收取租金。以前,我也曾主张"两权"要"相对"分离、"适当"分离,但实践越来越清楚地表明:所谓"相对"分离和"适当"分离不仅在理论上含混不清,搞不清究竟分离到什么程度才算"适当"和"相对",而且在实践中也很难行得通。在经济实践中,究竟哪些权利属于所有权,哪些权利属于经营权;哪些权利应当给企业,哪些权应掌握在国家手里,确实难以分清和界定。"两权"相对分离说在实践上直接导致了国家与企业之间的权力之争,即国家为了对企业从宏观上加强控制,竭力集权;企业为了将自身变成独立的商品生产者和经营者,实现真正的自负盈亏,则千方百计地分权。"两权"相对分离说,并没有跳出"文革"前集权与分权改革的窠臼。因此,我们必须打破这个"两权"相对分离说,干脆实行"两权"完全分离。只有这样,企业才能从根本上摆脱国家行政机构附属物的地位,真正变成独立的自负盈亏的商品生产者和经营者;才能彻底克服纵向依赖,两只眼睛都面向市场,依据市场价格信号,灵活地决定自己的生产经营,从而使企业充满生机与活力。

第四，将那些亏损的中小型国有企业实行股份化或私有化。一般地说，对那些常年亏损的中型国有企业，可以按照"一企三制"的原则实行股份制。国家将企业资产作价分股出售，国家、企业、个人都可以购买这类企业的股票，然后由股东大会选举董事会，再由董事会聘用经营者，由经营者具体负责企业的生产经营活动。而对那些常年亏损的小企业，则可以干脆实行私有化，即将企业出售给个人，由个人所有和经营。这样做既可以甩掉国家身上的包袱，免得国家继续进行财政补贴；也可以用售卖企业的收入弥补国家财政赤字。此可谓一举两得，何乐而不为呢？

（二）改革的总体设计与具体操作也有相当大的难度

对经济体制系统进行根本改革，绝非像改造一个机器系统那样容易。它需要国家有一个指挥中心，负责整个改革的领导、指挥工作，负责改革的总体设计与具体操作。哪一项改革先出台，出台以后其他改革如何配合，经济体制的某一局部改革以后会引起其他哪些部分乃至整体发生什么变化，局部改革与局部改革之间如何搞好衔接，局部改革怎样顺利地向全局改革过渡，等等，对于这些，国家改革的指挥中心都要心中有数，做到指挥、设计、操作科学化。然而，科学的设计、操作以至指挥都不是凭空产生的，而要靠在实践中努力探索，逐步积累。而且，由于客观条件的限制和人们认识能力的局限，也难免会出现失误，这也会给改革带来一定的曲折。把改革看成涅瓦大街那样笔直、平坦，是不符合实际的。与其想得简单、顺利一些，莫如估计得复杂、困难一些。这会使我们掌握改革的主动权，立于不败之地。

三 重塑国家、企业、个人三者责权利系统的艰巨性

从总体上讲，我国的经济体制改革，就是要改革、调整和完善国家与企业、企业与劳动者个人之间的关系，重塑国家、企业和劳

动者个人三者的责权利系统。

(一) 国家与企业的责权利系统

我国原有经济运行机制的弊端是,国家加入微观经济的运行,不仅扰乱国家与企业责权利关系的界限,而且使国家自身的责权利系统和企业的责权利系统都难以确定和形成。在商品经济条件下,企业作为国民经济的细胞和社会再生产的基本单位,应自主地完成整个经济运行和循环。但在原有经济体制下,由于国家直接加入企业微观经济的运行,就直接造成以下局面:国家把经济运行的权利高度集中于自身,直接干预企业再生产运行,却又不承担企业再生产的责任;企业组织再生产运行,却没有组织再生产的权利和利益。这样,不仅大大弱化了国家管理国民经济、掌握社会再生产运行的职能、责任,而且扼杀了企业适应商品经济发展需要的正常运行机制,使企业完全成为一无责任、二无权力、三无利益的国家行政机构的附属物。故而,在国家与企业的关系上,合理的国家责权利系统、企业责权利系统及其正常关联,都没有形成和确定。

适应商品经济发展的需要,重新塑造合理的国家责权利系统、企业责权利系统,并使这两大系统有机地协调与配合,需要一个较长时期的艰苦的改革过程。

1. 国家与企业之间的利益分配在短时期内难以实现规范化

为了实现国家和企业责权利关系的上述构想,我国经过几年改革实践的探索,选择了承包经营责任制这个过渡形式。

承包经营责任制最大的优越性和特点在于,它使国家和企业之间责任明确,权力适当分开,利益界限清晰,从而开始形成合理的国家责权利系统和企业责权利系统。

但是,承包经营责任制也有致命的弱点和局限性,那就是,国家和企业的责权利是由千差万别的承包合同规定的,它们的利益的实现是通过国家和企业一对一地讨价还价商定的,还是一种不太适应商品经济发展要求的规范化的分配方式。但从目前我国的实际情况来看，要在短时期内通过利益分配方式的一次改革，就实现其合理化、规范化，是不现实的，也是不可能的。多样化的利益分配方式是建立规范化利益分配体制的必要准备和重要前提条件。只有经过多样化的分配方式，才能过渡到规范化的利益分配体制。而这又不是一朝一夕所能办到的，需要有一个由不规范化到规范化的客观发展过程。在这里，只有踏踏实实地去实践才能成功，急于求成是无济于事的。

2. 市场体系要有一个艰难的形成与发育过程

发展社会主义商品经济若没有一个完整的和比较发育的市场体系是不可想象的。社会主义的市场体系，不仅包括消费资料和生产资料的商品市场，而且还包括资金、劳务、信息、技术和房地产等生产要素市场。无论是国家还是企业，其责权利的最终实现都依赖于和决定于产品的实现，而在商品经济条件下，产品的实现又必须经过市场。因此，重新塑造国家和企业责权利系统，还必须建立利和完善社会主义市场体系。除了要建立上述商品市场、生产要素市场，并使之发育起来以外，还要做到以下几点。第一，建立以价格为中心、对市场进行调控的控制系统；第二，确定以产业政策、技术政策、货币政策和财政政策引导企业按国民经济运行总目标正常运行的诱导系统；第三，建立对市场信号反应灵敏，具有自我调节、自我改造、自我发展功能的微观系统。市场体系的建立和发展完善，是实现微观搞活、宏观有效控制的重要中间环节。没有一个发育的开放的市场体系，就不可能建立起"国家调节市场，市场引导企业"的新的经济运行机制，国家和企业的责权利系统也难以正常运行。但是，市场体系的建立、发育与完善，是一个极其复杂的过程。各类市场不可能同步建立，并且它们之间如何协调配合，都需要在今后的实践中逐步探索。

3. 税收制度的规范化也要逐步进行和实现

现在推行的承包制，是通过国家和企业一对一的商讨方式来解决国家与企业之间的利益分配，这是很不规范的利益分配方式。随着商品经济的发展和体制改革的深化，必须解决这个问题。如何解决呢？根本的途径就是，完善税收制度，逐步实现税收制度的规范化。这里包括两层含义：一是税收体系规范化。首先，要在有计划商品经济运行机制的基础上，明确划分国家与企业二者的事权，并根据所承担的事权对企业所创造的税利在国家与企业之间进行合理分配，实现税收合理化。其次，税率的确定，既要考虑国家利益，又要顾及企业的实际负担能力，力求做到同类行业、同类企业税赋平等。最后，为了避免税收多变导致税收杠杆对经济运行调节作用的失灵或弱化，提高企业对税收的能见度和适应性，有必要使税收制度相对稳定化。二是征税体系规范化。目前我国税制的一大弱点是征税和管理的体系不健全，漏洞很多，仅仅靠突击性的税收大检查是难以堵塞漏洞的。可见，建立健全征税管理税体系，使之合理化、规范化，实乃实现国家与企业利益分配方式规范化之必要步骤。

（二）企业与劳动者个人的责权利系统

企业内部领导体制的改革及企业内部层层落实承包经营责任制，已使企业内部责权利关系开始清晰、明朗化，正在逐步形成新的责权利系统。企业在承包中实行厂长（经理）负责制，厂长（经理）由职工民主选举产生或在承包招标中产生，企业是法人，厂长（经理）是法人代表。他们独立地行使经营管理权力，承担相应的经济责任，并获取一定的独立的经济利益。由于这种新型责权利关系的产生，就把企业领导人与一般职工的利益既统一起来又相区别，使企业领导人相比于一般职工，与企业的生产经营成果有更大的责权利关系，因而能够极大地增强企业领导人全面关心和搞好企业生产经营的责任感与积极性，使无能的企业领导人被淘汰，让位于合格的企业家，为企业家的成长提供一个良好的条件与机制。企业内部劳动制度的改革，允许劳动者有择业的自由与合理流动的权利，把竞争的机制引入劳动者队伍中来，这就可以充分调动每个职工在机会均等的条件下开展合理竞争，激励劳动者的进取性和创造精神，促进生产的发展。同时，在企业内部建立健全岗位责任制，实行岗位承包和任期目标责任制等，把职工的收入同其生产经营成果密切联系起来，贯彻多劳多得的原则，使职工的收入和奖金都拉开档次，这就有效地打破了旧体制下平均主义、"吃大锅饭"的局面，产生了新的利益分配机制，为微观经济的合理运行提供了良好的条件。

(发表于《吉林大学社会科学学报》1988年第5期)

把企业推向市场的必要性、难点及对策

党中央和国务院提出,把企业推向市场,是我国1992年经济改革的重点,也是企业改革的核心。在治理整顿、深化改革行进到现阶段,为什么必须把企业推向市场?把企业推向市场的难点在什么地方?应采取哪些对策,攻破难关,更有效地把企业推向市场?这些都是值得认真探讨并做出科学回答的问题。

一 把企业推向市场:必要性分析

把企业推向市场,党中央和国务院的这个决策是非常正确、非常及时的。它十分适合我国目前的社会经济状况,也符合全国人民的根本利益要求与愿望。目前我国治理整顿任务基本完成,通货膨胀得到抑制,市场繁荣,物价平稳,经济回升,政治稳定,社会安定,人民生活明显改善,具备了实施把企业推向市场这样大步改革的宽松的政治环境。

所谓把企业推向市场,实质上就是让企业的生产经营活动由市场来调节。具体来说就是企业的人、财、物和产、供、销都由市场机制来调节。企业生产经营必需的劳动力,要由劳动力市场来提供与调节;企业生产经营所需要的资金,要由资金市场来提供与调节;企业生产经营所需要的生产资料,要由生产资料市场来提供与调节;企业生产的产品要通过市场来销售,实现其价值;企业产品的价格要由市场来决定与调节。总之,企业的优胜劣汰,要由市竞争来决定与调节。这里讲的市场调节，并不完全是自发调节，而是国家计划指导下的市场调节。

把企业推向市场，并非要把全部国有企业统统推向市场。目前，我国国有企业大体上有三类：一是竞争性企业，二是政策垄断企业，三是自然垄断企业。我认为，把企业推向市场，主要是指那些竞争性企业。经过十多年的改革，部分竞争性企业已开始进入市场，但相当大一部分企业受承包制的束缚，处于半依赖政府半进入市场的"两难"状态。对于那些政策垄断企业，首先要取消种种政策垄断性，破除国家对这类企业的种种特殊的"保护主义"。只有这样，才有可能把它们推向市场。对于那些具有自然性垄断的国有企业，是不宜完全推向市场的。因为它们完全进入市场，会造成国家对宏观经济的失控。但它们的生产经营也要面向市场，适应市场需求的变化。

我国的经济体制改革行进到现阶段，之所以必须把企业推向市场，其主要原因在于以下方面。

第一，把企业推向市场，是我国市场取向改革的必由之路。我国传统体制的最大弊端就是排斥市场机制，否定价值规律的作用。经济体制改革的一个重要目标和任务，就是引进市场机制，扩大市场调节在经济运行中的作用。从这个意义上说，我国的经济体制改革以市场为取向，是无可非议的。这不是由哪个人的主观意志决定的，而是由我国社会主义经济的特殊性质所规定的。我国社会主义经济是公有制基础上的有计划商品经济。经济体制的改革，必须以它为客观依据，必须符合它发展的客观要求。社会主义有计划商品经济就是计划指导下的市场导向型经济，也就是计划经济与市场调节相结合的经济形式。这种经济形式的正常运行与发展，要求企业必须进入市场，成为规范的市场主体，开展平等的市场竞争。这是个必要条件，不具备这个条件，社会主义有计划商品经济就无法正常运行，更谈不上发展。这里需要强调指出，市场取向改革不等同于市场化改革。市场化改革是不符合社会主义经济性质要求，与社会主义有计划商品经济发展要求相悖的。市场化改革的目标与任务是建立无计划的自由市场经济，说穿了与私有化是异曲同工，或者说是"曲线"私有化。而市场取向改革是将市场机制与市场调节纳入计划经济运行轨道，实现计划经济与市场调节的有机结合。它是体制与运行机制的改革，不同于市场化取向改革的根本经济制度的改革。因此，以为把企业推向市场，就是市场化改革，建立完全自由的市场经济，是十分错误的。但也不能由此而否认把企业指向市场是我国市场取向改革的前进与深化。

第二，把企业推向市场，是把企业真正塑造成自主经营、自负盈亏的独立商品生产者和经营者的客观要求。在我国原有经济体制下，企业远离市场，是政府机构的附属物，其人、财、物和产、供、销，均由国家控制。厂长（经理）由国家直接委派，资金由国家拨付，生产物资由国家调拨，生产方向和生产计划由国家规定，供、销活动也由国家包办。总之，企业盈亏由国家统负，企业根本不问其产品市场需要与否，只顾为国家计划生产。这是原有经济体制的一个重大弊端，改革就是要革除这个弊端，使企业由政府机构的附属物变成自主经营、自负盈亏的独立的商品生产者和经营者。为此目的，国家必须克服"父爱主义"，将企业从怀中放下来，把它推向充满竞争的市场。只有企业摆脱了政府机构附属物的地位，真正进入了市场，依据市场的需要变化来灵活地进行生产经营决策，才有可能具有独立的自身利益，从而成为自负盈亏的经济实体。由于企业在原有体制下生活惯了，依赖性很强，不愿或者说不会自行进入市场，也十分惧怕充满惊涛骇浪的市场，所以必须由国家采取各种强有力的措施来"推"。十多年来，改革实践证明，国家不"推"，企业是不会自然而然地进入市场的。而企业不进入市场，也就不可能成为真正自主经营、自负盈亏的独立商品生产者和经营者，社会主义新经济体制的微观基础也就无法构造。由此可见，能否把企业推向市场并不是一件可有可无、可做可不做的小事，而是直接关系到社会主义新经济体制能否建立、改革能否成功的大问题。在现实经济生活中，一些地方政府不是把企业推向市场，"逼"向商品经济大海，而是把企业往自己怀里拉，怕它破产和倒闭，施以种种保护措施。这是与我国企业改革的方向与目标严重相悖的，应尽快扭转和克服。

第三，把企业推向市场，是实现政企职责分开，对宏观经济进行间接调控的必要条件。把企业推向市场，会使企业丧失惰性和依赖性，逼迫它到激烈的市场竞争中求生存、图发展，可以大大增强其自立能力与独立性。各个企业都依据市场需求的变化，自主地进行生产经营决策，生产的产品都要拿到市场上来检验，谁优谁劣，市场会做出公正的裁决。大家同在市场上开展公平的竞争，都为实现自身利益的最大化而努力，这就难免使市场秩序出现紊乱，使社会资源配置出现无序性。在这种情况下，国家再也无法像原有体制下那样直接用行政手段和指令性计划去干预和控制企业的生产经营行为，以此来抑制和消除市场的混乱与资源配置的无序性，而只能主要依靠经济政策和经济杠杆，向市场输出或发布种种体现国家发展经济战略意图的信号，调节和诱导企业生产经营行为，以调整市场规则与行为，实现市场供需平衡与资源的合理有效配置。所以说，要改革旧的国家直接管理企业的体制模式，建立起国家直接面向市场、调节市场、通过调控市场来间接管理企业的体制模式，必须把企业完全推入市场。这是一个必要的前提条件，没有这个前提条件，国家对宏观经济的有效间接调控的经济体制模式就不可能真正建立起来。

第四，把企业推向市场，也是增强企业活力、提高经济效率、巩固社会主义制度的迫切需要。当前，我国国有企业尤其是大中型企业缺乏应有的生机与活力，亏损增加，效率下降。这已不是一个单纯的经济问题了，它已经影响到社会主义制度的巩固与发展。如果任其发展下去，社会主义制度的经济基础将受到严重的损害，在国际敌对势力的"和平演变"局势面前，就会处于不利的地位，甚至吃败仗。所以，提高企业经济效率，增强企业活力，已经成为巩固社会主义制度、反对"和平演变"的迫切需要。而我国经济体制改革发展到今天，提高企业经济效率、增强企业活力，唯一正确的选择，就是把企业推向市场。对此，《中共中央关于经济体制改革的决定》早就明确指出："具有中国特色的社会主义，首先应该是企业有充分活力的社会主义。而现行经济体制的种种弊端，恰恰集中表现为企业缺乏应有的活力。所以，增强企业活力，特别是增强全民所有制的大、中型企业的活力，是以城市为重点的整个经济体制改革的中心环节。"实践证明：把企业真正推向市场之日，就是企业增强活力、提高经济效率之时。

综上可见，把企业推向市场，已不是一项权宜之计，而是实现我国经济体制由旧体制向新体制加速转换，尽快走出双重体制胶着摩擦局面的一个重大战略决策。它不仅适应社会主义有计划商品经济迅速发展的需要，而且符合经济体制改革有序、渐进规律的客观要求。因此，它是完全可以实现的。

二 把企业推向市场：理论难点与实践难点

把企业推向市场，既是一个重大的理论问题，也是一个迫切需要解决的实践课题。因此，需要从理论与实践的结合上加以研究和探讨。

把企业推向市场，是一次深刻的社会变革。它不仅直接涉及我国企业管理制度的创新与改革，而且标志着我国社会主义经济运行机制的根本性转变；不仅需要培育和完善社会主义市场体系，提高社会主义市场的发育程度，而且还要建立健全社会主义的宏观调控体系，提高国家的宏观调控能力与水平。可以说，这是企业—市场—国家三位一体的立体式综合配套改革的大推进。因此，把企业推向市场，绝不是一件很简单的事情，而是一项需要在理论与实践上都有重大突破的艰难的系统工程。

（一）在理论上有以下难点需要突破

第一，"两权相对分离论"或"两权适度分离论"。这种理论一直被认为是马克思的思想，是社会主义政治经济学理论的一个重大突破，并为国家政策所采纳，作为全民所有制经济实行承包制改革的理论依据。其实，这是一个重大的误解。目前的所有权与经营权的相对分离，与马克思讲的"两权分离"并不相同。马克思讲了两种意义上的"两权分离"：一是法律所有权与经济所有权的分离。马克思在分析借贷资本利息时指出："这种形态之所以必然产生，是由于资本的法律上的所有权同它的经济上的所有权分离，由于一部分利润在利息的名义上被完全离开生产过程的资本自身或资本所有者所占有。"① 在谈到资本的所有者和资本的使用者的关系时更明确地指出："他们实际上是伙伴：一个是法律上的资本所有者，另一个，当他使用资本的时候，是经济上的资本所有者。"② 由上可见，资本贷出者掌握法律所有权，资本使用者（或贷入者）掌握经济所有权。后者凭借经济所有权从事生产经营获取平均利润，然后将平均利润的一部分以利息的形式支付给法律所有权的掌握者——借贷资本家。在一定时期内，法律所有权与经济所有权是完全分离的，而不是"相对"的或"适当"分离的。所以，现行承包制所依据的绝不是马克思讲的这种意义的"两权分离"。二是所有权与经营权的分离，即生产资料所有权与生产资料的占有权、支配权、使用权的分离。马克思在谈到股份经济时，分析了这种意义上的"两权分离"，"资本主义生产本身已经使那种完全同资本所有权分离的指挥劳动比比皆是。因此，这种指挥劳动就无须资本家亲自担任了。一个乐队指挥完全不必就是乐队的乐器的所有者。"③ 恩格斯也指出："股份企业，一般地说也有一种趋势，就是使这种管理劳动作为一种职能越来越同自我资本或借入资本的资本所有权相分离。"④ 由上可见，股份制条件下的所有权与经营权的分离是"完全"分离，即股东——所有者，掌握资本所有权；经理——资本使用者，掌握经营管理权。经理不是股东，经营者不是所有者，所有者更不是经营者。现行的承包制把这种意义上的"两权分离"解释

---

① 《马克思恩格斯全集》第二十六卷，人民出版社1974年版，第511页。
② 《马克思恩格斯全集》第二十六卷，人民出版社1974年版，第565页。
③ 《马克思恩格斯全集》第二十五卷，人民出版社1974年版，第435页。
④ 《马克思恩格斯全集》第二十五卷，人民出版社1974年版，第436页。

为"相对"或"适当"分离,并作为理论基础和理论依据,显然是不妥当的。马克思从来没有讲过"两权"的所谓"相对"或"适度"的分离,要么"两权合一",要么"两权"完全分开。"相对分离"在理论上是含混不清的,分离度难以界定。它是"两权"关系的一种理想状态,在实践中也难以做到。"相对"和"适度"分离论者认为,所有权是不能"分"的,能分的只是"经营权",承包制就是在国家保持所有权的前提下,与企业分割经营权。这种理论看起来似乎有理,实际上根本做不到。说所有权是不可分割的,这是正确的。但哪些经营权归国家?哪些经营权交给企业?理论上说不清,实践中谁也界定不了。实行承包制这些年,始终没有走出"放权—收权"的怪圈,放权—乱,收权—死。实践已证明:"相对"分离等于不分离。在"相对"分离的格局下,企业永远也不会成为真正自主经营、自负盈亏的独立的经济实体。因为,有一大块经营权在国家手里,企业无法完全进入市场,进行自主的决策。我认为,要真正把企业推向市场,变成自主经营、自负盈亏的独立的商品生产者和经营者,必须突破所谓的"两权相对分离论"或"两权适度分离论",实行以"两权完全分开论"为基础的股份制,具体思路如图 1 所示。

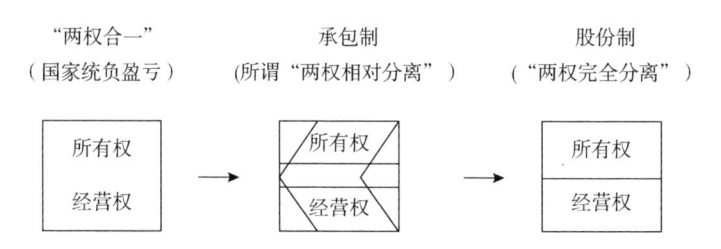

"两权合一" (国家统负盈亏)	承包制 (所谓"两权相对分离")	股份制 ("两权完全分开")
所有权 经营权	所有权／经营权	所有权 经营权

图 1 全民所有制内部"两权"关系

由图 1 可见:"两权合一",所有权代替经营权,国家直接管理企业,企业不能进入市场;企业根本没有自身独立的经济利益,纯属政府机构的附属物。承包制,所有权与经营权虽有部分分离,但相当部分重叠、结合与拧结在一起,并且分离多少为适度,难以界定;企业只能一只眼睛向市场,另一只眼睛盯着政府,不能完全自主地进入市场。股份制，所有权全掌握在国家手里，经营权全部交给企业，企业成为真正自主经营、自负盈亏的独立经济实体，可以自主地进入市场。

无论在任何条件下，所有权与经营权都会有一定联系或关系。所有权要通过经营权来实现，经营权要为所有权服务。股份制就是充分体现二者关系的典型形式，也是实现把企业推向市场的一种最有效的企业制度。因此，应积极创造条件，逐步使承包制过渡到股份制。当然，实行股份制并不等于股份化。

第二，"国家两种职能不可分论"。任何国家都有其社会经济管理的职能，社会主义的中国也不例外。由于我们社会主义中国的全民所有制在现阶段还采取国有制的形式，所以国家还具有所有者的职能。管理者的职能与所有者的职能能不能分开？要不要分开？学术界一直存在着分歧。有的同志认为，这两种职能在我国是有机结合的，不能分开，也不宜分开。在这种理论的支配与指导下，国家的两种职能长期混淆和互相替代。在制定政策时，有时以所有者的职能取代政权职能，有时又以政权的职能包揽所有者的职能。反映在处理国家与企业的分配关系上，或以利代税，或以税代利，致使国家的分配关系难以理顺。利改税，实行税利合一的体制，就是这种"不可分论"的典型表现形式。实际上，顺应商品经济发展的要求，适应社会化大生产发展的需要，国家的上述两种职能必须分开，并且也是可以分开的。国家作为社会经济管理者，它要以强制手段，以固定的税率，无偿地向企业征税，用于保证政权的巩固和社会公共需要；国家作为生产资料所有者，要依据企业的盈利状况，直接参与企业的利润分配。两种不同的职能代表不同的经济利益，不能混淆，不能合二为一，更不能互相代替。国家的两种职能混杂在一起，没有一个明确的分工，互相扯皮，哪一种职能也行使不好。两种职能分开，具体来说，就是将国家的所有者职能分离出来，成立国有资产管理局，专门行使所有者的职能，这样国家可以集中精力行使管理者的职能。两种职能明确分开，各尽其责，各取其利，各为其用，相互协调，有机结合，既能强化国家对社会经济秩序的管理与规范，又能保证国家与企业之间的分配关系合理化、科学化。当前，我国实行的税利分流，就是适应国家上述两种职能分开的要求的，它大大有助于推动企业进入市场。

（二）把企业推向市场，不仅在理论上要突破上述两大难题，而且在实践操作上也要解决以下几个难题

第一，政府机构不推或不愿推。各级政府机构是把企业推向市场的主体，它不推或不愿推，大部分企业是不会自动走向市场的。因为这些企业在传统体制下生活惯了，养成了一种惰性，又缺乏自主能力，害怕竞争，惧怕风险，不敢下"海"，政府机构为什么不敢或不愿推呢？这恐怕是有多种原因的。首先，"父爱主义"。在传统体制下，国家对企业长期施行保护主义，像父亲疼爱孩子一样抱在怀里。现在改革了，要把它放到充满惊涛骇浪的商品经济的大海中去，怕它垮台，怕它被大海"吞"没。可以说，政府机构严重的"父爱主义"是把企业推向市场的一大阻力和障碍，也是企业不能破产，产业结构难以调整、优化的一个重要原因。其次，利益受损。政府机构直接管理企业，不是白管的，而是具有较大的物质利益的。把企业推向市场以后，政府机构就失去了直接管理企业的机会，这些利益自然也就损失了。最后，面临机构撤销和改行、失业。把企业推向市场以后，企业不再依赖于政府，政府机构也用不着去管理企业生产经营活动了。这样，现行政府机构的相当一部分就成为多余的，迟早要撤销。政府机构中的干部和工作人员就面临着改行、转业乃至失业的危险。这对长期在产品经济、自然经济中从事领导工作的政府工作人员，也是一个严峻的考验和挑战，不是人人都能心甘情愿接受的。这恐怕是一些政府机构不愿把企业推向市场的一个重要因素。

第二，把企业推向市场以后，如何管好经济，对国家来说更难了。把企业推向市场以后，是不是就对企业不管了呢？不是的。原来的管法不行了，要采用新的方法。企业进入市场，变成独立的经济实体后，它就产生了一种对国家的"离异性"，它首先考虑的不再是国家利益，而是本企业的生存与发展，是企业自身的本位利益，它要在激烈的竞争中追求自身利益的最大化，具有一种不服管的本位利益刚性。强制性的行政手段、指令性计划不能再用了，间接的经济手段又无实质性的约束力，这就给国家对企业的管理带来极大的困难。正确的选择，应当是尽快启动"国家调节市场，市场引导企业"的新机制。因为这个机制是国家间接管理企业运行的有效机制。国家不必再具体规定企业的发展规模、发展水平和活动方向，可以根据社会经济发展的需要，对价格、利率、汇率、工资、信贷、投资等市场机制进行调整与调节，使国家发展经济的战略意图通过市场机制信号传导给企业。企业则根据市场机制信号变化来进行生产经营活动，这样就能使企业的经济发展目标同国家发展经济的战略意图相吻合，从而保证国家宏观经济发展战略的实现。前一个时期，人们由于种种原因对"国家调节市场，市场引导企业"这个新机制产生的种种疑虑和责难，现在该是消除的时候了。因为在把企业推向市场以后，国家要对企业进行间接管理，对整个经济进行有效调校，除了启用这个机制，已别无其他更好的选择了。

三 把企业推向市场：对策建议

把企业推向市场，是改革深化的必由之路，也是我国改革发展的一个大趋势。为了保证把企业推向市场这一仗打胜，需要上下一致，各方配合，采取一系列行之有效的对策。

首先，思想要先行。首先要进一步解放思想，打消和清除阻碍把企业推向市场的种种疑虑，突破束缚把企业推向市场的种种旧观念、旧理论、旧框架，树立社会主义商品经济新观念，树立市场观念。要像邓小平同志在深圳特区考察时所强调那样：要进一步解放思想，胆子更大一些，加快改革步伐。把企业推向市场，实际上把捆着的企业的手脚放开。只有领导者的思想解放了，理论上突破了旧框架，才能积极去推动企业进入市场。因此，思想解放，理论放开，是把企业推向市场的必要条件。

其次，转换企业经营机制，迫使企业自动进入市场。企业经营机制不转换，还是老一套，工资制度上是"铁饭碗"，人事制度（包括技术干部和行政干部制度）上是"铁交椅"，分配制度上是"大锅饭"，没有差别，没有竞争，没有激励，不适应商品经济发展的要求，更不会有走向市场的愿望与要求。所以，改革企业工资制度，实行多劳多得，拉开收入差距和档次，打破分配上的平均主义和"大锅饭"，就会激发起职工的劳动热忱与积极性。企业内部精简机构，实行人员流动与优化组合，打破干部和技术人员的"铁交椅"，有利于充分调动干部和技术人员的积极性。只要企业按照商品经济的原则要求，将经营机制加以转换，使企业真正成为自主经营、自负盈亏的独立的商品生产者和经营者，它就会自动进入市场。可见，企业内部经营机制的转换，乃是企业进入市场的一个内在动力。这种内在动力越足，即或国家的外在推力弱一些，也会加速进入市场的。当然，国家的外在推力也是重要的、不可轻视的。

再次，完善市场体系，整顿市场秩序，提高市场发育程度，为企业进入市场提供一个良好的环境与条件。目前，我国市场体系不完善，市场秩序混乱，市场发育程度低，这是把企业推向市场的严重阻碍，也是企业不愿意进入市场的重要因素。要素市场不完善，企业就无法从市场上购买生产经营所必需的生产要素；市场价格不合理，企业之间就难以开展公平竞争；资金市场或技术市场不发育，都会影响企业之间的资金融通或技术交流；市场组织不健全，也会妨碍企业之间的正常交易；市场法规有缺欠，就会给一些企业投机倒把、搞非法交易、大发不义之财提供便利。所以，为了加快企业进入市场的步伐，必须整治市场，改善市场环境，提高市场的发育程度。

最后，构建社会保障体系。这是为企业进入市场提供可靠的保证。企业进入市场后，要为获取最大限度的利润而展开激烈的竞争，优胜劣汰是竞争规律作用的一个必然结果。企业破产，被竞争所淘汰，职工就要失业。职工失业后，工资和福利待遇丧失了，生活就无保障。所以，设立社会失业救济基金，构造社会保障体系，为破产企业解除后顾之忧，可以更快地促使企业进入市场。

（本文发表于《吉林大学社会科学学报》1992年第5期）

"国家调节市场，市场引导企业"机制再考察

四年前，笔者曾对党的十三大提出的"国家调节市场，市场引导企业"新机制进行过较系统的理论考察[①]，明确提出"国家调节市场，市场引导企业"是社会主义有计划商品经济运行机制的目标模式。经过三年多的治理整顿，中国的经济发生了巨大的变化。尤其是在邓小平南方谈话之后，中国迎来了改革开放和经济发展的又一个高潮。如果说党的十三大将社会主义市场经济概括为公有制基础上的有计划商品经济是对社会主义经济性质认识上的一个重大突破，那么党的十四大将社会主义有计划商品经济进一步上升为社会主义市场经济，就是对社会主义经济性质认识的一个科学飞跃，是对社会主义经济学理论的重大发展。

既然中国的经济已成为社会主义的市场经济，那么其运行机制是什么？"国家调节市场，市场引导企业"这个机制是否还存在和发挥作用？其发挥作用的条件及机理是什么？影响这个机制启动、发挥作用的因素有哪些？怎样才能使这个机制更健全、更完善，以保证社会主义市场经济健康有序地运行、稳定协调地增长？从理论与实践的结合上回答这些问题，就必须对"国家调节市场，市场引导企业"这个新机制进行再考察。

---

① 潘石：《对"国家调节市场，市场引导企业"新机制的若干理论考察》，《经济学家》1989年第3期。

一 治理整顿中的偏差：对"国家调节市场，市场引导企业"的否定

1988年，在党的十三大精神鼓舞下，我国改革开放迈开大步。这一年，我国的经济体制改革试图"闯关"，施行价格全面放开，由直接调控为主转向间接调控为主，"国家调节市场，市场引导企业"的新机制开始启动，旧体制开始向新体制转轨。这种改革取向是正确的。问题是在具体操作及实施过程中，操之过急了一点，企图"毕其功于一役"，结果引发了1988年夏季的抢购和挤兑风潮。在这种背景下提出并实施的治理整顿，本身就是一把双刃剑：一方面针对经济"过热"所带来的社会经济秩序紊乱，总量失控与结构失衡，避免了我国经济陷入严重的经济危机；另一方面，由于骤然紧缩，尤其是长达三年多时间大量采取行政手段来保证"双紧"方针的贯彻执行，使"国家调节市场，市场引导企业"新机制也被"砍"掉了。所以，今天看来，1988年在特定背景下开始的治理整顿虽然其积极作用是主要的，但其本身也隐含着排斥"国家调节市场，市场引导企业"新机制，向旧体制复归的因素。

1989年经济领域的"反自由化""运动"，又进一步加剧了以行政手段为主的集权型旧体制的回潮与复归，"国家调节市场，市场引导企业"新机制公开被否定。1990年却不同。反资产阶级自由化斗争不适当地扩大到经济领域，甚至把经济领域作为反自由化的主战场，并把它与治理整顿的种种政策和措施结合起来，这就不可避免地将一些改革成果、新体制因素作为"经济自由化"而予以排斥、否定或干脆"治理"掉。从"有计划商品经济"回归到"计划经济"，绝非仅仅是提法的变化，实际上在深层次上蕴含着由社会主义有计划商品经济新机制向传统的中央集权型的计划经济体制复归。当时，有的同志甚至公开讲话否定"国家调节市场，市场引导企业"这个新机制，并代之以具有浓重传统计划经济体制色彩

的运行机制,即"计划经济与市场调节相结合"。且不说这个机制提法本身包含着种种无法解释的矛盾,被人称为经济学领域的"哥德巴赫猜想",单就其把社会主义经济的实际运行拉向强化中央直接调控为主,把已下放给企业的权力大量上收,造成市场疲软、企业不能破产、产业结构无法优化、经济严重衰退这些实际后果来看,也就足以证明它对"国家调节市场,市场引导企业"新机制的取代是一种失误,非但没有使改革进一步深化,反而是向旧体制的大步回归。从理论上说,无论怎样考察,都不难发现它是"计划经济为主,市场调节为辅"的翻板,是一种理论倒退。是邓小平南方谈话廓清了理论上的迷雾,拨正了改革的航向。他明确指出:计划经济不等于社会主义,资本主义也有计划;市场经济不等于资本主义,社会主义也有市场。计划多一点还是市场多一点,不是社会主义与资本主义的本质区别。这就把计划与市场的理论推向了一个新的阶段,为建立社会主义市场经济体制提供了科学基础和依据,从而使"国家调节市场,市场引导企业"的新机制得以重新运行。

二 "国家调节市场,市场引导企业"是市场经济运行机制模式

有商品经济就必须有市场,但有市场并不一定是市场经济。市场经济是商品经济发展到一定阶段的产物。它是以市场作为资源配置的基本方式,经济运行以市场为轴心的一种经济形式。以往,人们常常将市场经济与资本主义等同起来,以为市场经济为资本主义所特有,其实不然。市场经济、计划经济都不具有基本社会制度属性,正如商品经济可以在不同社会制度下存在与发展一样。我国的市场经济,就是社会主义制度下的新型市场经济,新就新在它建立在生产资料社会主义公有制基础上,是有计划商品经济发展的新阶段,是一种与社会化大生产相适应的现代商品经济形态。

调节社会主义市场经济运行的机制模式是什么？我认为，就是"国家调节市场，市场引导企业"。其根本理由主要有以下几点。

第一，这个机制模式是宏观经济间接调控机制模式，符合市场经济体制的要求。计划经济体制与市场经济体制是两种截然不同的经济体制模式。计划经济体制是政企合一的高度集权的体制。在这种体制下，企业是政府机构的附属物，国家对企业下达指令性计划，通过计划直接管理企业，整个经济的运行靠国家计划支配与调节。这种直接计划调节机制模式使企业没有自身独立利益，缺乏自主性，丧失了前进的内在激励与动力，窒息了企业的生机与活力。而市场经济体制是政企完全分开、国家与企业分权的体制。在这种体制下，企业成为独立的商品生产者与经营者，国家不向企业下达任何指令性计划，也不直接管理企业任何经济活动，而是直接面向市场，运用经济政策和经济杠杆调节市场供求关系、价格变动等，并向市场传输国家经济发展战略意图，诱导企业实现国家的经济发展战略目标。目前我国经济体制正在由计划经济体制向市场经济体制过渡，所以经济运行机制模式也必须由单纯的计划机制模式转变为"国家调节市场，市场引导企业"机制模式。这是实行市场经济的根本要求和必然走势。

第二，这个运行机制模式是一个双向调节循环流程，与市场经济运行的轨迹是相一致、相吻合的。这个运行机制模式以企业为基础，以市场为中介，以国家为调控主体，沿着企业—市场—国家与国家—市场—企业的轨迹运行，构成了国家—市场—企业三位一体的双向循环流程，如图1所示。

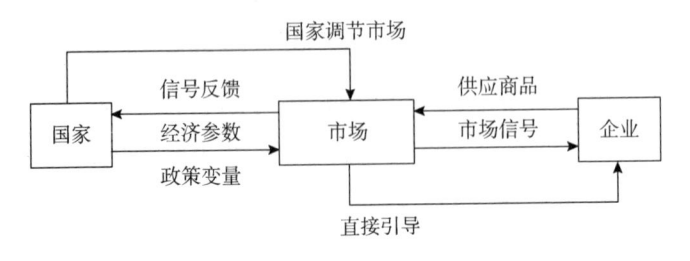

图1 "国家调节市场，市场引导企业"运行机制

从这个动态的运行机制可以清晰地看出，企业是市场经济的主体，它每时每刻都要以独立的商品生产者与经营者的身份进入市场，参与市场活动。一方面，它要接受市场信号的引导，进行生产经营决策，购买各种生产要素；另一方面，它依据市场的要求，生产出各种各样的产品供应给市场。由上可见，企业以其自身的需求与供给调节着市场。企业需求多少及需求什么，决定并调节市场需求总量及需求结构；企业生产多少及生产什么，决定并调节市场供给总量及供给结构。市场供求关系的变化以及由它引起的市场价格变化，必然要反馈到国家。国家对信息反馈及时做出反应，调整政策变量及经济参数，再开始新一轮的调节市场过程。如此循环往复，不断地调节市场经济健康运行。当然，每一个循环流程都不是上一个循环流程的简单重复，不仅在形式上，而且在内容上都有新的表现与特征。所以，"国家调节市场，市场引导企业"这个新机制是能够保障社会主义市场经济有序运行、健康增长的现实有效机制，这是其他机制不能比拟和替代的。

第三，这个运行机制突出了市场在社会资源配置中的枢纽和主轴作用，更符合市场经济运行规律的本质要求。社会资源的配置基本有两种方式，一是计划配置，二是市场配置。在过去的四十多年里，我国实行计划经济体制，主要依靠计划来配置社会资源，在工业化初期曾起过一定的积极作用。但随着工业化的发展和生产社会化程度的提高，这种资源配置方式已经不适应客观需要了。实践告诉我们：在社会主义社会，资源的配置必须转到以市场为枢纽和主轴的轨道上来市场配置资源，就是通过市场需求和供给的变动引起市场价格的变动来实现。市场价格上升，生产这种商品有利可图，资源就往这种商品上流动；市场价格下跌，生产这种商品无利可图，资源就要从这种商品生产中流出来，流到有利可图的商品生产领域。这种市场配置资源的过程，就是价值规律自动调节社会资源或社会劳动量在各个部门或各种商品生产领域自由流动的过程。市场引导企业，严格说来，就是市场在各企业之间进行资源有效配置。国家调节市场，就是国家通过市场机制来合理配置资源，以保证市场总需求与总供给大体平衡。这个机制模式以市场为轴心和枢纽来配置社会资源，能更有效地促进社会资源的优化配置与合理使用，促进产业结构合理化，推动国民经济各部门协调增长。

第四，这个运行机制强调了国家对市场的调控作用，可避免出现资本主义市场经济那样的严重盲目性和周期性的市场震荡。我国实行的市场经济，绝不是完全自由放任的古典市场经济，而是有国家计划指导、有宏观调控的现代市场经济。计划的正确指导，有效的宏观调控，可以弥补市场经济的缺陷。连西方学者都认为，市场经济不是万能的，它本身也有缺陷和局限性。市场在配置资源过程中，容易造成竞争的盲目性、逐利的近期性、分配的无序性和收入悬殊性，而这些缺陷在资本主义私有制作用下，不仅得不到抑制和消除，反而会更加加剧和强化，达到一定程度便会引起经济危机，使市场出现激烈震荡。在社会主义市场经济中，启用"国家调节市场，市场引导企业"这个运行机制，无疑会通过"国家调节市场"这一重要环节，充分发挥公有制经济在市场竞争中的主导作用，减少或抑制竞争的盲目性、收入的悬殊性，增加分配的有序性和逐利的长期性，消除市场的激烈震荡，增加经济运行的稳定性与协调性。

综上所述，可见"国家调节市场，市场引导企业"新机制，是适合社会主义市场经济健康运行的有效机制，是国家从全社会规模上自觉运用价值规律，组织与管理国民经济的好形式。所以，发展我国的市场经济，启用这个新机制无疑是一个正确的选择。

三 关于国家调节市场的方式问题

对市场调节，"要以间接调节为主，直接调节为辅"[①]，现在我仍坚持这种主张。但我认为有必要运用市场经济理论对直接调节方

---

① 潘石：《对"国家调节市场，市场引导企业"新机制的若干理论考察》，《经济学家》1989年第3期。

式和间接调节方式问题进行深入的分析和论证。

在市场经济条件下,国家作为市场的调节主体或调节者,必须站在市场之外,以"裁判"的身份对市场上各个竞争者进行公正的"评判",合理地协调他们之间的关系。如果国家本身也作为市场主体直接进入市场,那就如同"裁判"下场参加比赛一样,必然扰乱市场竞争秩序,破坏市场运行规则。因此,国家对市场的调节,无论是直接调节还是间接调节,都不允许国家政府机构直接进入市场。这是市场经济的基本要求,否定或破坏这个要求,那就谈不上市场经济。

国家要站在市场之外或之上,充当公正的"裁判",必须实现管理者与所有者的职能分离。任何国家都具有经济与社会的管理者的职能,但并非任何国家都必须具备所有者的职能。国家充当生产资料的所有者,是生产资料国有化的产物。在我国传统的计划经济体制中,这两种职能是结合在一起的,即国家既充当经济社会活动的管理者,又行使生产资料所有者的职能,两种职能长期混淆和互相替代,结果互相牵扯,哪一种职能也没发挥好。实行市场经济体制,更要强化国家对宏观经济的有效调控。为此,必须将所有者职能与管理者职能分开,即国家集中精力充当管理者,全力以赴发挥好管理者的职能作用,而将所有者职能交由国家资产管理公司去承担。国有资产交由国有资产管理公司去组织营运、管理,负责保值增值。

实现国家对市场经济的间接调节,必须采用两个层次的调节。一是市场经济运行的自我调节、自动调节。这种调节是依靠市场机制的作用来进行和实现的。市场机制是指市场机体内的供求、价格、竞争、风险、工资、利率等要素之间互相联系、互为因果的联结关系及作用机理。它主要包括供求机制、价格机制、竞争机制、风险机制、工资机制和利率机制等,这些机制彼此不是孤立的,而是互相制约、互相作用的。尽管它们各有自己的运行轨道,呈现复杂交织的状态,但上述市场机制在运行上仍可分为两个层次,即一般市场机制运行和特殊的市场机制运行。所谓一般市场机制运行，主要是指在所有市场上供求机制、价格机制、竞争机制、风险机制这四种机制的运行过程。在商品市场上，供求机制发挥作用或运行过程中，表现为商品供求机制；在金融市场上，供求机制在发挥作用或运行过程中，表现为资金供求机制；在劳动力市场上，供求机制表现为劳动力的供求机制。同样，价格机制、竞争机制和风险机制也分别在商品市场、金融市场、劳动力市场上运行和发挥作用，表现为具体的价格机制、竞争机制和风险机制。所谓特殊的市场机制运行，就是指各类市场上特有的并独特起作用的市场机制运行过程。它主要包括金融市场的利率机制、外汇市场上的汇率机制和劳动力市场上的工资机制的运行过程。这两个层次不是截然分开的，而是互相联系、互相结合的。一般市场机制运行，不仅是特殊市场机制运行的基础，而且寓含在特殊市场机制之中。例如，工资机制的运行要受劳动力供求、价格、劳动力市场上的竞争以及风险等机制的制约、影响或决定。市场机制运行的基本职能和作用，就是调节社会资源在各个企业和各个部门之间的合理流动与分配，促进产业结构合理化，实现市场主体的利益最大化。这种市场调节一般来说是事后调节，是短期（或近期）利益的调节，而不能进行事前调节和长远利益的调节，这是市场调节本身所固有的局限和缺陷。为了弥补市场调节的缺欠和局限性，还必须有市场调节以外的调节。二是国家对市场的计划调节。这种调节是国家依据预期计划目标，对市场运行过程进行自觉的计划导向。它把市场运行同国家经济发展长远目标有机地结合起来，是一种事前自觉的行为，也是一种超前的调节行为。国家调节市场的全部过程，包括它所运用的各种手段（经济手段、行政手段和法律手段），都要体现国家长远计划发展目标的要求，所以国家制订的各种指导性计划是寓含在各种调节手段之中的，计划引导市场运行，计划作用与市场的作用可以在方向上具有一致性，并且二者可以有机统一与结合起来。这样，计划就不是排斥市场的计划，市场也不再是无计划的、盲目运行的市场。在计划与市场的统一调节下，市场经济可以有序而又充满活力地运行和发展。以为市场经济只是市场自发放任的调节，没有或根本不需要国家宏观计划的指导和调控，这早已被实践证明是错误的。传统的或古典的市场经济，以亚当·斯密的"经济人"和"看不见的手"为理论依据，主张完全自由放任，反对政府进行任何干预。1929—1933年爆发的世界性大危机，给这种传统的市场经济理论以沉重的打击，使人们认识到：国家必须对市场经济运行进行必要的干预和调节，否则，必然陷入严重无政府状态，出现经济危机。于是，凯恩斯主义应运而生。第二次世界大战后，随着凯恩斯主义在资本主义各国的施行，各国政府普遍对市场经济运行进行了宏观调节与控制，一些国家还借鉴社会主义国家的做法，实行宏观计划调节与控制。战后的实践证明，实行有国家间接调节与控制的市场经济是成功的，保障了战后资本主义经济的高速发展。我国实行市场经济不能搞古典的完全自由放任的市场经济，而必须是有国家宏观计划调控的现代市场经济。由于西方国家在20世纪六七十年代国家垄断资本主义高速发展，国家干预过多，因此进入20世纪80年代后经济发展出现了前所未有的"滞胀"局面，于是西方理论界又开始鼓吹"新自由主义"思潮，大搞私有化，反对国家干预，主张完全自由放任的市场经济。这时，我们必须保持清醒的头脑，不能跟在某些西方国家屁股后面跑，而要坚定搞有国家计划指导或调控的社会主义市场经济。否则，就会使得已经放开放活的经济失去控制，脱离社会主义轨道。

四 关于市场引导企业问题

市场要真正起到引导企业正确进行生产经营决策的作用，必须具备一系列条件：市场体系必须健全，市场机制必须完善并能充分发挥作用，市场信号必须灵敏、准确，企业必须是独立的市场主体，自觉接受市场的引导。下面我们具体加以考察和论证。

(一) 市场体系健全，是实现市场引导企业的重要前提

所谓市场体系健全，就是市场经济发展所必需的各类市场必须完整、齐全，不仅要有消费品市场、生产资料市场，还要有劳动力流动市场、资金市场、技术市场、信息市场、房地产市场等。目前，我国的市场体系还是很不健全、很不完整的。这主要表现为以下方面：生产资料市场还在建设和发育过程中，各类具体市场尚未形成合理的结构体系；劳动力市场还没有真正形成，劳动者不能自由流动和自由选择职业；人才市场也刚刚起步，各类科技人才仍为地区所有、单位所有，不能自由流动；股票市场仅仅是零星的（只有深圳、上海两家），并未在全国范围内形成网络系统，全国人民还不能公平地参与股市交易；民间金融市场严重缺乏，不仅民间的资金难以有效融通，而且使高利贷活动日益猖獗。凡此种种，市场体系的残缺不全，不仅直接影响了市场体系整体功能的发挥，也妨碍了市场对企业的引导。试想，企业面对一个残缺不全的市场，又如何能正确地接受市场的引导呢？因此，市场体系的完善与发展，乃是实现市场引导企业的一个基本前提。

(二) 市场机制完善并能充分发挥作用，这是实现市场引导企业的重要基础

目前，影响和制约我国实现市场引导企业的因素很多，其中市场机制不完善，其调节作用难以有效发挥，不能不说是一个重要因素。这主要表现在四个方面：第一，供求失衡，不能正确调节价格，而价格失真，又容易造成企业判断决策失误。第二，竞争行为紊乱、扭曲，尤其是常常受到垄断的压制和排斥，不能使企业在同一起跑线上竞争，起不到鼓励先进企业、鞭策落后企业的作用。第三，风险机制是与竞争机制相伴相随的，只要有竞争，就必然有风险。由于我国目前市场竞争中存在大量的行为非法化、手段非规范化，所以，风险机制的作用，或严重扭曲，或发生逆调节，使企业望而生畏，不敢冒任何竞争风险。第四，利率不能随我国金融市场资金供求关系的变化而灵活变动，起不到调节社会资金在各部门、

各企业之间合理流动的作用，因此企业也无法依据利率的变化来确定投资和信贷的规模与方向。由上可见，没有完善的市场机制，或市场机制不能有效地发挥作用，要真正实现市场引导企业是十分困难的，甚至是根本不可能的。

（三）市场价格信号灵敏、准确，这是实现市场引导企业的关键

市场引导企业，主要是靠市场信号来引导。在诸多市场信号中，最根本、最主要的信号是价格信号。因此，市场价格信号是否灵敏、准确，对市场引导企业起着关键性的作用。灵敏、准确的价格信号，能够引导企业进行正确的生产经营决策，保证社会资源在各部门、各企业之间合理流动，实现资源的优化配置与产业结构的合理化；而呆滞、失真或扭曲的价格信号，必然会导致企业生产经营决策的失误，使社会资源不能在各部门、各企业之间合理流动与分配，不仅会造成社会资源的严重浪费，而且还会造成产业结构趋同化、畸形化，产生结构失衡。可见，只有保障市场价格信号灵敏、准确，才能实现市场对企业的正确引导。这虽然是一件十分困难的事情，但并不是根本做不到的。根据我国当前的实际，我认为最根本的一条就是深化价格体制改革，国家要放开直接价格管制，让价格在市场供求关系变动中自动形成，灵活变动。商品价格在市场竞争与供求关系变动中自动形成，这是市场经济区别于传统计划经济的一个重要标志。在传统计划经济中，商品价格是由人们按计划规定的，是一种主观价格。这种价格具有呆滞性，不能随市场竞争和供求关系的变化而灵活变动。而市场经济中的商品价格，不允许由远离市场的物价管理人员主观确定，而只能在市场上依据商品价值的实现程度形成，并随供求关系的变化而灵活变动。价格机制要充分发挥作用，它不应该是呆滞的、固定不变的，而必须是灵活的、不断变化的。为此，必须改革计划经济的价格形成机制，建立市场经济的价格形成机制。这就要求国家必须放开直接价格管制，真正放开放活价格，让它随市场供求关系的变化，围绕价值（或生产价格）上下波动。这是保证市场价格信号灵敏、准确，引导企业

进行正确生产经营决策的关键所在。

（四）把企业构造成为独立的市场主体，这是企业能够接受市场引导的根本环节

企业要能够接受市场信号的引导，必须是独立的商品生产者和经营者。为此，它必须具有明晰的产权关系。它只有具有独立的产权，才能独立自主地进行生产经营决策，才能对企业的盈亏负责，才能追求和实现自身利益的最大化。追求自身利益的最大化，这是企业敢冒风险，加入激烈市场竞争的根本动力。然而，目前我国国有企业产权关系不明晰，仍没有摆脱政府机构附属物的地位，不能完全自主经营、自负盈亏，缺乏进入市场竞争的动力与压力。实行承包制，在一定程度上增加了企业自主权，也使企业具有一定的独立利益，调动了企业与劳动者的生产积极性。但承包制明显的缺陷是企业经济行为短期化，负盈不负亏，并且政企职责不分，存在着"纵向依赖"与"父爱主义"，不能自主地接受市场价格信号的引导。因此，必须尽快走出承包制，过渡到股份制。股份制是使企业产权关系明晰，能真正自主经营、自负盈亏的一种适应市场经济发展要求的企业制度。它是深化我国企业制度改革、构造独立市场主体、实现市场引导企业、加速市场经济发展的一个正确选择。

（本文发表于《吉林大学社会科学学报》1993 年第 5 期）

企业经营机制的转换与现代企业制度的构建

一 贯彻《决定》要与落实《条例》相结合

(一)《条例》是转换企业经营机制的根本方针,为使企业进入市场或面向市场起到了重大的促进作用

经过十多年的改革,我们的党和国家已经深切地认识到,国有企业的改革已经成为整个经济体制改革的重点。而国有企业改革的难点就在于机制转换,即把传统的计划经济机制转换为市场经济机制。为了攻破这个难点,把企业改革引向深入,国务院于1993年6月30日通过了《全民所有制工业企业转换经营机制条例》(以下简称《条例》)。《条例》对企业的经营权、自负盈亏的责任、企业与政府的关系及其法律责任等重大问题,都做出了明确的规定,尤其是赋予了企业14项重大经济权利,使企业转换经营机制工作有了突破性进展。这个《条例》贯彻执行一年多来,我国国有企业发生了深刻的变化,许多企业由于自主权扩大,开始面向市场进行生产经营决策,在市场竞争中求生存图发展,经济活力明显增强,经济效益大幅度上升。但也暴露出一些深层次的矛盾和问题,主要有三点。第一,企业产权关系不明晰,国有资产主体缺位,无人对国有资产切实负责,造成国有资产大量流失。第二,政企不分。国家行政机构仍干预企业的生产经营活动,企业自主权经常受到损害,企业仍不能自主地完全进入市场,成为真正的市场竞争主体。第三,企业不能真正实现自负盈亏，表现为许多承包企业负盈不负亏，经济行为短期化，使国有企业亏损面日益扩大，亏损额增多。这些深层次的矛盾和问题，都直接涉及企业的产权制度问题，如不进行产权制度的改革与创新，企业经营机制也难以从根本上转换。

(二)《决定》明确提出，建立适应市场经济要求、产权明晰、权责明确、政企分开、管理科学的现代企业制度，是着力解决国有企业深层次矛盾、进一步深化改革的产物；是对《条例》的进一步升华和发展

这种升华与发展主要体现在以下几个方面。

第一，明确了国有企业改革的目标与方向。十多年来，我国国有制企业的改革基本上是在探索中前进的，即所谓"摸着石头过河"。最初是放权让利。权放下去了，许多企业在计划体制下生活惯了，或不会用权，或用权力逐利，结果造成经济运行紊乱，国家利益大大受损。为了改变上述状态，接着便推行利改税，搞税利合一。承包制是在利改税步入困境后，为增强企业自主权与活力而做出的一种现实选择。承包制实行"包死基数，确保上缴，超收多留，欠收自补"，一方面硬化了国家的收入，保证了财政收入的增长；另一方面也扩大了企业自主权，增加了企业的利益激励和驱动，对于调动企业和职工的积极性的确起了一定的积极作用。但由于承包制存在负盈不负亏，经济行为短期化，承包者掠夺式生产经营等严重弊端，越来越不利于经济的持续、稳定、协调发展。人们已清楚地认识到，承包制不能成为国有企业改革的方向和目标。此外，从改革之初到现在，理论界一直存在一种将国有企业私有化的主张（有公开私有化和"潜行"私有化），这在我国更是不可取的。在党的十四大将我国经济体制改革的目标确定为建立社会主义市场经济体制以后，承包制就更不能成为社会主义市场经济体制的微观基础，因为承包制的产权关系不明晰，企业负盈不负亏，根本不适应市场经济体制的要求。在这种情况下，"私有化"的主张便又开始抬头。在他们看来，国有制是与市场经济根本矛盾的、最适

合市场经济要求的所有制形式是私有制。《决定》旗帜鲜明地把建立现代企业制度确定为我国国有企业改革的方向，既是对私有化主张的驳斥与否定，也是对承包制的某种扬弃与发展。

第二，明确了国家终极所有权与企业法人所有权的分离。为了解决国有企业财产关系的产权归属明晰化问题，理论界许多同志（包括本人）依据马克思关于法律所有权与经济所有权相分离的学说，提出了国家掌握终极所有权、企业掌握法人所有权的主张。马克思在谈到资本所有者与资本使用者的关系时明确指出："这种形态之所以必然产生，是由于资本的法律上的所有权同它的经济上的所有权分离，由于一部分利润在利息的名义上被完全离开生产过程的资本自身或资本所有者所占有。"[1] 在谈到资本的所有者和资本的使用者的关系时更明确地指出："他们实际上是伙伴：一个是法律上的资本所有者，另一个，当他使用资本的时候，是经济上的资本所有者。"[2] 这里，马克思讲的"法律所有权"就是通常所说的"终极所有权"，"经济上的所有权"就是人们讲的"企业法人所有权"。这种意义上的"两权分离"，在《决定》中得到了反映和确认。《决定》在阐述现代企业制度的基本特征时，指出："一是产权关系明晰，企业中的国有资产所有权属于国家，企业拥有包括国家在内的出资者投资形成的全部法人财产权，成为享有民事权利、承担民事责任的法人实体。二是企业以其全部法人财产，依法自主经营、自负盈亏、照章纳税，对出资者承担资产保值增值的责任。"很明显，"企业中的国有资产所有权属于国家"，就是说国家掌握企业财产的终极所有权，这是国有制性质不变的根本保证。"企业拥有包括国家在内的出资者投资形成的全部法人财产权"，即是指企业掌握法人所有权。尽管《条例》规定了企业的14项权利，为企业的产权制度改革奠定了基础，但由于没有触及所有制内部关系，没有明确提出产权变革与企业制度创新，所以说，《决定》明确了

---

[1] 《马克思恩格斯全集》第二十六卷，人民出版社1974年版，第511页。
[2] 《马克思恩格斯全集》第二十六卷，人民出版社1974年版，第565页。

国家所有权与企业法人所有权的分离，是对《条例》的补充、丰富和发展。

第三，确认了国家的两种职能分开。任何国家都具有经济与社会的管理者的职能，但并非任何国家都必须具有所有者的职能。国家充当生产资料的所有者，是生产资料所有制采取国有制的产物。在传统的计划经济体制中，国家的这两种职能是混合在一起的，长期被互相替代，它是政企不分、政资不分的重要根源所在。为了把企业构造成社会主义市场经济体制的微观基础，成为真正独立的市场竞争主体，必须做到管理者职能与所有者职能的分开，使行政管理与国有资产的保值增值分开。只有这样，才能真正实现政企分开，使企业从根本上摆脱国家行政机构的干预与束缚，自主地按照市场的需求进行生产经营活动。在这个问题上，《决定》也比《条例》大大前进了一步。

第四，确认了劳动力的商品属性。这是建立社会主义市场经济体制的根本要求。在传统计划经济体制下，劳动力属于公有（单位所有或国家所有），劳动者无权支配自己的劳动力，不能自由选择职业，更不能在各部门、各地区自由流动。实行市场经济，必须改变这种状况，确认劳动者对劳动力的个人所有权，可以自由支配劳动力，从而形成劳动力市场。没有劳动力市场，市场体系就是不完整、不健全的，也不能达到结构合理化；同时劳动力资源不能经过市场来配置及优化，市场经济就无法运作，市场经济体制更无从建立。《决定》明确提出发展"劳动力市场"，这在事实上就承认了劳动力具有商品属性，可以进入市场买卖。这不仅是对马克思主义关于劳动力商品理论的创新与发展，而且是对社会主义市场经济理论的丰富与完善。它将对国有企业劳动制度的改革产生巨大的影响。它意味着国有企业的职工将可以自由地进入劳动力市场，自主地选择职业，其收入——工资也不再由国家直接决定，而由劳动力市场来决定。至此，国有企业乃至整个社会的劳动制度将发生根本性变革，变得与社会主义市场经济发展的要求相适应。

(三)《决定》和《条例》不是相矛盾的,而是相统一的

在目前学习贯彻《决定》的过程中,有的同志把《决定》与《条例》完全割裂开来,对立起来,认为《决定》是对《条例》的否定,进而认为贯彻《决定》就不必再落实《条例》,这种认识和做法是极其错误的。

事实上,《决定》与《条例》并不是毫不相干、毫无关系的,而是有着密切联系的。在国有企业的改革目标上,二者具有明显一致性,即要把企业塑造成为适应市场经济要求,自主经营、自负盈亏、自我发展、自我约束的生产经营单位,成为享有民事权利和承担民事责任的企业法人。《决定》在阐述国有企业产权制度改革时,还特别强调要继续贯彻《条例》,"把企业的各项权利和责任不折不扣地落到实处"。可见,《决定》与《条例》虽然在内容上有所不同,但其基本精神却是相一致的,我们完全可以把二者统一起来,结合起来贯彻落实。

二 转换企业经营机制与建立现代企业制度的关系

(一) 转换企业经营机制与建立现代企业制度,二者具有不同的内涵,不能互相混淆和替代

我国经济学界对企业经营机制有诸多不同的看法[①],可谓仁者见仁,智者见智。我认为,企业经营机制是指企业在一定生产关系和外部条件作用下,正确处理人、财、物关系和责、权、利关系,使这些关系互相结合、互相协调、互相促进,保障企业各种生产经营活动有效运作的机理和机能。这主要包括动力机制、风险机制、竞争机制、调节机制、约束机制、创新与发展机制、信息传导机制、决策与管理机制等。

现代企业制度,是一种与社会化大生产和市场经济要求相适应,产权明晰、权责明确、政企分开、管理科学的企业制度,其主

---

① 秦思敏:《转换企业经营机制观点综述》,《经济学动态》1993 年第 2 期。

要内容可概括为四点：第一，企业法人制度；第二，企业自负盈亏制度；第三，出资者有限责任制度；第四，科学的领导体制与组织管理制度。这四种制度统一构成现代企业制度。

企业经营机制与现代企业制度内涵的不同，决定了转换企业经营机制与建立现代企业制度的具体任务不同。转换机制是把原有的计划经济机制全部转换为市场经济机制，建立现代企业制度则是以明晰产权关系为主要内容的企业制度的创新。如果说前者为表层的变革，那么后者则必须明晰和改变原有的财产关系。以"转机"代替"建制"，或以"建制"代替转机都是不恰当的，不利于二者任务的完成和实现。

（二）转换企业经营机制是建立现代企业制度的重要基础和必经途径

转换企业经营机制的前提，是落实企业经营权，关键是落实生产经营决策权、投资决策权、产品定价权、进出口经营权、劳动人事权、工资奖金分配权、资产处置权、留用资金支配权、拒绝摊派权、内部机构设置权等。同时，还必须强化有关责任。第一，强化厂长（经理）对企业盈亏的责任；第二，强化企业上缴利润、歉收自补的责任；第三，强化企业对欠亏应负的责任；第四，强化企业的分配约束责任。在强化这些经济责任的同时，还特别要强化企业相应的法律责任，落实《企业法》，将企业经营管理纳入法治轨道。《条例》所规定的上述权利与责任不落到实处，企业的经营机制不能转换，构建现代企业制度便无从谈起。所以，《决定》强调："当前，要继续贯彻《全民所有制工业企业法》和《全民所有制工业企业转换经营机制条例》，把企业的各项权利和责任不折不扣地落到实处。"这是为建立现代企业制度积累经验、创造条件。"转机"《条例》是建立社会主义市场经济体制的一块基石．只有落实得好，只有经过企业经营机制转换这个有效途径，才能实现或达到国有企业改革的方向与目标——建立起现代企业制度。

（三）转换企业经营机制也是建立现代企业制度的一个重要特征和内容

《决定》在谈到现代企业制度的五个基本特征时指出："一是产权关系明晰，企业中的国有资产所有权属于国家，企业拥有包括国家在内的出资者投资形成的全部法人财产权，成为享有民事权利、承担民事责任的法人实体。二是企业以其全部法人财产，依法自主经营、照章纳税，对出资者承担资产保值增值的责任。三是出资者按投入企业的资本额享有所有者的权益、重大决策和选择管理者等权利。企业破产时，出资者只以投入企业的资本额对企业债务负有限责任。四是企业按照市场需求组织生产经营，以提高劳动生产率和经济效益为目的，政府不干涉企业的生产经营活动，企业在市场竞争中优胜劣汰，长期亏损、资不抵债的应依法破产。五是建立科学的企业领导体制和组织管理制度，调节所有者、经营者和职工之间的关系，形成激励和约束相结合的经营机制。"在上述五个特征中，后四条均是讲企业经营机制的，讲企业自主经营机制、自负盈亏机制、市场竞争和优胜劣汰机制，还讲了激励和约束相结合的机制。由此可见，广义的现代企业制度是包括企业经营机制在内的，转换企业经营机制也是建立现代企业制度的一个重要组成部分。因此，把转换企业经营机制与建立现代企业制度截然分开，根本对立起来，是错误的。这既不利于企业经营机制的转换，更无助于现代企业制度的加速建立。

（四）以企业产权制度创新为核心的现代企业制度的构建，又会进一步促进企业经营机制的加速转换

第一，可以为企业构建一个作为独立商品生产者和经营者所必需的具有基础地位的机制——自主经营、自主决策机制。实行现代企业制度，必须深化改革，着力解决深层次矛盾，由以权让利为主要内容的政策调整转为以明晰产权关系为主的制度创新。它要求企业的原始产权向股权转化，再由股权向法人产权转化，由此形成企业法人财产所有权。而企业法人财产所有权确立，企业才真正成为独立的法人实体,从而具有真正的自主权。自主权的关键与核心是决策权。有了这个权力,企业生产经营什么、生产经营多少、价格如何确定、采用什么生产经营方式以及销售方式等,才能真正自己说了算。

第二,可以使企业形成真正的自负盈亏机制。在计划经济体制下,企业是国家行政机构的附属物,国家对企业统负盈亏,企业既不负盈又不负亏。企业承包经营制是对传统计划经济体制的突破,使企业有了一定的自主权,也有了一定的利益驱动力,开始追求盈利,但由于承包制没有使企业产权关系明晰化,所以未能实现自负盈亏,仍存在严重的负盈不负亏的问题。实行现代企业制度,可以有效地解决承包制的负盈不负亏问题。因为在这种制度下,企业完全可以以其全部的法人财产,依法自主经营,以收抵支。盈利了,由投资者共享;亏损了,由投资者分担。现代企业的典型形式——股份制企业,就是这样的。

第三,促进企业形成竞争与优胜劣汰机制。现代企业是市场竞争的主体,为了追求利润最大化而展开激烈竞争。在竞争中,劳动生产率高、效益好的企业,实力不断增强,能够不断地兼并那些劳动生产率低下、经营严重亏损的企业。一些劣质企业被淘汰,一些优质企业日益壮大,使社会资源得到优化及合理配置,这是企业进入市场后形成的重要机制,也是企业充满生机与活力的重要源泉所在。在原有计划经济体制下,企业之间没有竞争,没有破产的压力,加之没有追求利润最大化的内在动力,自然没有活力可言。现代企业制度较之旧企业制度的一个重要优越性在于:不仅给企业注入追求利润的动力机制,而且构建了竞争与优胜劣汰的外在压力机制。

第四,能够促进企业形成自我发展机制。现行的企业承包制存在难以克服的短期行为,缺乏长期持久发展的后劲。其中一个重要原因在于,它没有形成一个企业自行积累、自我发展的机制。现代企业制度却不同,由于它使企业具有了独立的法人财产权,从根本上解决了长期争执不休的企业留利的归属问题,企业进行资本积累,扩大再生产所取得的利润,除照章纳税以外,其余全部为企业自己所有和支配。这就启动了企业自行积累、自行扩大投资、自我发展的机制,调动了企业发展生产力的积极性。并且,由于这种积极性有可靠的物质利益做基础,因而它会长久地保持下去,从而使企业获得持久发展的后劲。

第五,能够促进企业形成有效的自我约束机制。现代企业制度使企业真正具有独立的利益,形成了一个利益和命运共同体。企业的投资者(包括国家、法人及个人等)均对他们投入企业的资本使用效益倍加关心,千方百计搞好经营管理,以提高资本的收益率。为了能够长久地获得较高的资本收益率,他们必须自觉地进行工资和奖金约束,即防止工资和奖金过分扩张,提高成本,降低产品竞争力,影响他们的资本收益率。在现代企业股份公司里,由于设立职工个人股,这就使职工与企业"以股连心"形成损荣密切相关的利益共同体。大家为了一个共同利益走到一起,互相制约、互相监督,谁也不能为了眼前利益而损害这个命运共同体的长远利益。由于这种约束不是强制的行政约束,而是出于利益的自我约束、自觉约束,因而是能够持久有效的。

从上可见,转换企业经营机制和建立现代企业制度,是相辅相成、相互促进的关系,否定或忽视任何一个都是不对的,以其中一个取代另一个更是不对的。我们要把二者有机地结合起来,以"转机"促"建制",以"建制"促"转机",使二者相得益彰。

(五)当前,贯彻《条例》、转换企业经营机制仍是国有企业改革的重点,建立现代企业制度要通过试点逐步推开

据权威性调查,目前转换企业经营机制搞得好的企业只占国有企业的三分之一左右,有相当多的企业自主权没有落实,或落实得不好,转换企业经营机制的任务还相当繁重和艰巨。当前及今后一个时期,国有企业的改革仍然要以落实《条例》、转换企业经营机制为重点,为建立现代企业制度打好基础,创造有利条件。

建立现代企业制度是一项艰巨复杂的任务,要通过试验逐步推开。切不可一哄而起，匆忙上马，急于求成。现在国家已决定在百家企业进行试点，这标志着我国建立现代企业制度的工作已经展开，国有企业的改革已进入了新的发展阶段。

三　关于建立现代企业制度应注意的几个问题

（一）股份制并不是现代企业制度的唯一形式，对我国国有制企业要搞公司化改造

《决定》指出："现代企业按照财产构成可以有多种组织形式，国有企业实行公司制，是建立现代企业制度的有益探索。"股份有限公司是现代公司制的一种典型组织形式，但并非其唯一的形式。所以，实行公司制、股份制尤其是上市的股份制并不是唯一的选择。

在现实经济工作中，有的同志认为搞公司制即是搞股份公司，尤其要搞"上市公司"，否则，就不是公司制。其实，这是一种误解。公司制除股份公司以外，还有大量有限责任公司。并且，上市的股份公司也只是少数，即使在西方发达国家，上市的股份公司也只占少数。日本的上市股份公司仅占所有有限责任公司的2%。德国、美国、法国的上市股份公司所占的比重也不高。目前我国国有企业面临的状况是1/3明亏，1/3潜亏，1/3有盈利，若要搞上市股份公司，恐怕也只能是占1/3的盈利企业。因为，亏损企业是不能上市发行股票的，发了也没有人要。谁会去买得不到股息与红利的"股票"？因此，对国有企业进行公司化改造，应更多地实行有限责任公司，把那些明亏、暗亏企业的产权尽快明晰起来，通过产权交易实现其优化组合，以增强其生机与活力，扭亏为盈。

（二）切忌搞翻牌公司，搞翻牌公司是对现代企业制度的根本否定，也是对改革的背叛

在政府机构改革过程中，许多部门和地区为了解决超编人员的安置问题，创办了许多行政性公司和与机关未脱钩的经纪公司。这些公司基本上都是翻牌公司，它的特征是政企不分与权钱交易相结合，是滋生腐败现象的重要基础。有的同志认为，不这么办，机关的大量超编人员如何安置？意思是非搞翻牌公司不可。这个理由是难以成立的。我认为，搞公司是可以的，并且应当提倡，但必须与政府机构脱钩，"割断脐带"，杜绝权钱交易。前一个时期，我国市场无秩序，经济运行混乱，一个重要原因在于市场主体不规范，大量翻牌公司进入市场，大搞权钱交易，哄抬物价。因此，实行公司制，必须清理整顿公司，取消那些只对少数人有利而祸国殃民的翻牌公司。不然，建立现代企业制度就将被否定，企业的改革也将前功尽弃。

（三）要防止国有资产被侵犯和流失，从制度上保障国有资产的保值增值

《决定》明确指出，在建立现代企业过程中，要"严禁将国有资产低价折股，低价出售，甚至无偿分给个人。要健全制度，从各方面堵塞漏洞，确保国有资产及其权益不受侵犯"。这是很有针对性的，应引起各有关部门的高度重视。据笔者所知，在实行股份制过程中不少企业存在"低价折股，低价出售，甚至无偿分给个人"的问题，导致国有资产大量流失。为了解决这个问题，必须健全会计审计制度，从财务上加以严格审查与监督；必须健全国有资产的科学评估制度，防止低估国有资产的行为；必须健全企业国有资产的具体管理制度，界定明晰的责、权、利关系，强化科学管理的有效性；必须健全国有资产的专门管理机构，明确分工，专司其职，责任落实到人。只有这样，才能堵住各种漏洞，确保国有资产及其权益不受侵犯，实现国有资产的保值和增值。

（本文发表于《吉林大学社会科学学报》1994年第2期）

产权范畴的多维解析与内涵新释

一 产权一般观念的梳理

在人类既往浩如烟海的经济学、法学、哲学、政治学、社会学等著述中,"产权"或许是使用频率最高的词汇之一,然而也是界定最含混、寓意最庞杂、使用最模糊、争论最热烈的概念之一。撇开一般的学科界限,从人类发展史、思想史以及学说史的视角考察,财产创造与财产权利的行为实践几乎贯穿了从野蛮、蒙昧到文明时代的全部历程。在人类文明史的演进脉络中,产权这一范畴与人们的生产、生活和社会交往密切相连,又在不同的历史阶段与人们的阶层、阶级、物质文化利益、上层建筑、意识形态直至国家政体息息相关,所以对产权的诠释、理解和运用就显得格外丰富,有时甚至是针锋相对、格格不入的。

为了在前人的基础上继续推进对产权问题的研究,这里侧重于政治经济学的研究视野,对涉及产权观念的差异和分歧进行必要的梳理和简要辨析。

(一) 源于法学界定的财产权利观念

大量文献表明,最初的较为明晰的产权观念,起源于人类的司法实践和法学界定。由于历史的原因,普通法系国家的财产(Propeny)、财产权利(Rroperty - rights),与大陆法系国家的所有权(Dominium、Proprietas)虽然在理解和使用上有着千丝万缕的联系,但在认知上却表现出不同的程度混乱和歧义。

普通法系国家早期的法律实践中并没有"所有权"(产权)概念。在当时的历史阶段和社会形态主导下,这些国家大多以"财产"(Proper 和 Propeny)及"财产权利"(Propeny - rights)作为私有状态下的"天赋人权"之一,在界定和使用上赋予了其"绝对权利"的意义。其中不少国家干脆将作为客体的"期产"与作为主体行使的"财产权利"归并合一,含混使用。普通法之父布莱克斯通在《英国法律评论》中对财产的基本界定就是"某人凭借着一种完全排他的对外在物的请求或行使的权利"[1]。他同时将私有制基础上的财产关系神圣化、绝对化,并扩大其外延,上升为一种主观意志层面的价值取向,断言"财产、生命和自由,这是英国人所固有的绝对权利"。受这一带有资本主义早期自由主义、个人主义因素的法学理念和哲学思想的影响,普通法系基本上沿用了财产及其权利混用的定义来处理经济、法律和社会事务。《新大不列颠百科全书》已对产权和所有权分别做了定义,区分了 Property 和 Ownership 的不同含义。该书还认为,产权是"政府所认可的或规定的个人与客体之间的关系"。这一概括强调产权的法律认同与规范意义,事实上隐含了"产权即物权"的观念。应该说,在早期普通法中,虽然没有所有权的概念,但这种地域性、法学性的歧义并没有影响相关国家对所有权的具体理解和使用。

具有法学意义的成熟的"所有权"(完全产权)概念是罗马法的创造。这使得大陆法系国家在理解、使用和认知产权观念中的全面透彻程度更为突出一些。考察罗马法所有权的形成过程可以看到,虽然"Dominium"一词出现于罗马共和国晚期,但它的形成却经历了一个漫长的过程。按照西方罗马法学者较为公认的分析,Dominium 首先是对罗马法前期财产概念(如 Familia、Pecunia、Mancipiummanus、Potestas 等),尤其是家父权(Mancipium)的扬弃,这一扬弃意味着财产权利不再限于家长、奴隶主人、地主对家

---

[1] 布来克斯通:《英国法律评论》,蔡尔兹和彼得森出版公司1859年版。

子、奴隶、出租人的权利，而是真正转化为对财产物的完全控制权。其次，Dominium 的形成，是由于罗马土地公有制与土地私有制矛盾斗争日益激化，在公元前二三世纪产生地役权和用益物权的结果。从这个意义上说，"Dominium"就是罗马帝国法律对土地私人所有的确认。有学者认为，抽象所有权这一概念，可能受到希腊哲学的影响，但不少学者指出，在同一时期由于古希腊的土地公有制尚在相当程度上存在，因而古希腊并没有与"Dominium"相似的概念。① 罗马法所有权概念的诞生，在制度层面上大大促进了所有权权能的进一步分离。随着商品经济的发展，物权制度开始形成，占有与所有开始分离，占有权益开始被确认，有体物与无体物进一步分类，终于在罗马帝国第一世纪末期出现了标志所有权进一步完善的另一个词"Proprietas"，实现了对所有权最终的完整定义。即所有权是在法律许可范围内，对物的占有、使用和滥用权。其中"滥用"并不是带有贬义的非理性概括，而是特指对物的完全的支配权。这一概括强调了罗马法的绝对所有权特征，从而申明了重要的独占性、排他性以及"一物一权"的原则。国际私法之父巴特鲁斯曾指出：罗马法的所有权，乃是完全的、绝对的支配物的权利。② 自此，这一成果被大陆法系国家乃至整个西方社会普遍鉴用。《拿破仑民法典》第 544 条几乎完全采用了罗马法的所有权概念。1887 年的《德国民法典》也完全体现了上述定义。18 世纪以后，这一体现自由资本主义时期极端个人主义精神的法权观念成为西方社会的主流意识。

　　这里需要注意的是，在古代和中世纪希腊、罗马等国家开始兴起氏族私有制及财产法权关系逐渐发展繁荣之时，处于东方文明摇篮的古代中国早已先期或同期践行着一条与西方文明不同的国家私有制起源之路。在中国，国家并不是伴随着土地私有制而是伴随着土地国有制一起产生的，农村公社中的公有制演化为以父家长作为

---

① 道格拉斯·麦克多瓦尔：《古代雅典法律》，康奈尔大学出版社 1998 年版。
② 阿兰·罗杰尔：《罗马法中的所有者与邻人》，牛津大学出版社 1995 年版。

君王（皇帝）所代表的国有制。① "从法权关系看，中国奴隶制、封建制社会的国家所有权一旦登上历史舞台，虽然冠以国家所有的美称，在法律归属上也各有不同，但它们所共同体现的剥削性质是一样的。土地无论是'公有''官有'还是国家所有，实质上都是君王（皇帝）、贵族和地主阶级所有，所谓'六合之内，皇帝之土'。"②从最初殷商的"井田制"，到周代的"公田"，至《秦律》的"授田"制度，直到曹魏时期的屯田制、西晋的占田制、北朝和唐代的均田制，统治者的目的都是把农民束缚于土地之上，以保证奴隶制和封建制国家的财政收入。这种剥削形式的残酷程度在很多时候毫不逊色于大陆法系和普通法系国家地主阶级基于土地私有权对农民的血腥盘剥。对于这一世界史中绵延数千年的所有制及其产权结构的基本形态，似有做出进一步概括的必要。我以为，可考虑将其界定为"中国皇权垄断分成制的封建所有制形式"。这一形态，从13世纪东方古印度的《摩奴法典》中也可找到类似的踪迹。在古印度，公社向国王上交的米粮、饮料等称为"薪俸""公赋"而不是税收，可见在这里，国王就是最高的地主，而国家的主权就是全国范围集中的土地所有权，公社占有的土地实际上属于国王所有。

由于历史的原因，中国并未经历成熟的资本主义发展阶段，因而意识形态和上层建筑难以形成以资本主义因素为核心的价值体系和政治体制，加之近代以来半封建、半殖民地社会的特殊历程之后，我国在国家革命的基础上加速进入了以否定封建主义、资本主义基本制度为特征的新民主主义和社会主义发展阶段，这使得中国的法治精神和法权体系建设不可避免地带有自身特殊的发展轨迹和实践特色。遗憾的是，基于中国特色的所有权与产权形成机制至今仍鲜见综合性的系统挖掘和研究。

---

① 赵俪生：《中国土地制度史》，齐鲁书社1984年版。
② 钱剑夫：《秦汉赋税制度考略》，湖北人民出版社1984年版。

(二) 涵括所有权的产权束观念

从亚当·斯密《国富论》发表开始，近代经济学经过半个多世纪的蕴积，终于作为一门独立的学科登上历史舞台，并逐渐呈现繁荣发展态势。此时，沿袭法学及法权意识的界定来处理各类产权变动关系的传统习惯也悄然发生着改变。大批经济学者从各自的研究视角对经济学意义上的产权观念、产权结构及其动态分析开展了深入研究，产生了一批成果。可以说，虽然时至今日西方经济学的主流意识对是否存在一个完整意义上的"产权经济学"仍存有质疑和争议，但不可否认，从新制度经济学等非主流经济学者获诺贝尔经济学奖可以看出，由于社会变迁、制度变革和经济组织成长变化的现实需要，世界范围内对产权功能及其社会效用的重视程度正在日益提高。涵括所有权的产权束观念的形成与发展，正是在这样的学术实践背景下出现的。

以所有权（狭义、广义）为代表的产权束观念，是近现代西方经济要素成长和经济关系变动的真实写照。这一学术思潮的发端大体上可追溯至以亚当·斯密为标志的古典经济学。亚当·斯密在西方经济思想史上首次系统触及了产权命题。其产权思想的核心在于论证了产权对社会制度变迁的作用，并以产权制度作为假定前提，论证了市场经济存在的历史必然性，进而论证了市场经济的自由竞争对有效配置资源的必要性（即著名的"看不见的手"理论）。亚当·斯密及古典经济学对产权观念的理解有两个基本要素：一是将财产权的核心归结为所有权，甚至认为产权即所有权；二是把这一所有权内涵确认为"天赋人权"，即历史永恒地赋予人们平等获得排他性财产的权利。可见，这一经济学角度的产权思想，与罗马法关于所有权的基本定义是吻合的。斯密等学者认为，市场经济是以私人财产权利的平等自由交易为前提的，历史的变化，市场经济时代的产生，根本原因是财产权利制度的变化；私有产权不仅是对个体的根本激励，也是形成社会秩序的根本动力；财产权利是一切权力的基础。在斯密时代自由资本主义勃发的条件下，不可能系统关注并提出"外在性"问题，但斯密已敏感地注意到在公共品和公共性工程中存在"市场失灵",应根据产权的权利和责任对称性要求由政府加以解决,这是难得的。也许是由于斯密作为古典经济学大师,其自由市场经济的理论建树对后世的影响过于显著,因此在涉及产权理论的发展时,人们并不看重斯密及古典经济学的贡献,在斯密等古典经济学者的眼中,财产权利制度已被当作假定条件,虽然重要,但并不需要研究和分析它。

继古典经济学之后,经济学者对产权束观念的重视和研究出现了"百家争鸣"的局面。其中,把产权等同于广义所有权并在理论上系统阐述,较具代表性的是佩杰威齐、富鲁普顿等人。佩杰威齐在《产权与经济理论:近期文献概览》中总结了不同经济学者关于产权的定义,首次指出:"产权不是关于人与物之间的关系,而是指由于物的存在和使用而引起的人们之间一些被认可的行为性关系……社会中盛行的产权制度便可以描述为界定每个在稀缺资源利用方面的地位的一组经济和社会关系。"[1] 他认为,所有权包括四方面权利:使用权、收益权、处置权、交易权(指让渡资产)。显然,这一概括比罗马法定义的权利束(所有权、侵犯权、收益权、典当权)更为科学。另外的经济学者则从抽象概念定义的角度出发,对产权束的体系进行了界定。德姆塞茨在《关于产权的理论》一文中指出:"所谓产权,意指使自己或他人受益或受损的权利。"[2] 这一定义也强调了产权的行为性和社会性。诺思指出"产权本质上是一种排他性权利",也强调了行为性和人的社会关系。[3] 阿尔钦则在《产权:一个经典的注释》里作了"产权是一个社会所强制实施的选择一种经济品的使用的权

---

[1] [美] R. H. 科斯、[美] A. 阿尔钦、[美] D. 诺思等:《财产权利与制度变迁——产权学派与新制度学派译文集》,上海三联书店、上海人民出版社1994年版。

[2] [美] 哈罗德·德姆塞茨:《关于产权的理论》,《经济社会体制比较》1990年第6期。

[3] [美] 道格拉斯·C. 诺思:《经济史中的结构与变迁》,陈郁、罗华平等译,上海三联书店、上海人民出版社1994年版。

利"的简明定义。① 这些观念,一方面动态地逼近了西方资本主义经济规模扩张和生产交易链环不断延伸的现实,另一方面也在发展产权理论的同时对产权观念给予了五花八门的阐释,加剧了理论和制度设计安排思路上的混乱。

(三) 与所有权相对分离的集合产权观念

第一次世界大战以后,资本主义经济的垄断性、国际性和市场化进程不断加快。在一般经济贸易发展日益区域化、国际化的同时,经济形态的以证券和金融业迅速兴起为标志,呈现大发展、大动荡、大调整的态势。这使得世界范围内不同国家、不同区域的政治经济联系和相互作用不断加强,所带来的经济贸易关系、产权关系和社会关系也表现出明显的关联性、复杂性、多元性和多变性。在这样的背景下,商品运动、资本运动和产权运动的规模不断扩张,表现形式不断变化,致使经济理念和产权观念也出现了不断更新分化的局面。从这一时期产权理论的变化和发展看,有代表性的制度经济学、新制度经济学等学派均在部分继承古典经济学、新古典经济学的研究成果的基础上,对传统经济学的一些结论、假设提出疑问和批判,通过对"理性""看不见的手""效用最大化"等论断的部分否定,其理论锋芒和研究触角重新指向了被传统经济学所忽略或误解的"产权制度""交易费用""社会成本""经济人假设"等制约市场经济关系和企业性质的重要领域,形成了一大批成果,使产权理论出现了权能相对分离、所有权相对弱化、经营权不断衍生、交易费用得到重申以及日益向制度化、成本化和技术化演变的趋向。

制度经济学的代表人物奈特和康芒斯在 20 世纪二三十年代分别发表了《风险不确定性和利润》《制度经济学》。其中突出地强调了界定产权、责任对称的重要性;强调经济机制的非理性行为和建立现代企业制度(即企业财产及与之相适应的风险约束制度)的

---

① [美] 道格拉斯·C. 诺思:《经济史中的结构与变迁》,陈郁、罗华平等译,上海三联书店、上海人民出版社 1994 年版。

必要性；强调所有权（产权）交易应成为全部经济分析的核心命题。同时他们还高度关注了法律制度对于规定财产界区的作用，提出了"法律制度先于经济"的论断。稍后的米音斯和贝利所发表的《现代公司和私有产权》又进一步论述了私有制条件下所有权由集中转向分散和所有权与管理权的分离，并剖析了社会和企业内部的权力结构。他们着重研究了股份公司内外所有权与控制权的分离、所有权与经营权的分离以及剩余索取权的分散等，取得了新的突破。

如果说制度经济学是西方产权理论关于权能结构和微观企业制度研究的先导，那么新制度经济学则使这一研究进一步系统化。概括起来，新制度经济学的基本结论主要有三点：产权制度及其结构是限定和影响交易的基本约束；生产和交换中的产权活动影响效用和成本；经济学研究的目标不是效用极大化，而是产权关系的有效选择。其中最有代表性的学者是科斯。他创造性地研究了产权安排、交易费用与资源配置的关系，以实证分析的方法，对政府、企业及个人在财产权利关系中的不同社会角色、社会功能、交易成本等重要领域进行了细致的论证，从而形成了系统的产权权能结构和制度安排思路。这就在产权观念运用的微观视角上，对所有权及产权不同的权能组合和运用领域、所有权与产权相对分离的缘由和实证依据进行了颇有说服力的理论构建。从科斯以后，产权经济学的理论体系建设进入了一个新的发展阶段。不少学者不再关注终极所有权的安排和作用，转而对产权关系的不同权能及具体运用功效进行了相对深入的考察。在科斯本人和不少学者的印象中，所有权是私有还是公有似乎并不重要（所谓中性安排和中性立场），只要有合适的产权安排和交易成本，有明晰的权利界区，有合理的政府行为和制度安排，资源的有效配置就会发生。这似乎也从另一个侧面预示了产权社会化选择的多元格局和多重利益诉求。从科斯的观念看，一个有效的交易和有用的配置，一定要综合考虑包括所有者和制度制定的不同利益者在内的不同利益主体的需求，社会的成本和产品的交易提示人们不能简单地判别甲损害乙故应罚甲偿乙,而要站在综合的角度考虑谁的变动更为有利。

　　总结一下科斯的论述,有三个要点:如市场交易费用为零,资源配置将实现帕累托最优(产值最大化);如交易费用为正,不同的权利界定会导致资源配置效率的不同;产权制度的设定,是交易和资源配置的前提。《麦克米伦现代经济学词典》中归纳了"科斯定理"的含义:"在交易费用为零和对产权充分界定并加以实施的条件下,外部性因素不会引起资源的不当配置。因为在此场合,当事人——外部因素的生产者和消费者——将受一种市场动力的驱使就互惠互利的交易进行谈判,也就是说,使外部因素内部化。该中性定理指出,拥有有关资源使用的产权的人,无论是外部因素的生产者还是消费者,交易过程的结果总是一致的。"[①] 科斯在《社会成本问题》中指出:"如果定价制度运行毫无成本,最终的结果(产值最大化)是不受法律状况影响的";"一旦考虑到进行市场交易的成本……合法权利的初始界定会对经济制度的运行效率产生影响。权利的一种调整会比其他安排产生更多的产值"。[②]

二　近代以来西方产权观念认识上的滞留点

　　在相对综合地考察了西方经济学不同学派和思潮关于产权观念的研究结论后,可以看出,西方经济学关于产权理论与实践的研究是残缺的、片面的、不完整的。那么,是什么因素使目前的产权理论形成了如此的学术尴尬和困惑?西方经济学在产权观念研究领域的滞留点究竟在哪里?有必要做简要分析。

---

　　① 皮尔斯·麦克米伦:《现代经济学词典》,麦克米伦出版公司1981年版。
　　② [美]罗纳德·哈里·科斯:《企业、市场与法律》,盛洪、陈郁译校,上海三联书店1990年版。

（一）私有制依赖

抽象为"私有制依赖"来描述西方经济学、法学界经济学对私有产权及其国家制度的崇尚，是由于千百年来特别是近现代以来，西方学者对资本主义私有制的迷恋和推崇几乎到了天经地义、无须多论的绝对程度。在西方大量的学术著作和国家实践中，人们随处可见对这种制度依赖和权利偏好，其所造成的影响是历史性的、全方位的、"公理"性的。从古希腊色诺芬的《经济论》到罗马法，从古典经济学到凯恩斯主义，从新古典主义到新制度经济学，无不充溢着这种私有制前提和私有权假定。从某种程度上说，私有制及其法权体现已提升为公理性条件而被西方经济学奉为神圣。

西方经济学对私有制及私有产权的依赖和偏好，从分析产权起源开始就鲜明地表现出来。在他们看来，产权就是私有权；产权的起源就是指私有权的起源；非私有产权不能称为产权，而是一种无权利状态；西方资本主义兴起的原因，就是在封建的公约的基础上产生了"私有产权"；私有产权的产生和发展又促进了西方经济的增长。虽然在论及人类社会产权的最初形式时，个别学者也曾提到原始公有产权的一些状况，但他们往往只是将"公有产权"作为非权利属性的混沌社会形式，不再加以历史客观的研究和分析。他们实际上已把原始公有产权甚至中世纪封建庄园的产权排除在产权关系之外，认为对其没有研究的必要。

近20年来，随着西方产权思想的演变，一些学者在更加关注产权制度和微观机理的技术性考证的同时，其对私有制依赖的程度不但没有减弱，反而更加强化和迷恋，表现出继承和发展古典经济学私有制神圣的强烈愿望和学术倾向。他们强调私有制的纯粹化，提倡私有制下产权的独立性和交易的自由自愿性，认为私有产权越纯粹，资本及有关产权相互间界定越严格，市场机制就有效。他们在强调解决外部性问题的同时，却仍旧痴心不改地坚持产权的私有分割与界定，从而在更大的范围内和更深的层次上造成他人、社会的利益损害和更大更多的外部冲突。对于这种显而易见的价值观方法论上的矛盾，个别西方学者也偶有批评（如库特），但在主流理念和学术意识上，他们的基本立场是一致的。私有制依赖给西方经济学乃至整个社会经济制度运行带来了十分明显的缺憾和误区，产生了许多难以自圆其说的逻辑混乱和认识上的断裂带，其科学性、完整性和客观性大大削弱。

（二）公有制歧视

私有制和私有产权依赖必然导致对公有制和公有产权的歧视。西方经济学对公有制的否定是根本性、彻底性的。这种否定主要表现在以下两个方面。

第一，认为公有制和市场机制难以融合，因而不能有效地配置资源。公有制与市场机制能否统一的最初争论发生在 20 世纪二三十年代。围绕苏联社会主义制度能否有效配置资源、如何看公有制特别是国有制与市场竞争的相互关系，东西方学者展开了激烈论战。其中较有代表性的学者是冯·米塞斯、哈耶克等人。米塞斯从论证经济活动的不确定性开始，对社会主义公有制特别是国有制提出疑问。他认为，由于市场经济活动具有不确定性，因此中央计划的有效性和可靠性值得怀疑，只有通过企业家才能处理信息、做出决策。而社会主义公有制特别是国有制由中央集权，没有市场，企业在产权上又没有独立性，因而造就不出负有财产责任的企业家和企业，因此，"一个理性的经济组织，在没有自由市场的前提下，从逻辑上说是不可能建立起来的，社会主义经济是不可能有效地实现资源配置的"[1]。从苏联建立社会主义国家开始，西方学者对公有制的质疑和否定持续了近一个世纪，至今仍在延续。客观地看，其中既有斯大林模式取消市场关系使社会主义基本经济制度面临困境所带来的教训，也有社会主义道路在成长阶段所必经的坎坷和挫折，但西方学者把这些教训、坎坷和挫折当作社会主义公有制的基本内容不加区别地予以批判，则是一种极为明显的学术误导和理论偏差，是缺乏说服力的。

---

[1] 冯·米塞斯：《社会主义》，乔纳森凯普出版公司 1936 年版。

第二，认为公有制对产权的界定是无效的，公有主体就是无主体，主体虚置必然造成浑水摸鱼、无人负责和社会浪费。在西方学者的讨论中，大量学术观点以至于社会生活判断似乎都充斥着这种"西方意识"。它已经超出了经济学、法学、政治学、社会学等单学科的价值判断范畴，上升为一种世界观和哲学观念。在不少西方学者眼中，公有制就是"大锅饭"，而大锅里没好饭甚至没有饭。在"私有神圣"的世界观影响下，一些学者断言："自私是一个基本假设。每个人的行为都是一贯的、永远不变的，以自私为出发点"，"资产与产品使用权利被界定为私有，是市场交易的先决条件"，"私有产权是独步单方"。[1] 西方产权经济学奉行的哲学观和方法论就是个人主义、功利主义和自由主义，在此基础上产生了"经济人"人格假设、"不确定性"和"复杂性"假设、"有限理性"假设。有学者在根据"科斯定理"分析公有制下政府及企业的交易费用时认为，公有制无法对不同企业的产权利益做最有效的抉择，因为在公有制下无法确定市场价格，无法判断谁对谁错，无法衡量交易费用高低，无法对劳动者做出激励……因而公有制的交易费用要比私有制高得多。一些东欧学者认为，在坚持公有制的前提下，不可能有真正的产权体制改革，产权关系真正有效的关键是把国有产权转到私人手中，通过出售国有资产等方式实行私有化，解决国有产权非人格化问题，一旦国有经济处于私有经济的汪洋大海之中，在竞争的压力下，其行为方式会像私有经济一样具有效率。

近年来，随着苏联和东欧实行社会主义制度的国家纷纷放弃公有制，进行私有化改造，社会主义的历史实践遭遇低潮，许多国家并没有真正解决公有制与市场机制有机统一的问题。这使得西方社会对公有制的歧视进一步加剧。一些西方学者纷纷预言不久的将来，公有制和社会主义将在地球上消失。但是以中国为标志的坚持社会主义公有制主体地位的国家，面对现实挑战，通过积极的经济体制和政治体制改革，呈现生机勃勃的繁荣发展，引起了全世界的

---

[1] 张五常：《再论中国》，信报有限公司1987年版。

共同关注。可见，确立和完善公有产权制度，破解社会主义公有制与市场机制进一步融合的世界性难题，是完全可能实现的。

(三) 产权价值观念的盲区

价值理论历来是支撑整个经济学的基础理论。古往今来对价值问题的研究融汇了许多学者的智慧和心血。从斯密价值学说的误区到李嘉图的价值悖论，从马克思主义的劳动价值论到西方社会的要素价值论，再从"边际革命"后的客观效用与主观效用价值论到马歇尔的均衡价值论，最后到现代西方经济学的价值——价格论，世界经济发展的历史实际上就是人们探寻价值、发现价值、实现价值的历史。随着经济的发展和要素循环的加快，经济运行中的价值现象也呈现多样化、复杂化的趋势。以交换和流通为主要手段的服务业成为标志经济高级化程度的一大产业进入发展序列，这种态势使得西方经济学一段时期以来对价值理论的关注重点，出现了从价值基础研究向价值技术研究和使用分析转变的倾向。这就造成了世界范围内价值理论研究相对滞缓的现状。很多时，人们在享受经济成果价值盛宴的同时，对价值创造与实现的缘由却不甚了了、混混沌沌。产权观念中的价值因素分析也是这样一种状况，几乎所有的产权经济学者都有意无意地回避或忽视了产权交换基本的价值分析。一些学者在大谈交易费用、交易成本、社会效用和制度成本的形成机理时，却可以丝毫不顾及这些领域真正的价值因素所在和价值实现成因。在此种流行趋势的影响下，一些学者甚至将政府也简单地纳入企业和交易范畴，对其政策和制度行为进行估价，这不能不说是一种理论体系乃至经济学科的缺憾。

三 现代产权概念基本内涵新释

对现代产权的基本内涵，我们倾向于作以下阐释：产权是由所有权决定的资产支配形式。在这一产权范畴的新界定中，以下要义值得深入认识和把握。

第一，所有权和产权是生产资料所有制形式在法律上的辩证体现。所有权是一切产权权能行使延伸的基础，是产权权益最终落实的决定因素，是产权要素重组整合的核心力量。从各个时代的各种产权发展实践可以看到，无论产权权能及其执行主体派生和分离到何种程度，都逃脱不掉所有权的最终制约。在属性特征上，所有权是总揽权，产权是由所有权所决定的分属权；所有权是资产占有性质及其各项权能的集中反映，是一切权能集合的产生根源，产权是由所有权派生的各项权能的单元体现；所有权是最终裁断权，决定资产收益的归属与结构，产权是应资产运营需求而择定，可以分割变动的运营支配形式。

第二，"资产"的内涵统括资源、资本和财产。"资产"代替"财产"定义为产权客体，在经济学的基础范畴内，更加突出了现代产权运动中资源的有用性、稀缺性及其价值意义，更加强调了产权的动态运营和资源、资本、财产的有机联系，更加关注了生产资料与生活资料两大部类的生产交易过程在现代经济运行状态下的相互联结和相互转化。可见，"资产"的概念更具动态性、包容性和准确性，表现出更强的研究运用张力。

从这个意义上说，现代产权运动的实质，是制度性因素与经济性因素有机结合、权利主体作用与权利客体功能交互影响的特殊经济运作形态。它已大大超越了简单商品运动和一般资本运动的现实影响，更多地反映出权能型价值运营要素的特征和自身规律。

第三，"支配形式"是一个开放体系。从总体上看，"支配形式"包含三种基本形态：资产经营形式、资产取益形式和资产流转形式。各种基本形式又可分出多种具体权能形式，并做出多种灵活的配置和分工。这当中不仅可以包括传统理论中的占有、使用、处分、收益等权能成分，还应包括随着产权运动高级化趋势而出现的新的权能成分。以"支配形式"定义产权权能，不仅克服了以往经济学与法学定义中"列举式"权能不尽完整的弊端，而且解决了随着实践的发展，产权权能进一步补充、完善、更新的现实需求。抽象概括程度的提高，可以充分预留产权理论与实践研究的学术发展阈值。从严格的经济学与法学结合角度看，"支配"隐含了两个基本属性：一个是制度与法通过一定的上层建筑所赋予的具有共同约束效力的权力属性；另一个是支配行为作用于权利主体与客体的用益属性。无论何种产权支配形式的实现，在客观上，均要求最大限度地获得以上两个基本属性所规定的最佳效用。

第四，在产权权能体系中，各类各种支配形式的权利组合与权能分工不是孤立的、对等的，而是一个主辅相承、有机融合的敛散结构。在时空序列下，产权权能的分与合、主与次、敛与散、留与存取决于资源配置和经济运行的需要。值得注意的是，在现代产权的占有、使用、收益、处分等常用权能中，由处分权益要素集合延伸出来的多重让渡权（有的含有对冲权利元素）和相对独立的法人财产权，已逐渐发展为带有基础决定色彩的主干权能，成为资产流转形式中的新生代。让渡的性质已不是传统经济学意义上的所有权的完全转移或流失，让渡的主体行为也不再是终极所有者以股份取益为目的独立活动，而是部分或更多地带有产权流转增值循环的效用，这正是法人财产权在现代公司治理结构中所担负的一个扩展性权能。此时的终极所有者在让渡行为中已退居其后，在所有者授权委托的前提下，"售让处置"已成为衡量产权运营法人主体转代理彻底程度的一个标志。这一剥离形式的出现，使得经济循环中的高端链接（如金融、证券及其衍生品市场）具备了更为有效的权能工具，体现出更加灵敏、精确、便捷的运行效率。

第五，作为以经济学为主，结合法学视角所定义的这一产权概念，与法权意义的产权观念既有联系又有区别。其主要联结点在于，任何产权的确立、行使和仲裁必须以相应的法律规范和制度保障来体现，产权的发生与效用集中反映为法权的导向与效能。由此可见，产权的本质是对物质、精神的物化或活化劳动成果支配方式所需的一切社会关系的总和。产权关系不是物人关系或人物关系，而是在法律规范和法权保障下作用于物的承载者——人与人之间的社会关系。两者的区别在于,经济学的产权视角侧重考察评估动态背景下产权发生与行使的过程;而法学的产权观念则侧重于静态地判断权利主、客体的界区及执行结果。在社会角色分工中,前者更多地带有经济基础构建和生产关系调整的历史职能,而后者则被更加鲜明地赋予上层建筑领域的司法意义和国家权能。

(本文与张晓刚合写,发表于
《吉林大学社会科学学报》2009 年第 5 期)

中央企业改革发展目标：
国际"一流"企业

中央企业就是由中央人民政府直接所有并经营管理的企业，它是中国国有经济的核心与精华部分，是国民经济的命脉和支柱，在社会主义市场经济中起重大导向作用，是社会主义国家政权的重要经济基础与决定性力量。因此，其改革发展战略目标的确定与选择，不仅关乎中国的社会主义方向，更关乎中国在国际经济中的地位与作用，对如何把中国建成世界一流强国具有重大的现实意义。

一 中央企业改革发展目标应避免三个"陷阱"

(一) 企业"大而不倒论"

在中外企业理论研究中，一直存在着"扬大抑小"的倾向，即认为"大企业不倒"（too big to fail），只要把企业规模做大，不仅可以具备经济学上讲的"规模效益"，而且"不易倒闭"，甚至"不能倒闭"，亦谓"大而不倒论"。其实，这是个理论认识误区。企业在激烈的市场竞争中能否取胜和发展壮大是由多种因素所决定的，并不单纯取决于规模大小。一般来讲，中小企业势单力薄，资本也不雄厚，在激烈的市场竞争中确实存在被资本力量雄厚的大企业所吞并即被"大鱼吃掉"的风险。但这并非绝对的、必然的。第一，中小企业在市场经济的海洋中具有运营方便、经营灵活的特点，"船小掉头快"，可以快速追波逐浪、勇立潮头，且由于其"吃水浅"，"负载不重"，不易触礁翻船或搁浅。第二，中小企业由于规模小、易组建、管理层少、体制机制简单，不易产生体制缝隙及管理漏洞，人际关系单纯明晰，可以减少内部摩擦与力量损耗，提高运营效率。第三，中小企业并不等于技术设备必然陈旧落后。中小企业对改革传统技术管理体制的要求更紧迫，对设备更新与技术升级的行动更积极；并且，较之大企业，中小企业进行设备更新与技术改造所需资本更少，所用时间更短一些，因而采用新技术、新设备要相对更快一些。因此，中小企业的技术进步，尤其在技术集成创新和引进消化再创新方面往往具有一定的先进性。第四，中小企业一般都是国民经济的主体部分。世界上无论是发展中国家还是发达国家，不消说自由资本主义时代，即便是垄断资本主义时期，也是中小企业占绝大多数。当代资本主义虽然诞生了众多垄断巨头，但由于各国普遍施行了反垄断法，限制大垄断企业的存在与发展，这也为大量中小企业提供了生存与发展空间；并且，正是由于大量中小企业的存在与发展限制了垄断并强化了自由竞争，才使国民经济保持了旺盛的活力。

正是由于中小企业具有上述优势，所以在激烈的市场竞争中并非必然失败或被大企业所吞并。尤其是，大企业也有自身所固有的劣势及局限性。俗话说："大有大的难处和弊端。"第一，难以使经营管理科学合理化。大企业集团内部都设有二、三级分公司，每级分公司又内设不同经营管理部门，大董事会内套小董事会，大经理层下有次级经理层。由于经营管理层次多，每个层次都是相对独立核算的利益主体，每级董事会与经理层又要各司其职、各尽其责，难免产生利益碰撞与摩擦，甚至发生利益争夺与冲突。并且不同层次之间乃至同一层次不同部门之间不可避免地存在体制与管理漏洞，不可避免地存在相互推诿与扯皮现象，使得企业经营管理科学化难以真正落到实处。第二，难以避免下层单位欺上瞒下，进行造假等违法违规行为。尽管大跨国企业制定了种种严格的规章制度并有各种纪律约束，但也难保下属企业（尤其是远离总部的海外企业）不出现违法经营及非法牟利问题。沃尔玛和家乐福是世人皆知的国际一流大零售企业，它们在中国的众多分店在 2011 年通货膨胀中都乘机违规涨价，涉嫌价格欺诈。第三，"家大业大浪费点没啥"，这几乎是所有大企业通病，也是难以治愈的顽疾。家大业大管理费用大，这里面包含着诸多的浪费。所谓公车私用、公款私存、公款吃喝、公费旅游在许多大企业都不同程度地存在，办公楼的长明灯、长流水以及笔墨纸张的浪费更是比较常见。

从上可见，大企业与中小企业各有其优势与弊端，企业并非越大越好，也并非越小越好。企业规模客观上有一个合理的数量界限，达到这个界限便会产生良好的规模效益，达不到这个界限就没有规模效益。因此，企业规模一定要适度。企业无论大小，只要规模不适度，都不可能实现其最佳经济效益。中央企业改革发展一定要把企业做大，但要大得适度，而不要盲目追求规模过大，防止掉入"大而不倒"陷阱。

所谓企业"大而不倒"论，不仅理论上是不成立的，而且实践证明也难以立足。第二次世界大战以来世界经济发展的实践表明，在激烈的市场竞争中，许多"小而强"的新兴优质企业战胜"大而杂"的传统弱质企业，出现令人震惊的"小鱼吃大鱼"现象。1985 年销售额仅为 3 亿美元的泮特雷普来得公司收购了年销售额达 24 亿美元的雷夫隆公司就是典型一例。2008 年 1 月，美国第一大商业银行花旗银行和第二大商业银行摩根大通银行均因次贷而出现巨额亏损；美国两大住房抵押贷款融资机构"房利美"和"房地美"宣告破产，由美国政府接管；紧接着，美国第三大投资银行美林证券公司被美国银行收购；美国第四大投资银行雷曼兄弟公司宣布破产保护；美国第一大投资银行高盛公司和第二大投资银行摩根士丹利公司双双被改组转型。希腊、葡萄牙、西班牙、意大利不仅大银行纷纷陷入困境或倒闭，连整个国家都发生严重的主权债务危机。欧洲其他主要国家英、法、德的一些大企业和大银行也受到全球金融危机尤其是欧债危机的影响而破产或濒临破产。活生生的事实击破了大银行、大企业"大而不倒"的神话。

同时，活生生的事实也表明，中小银行和企业必然不如大企业甚至必然倒台的说法是错误的。在非金融危机时间，一般来看，美国的中小金融企业——社区银行远不如大银行业绩那么好，那么风光，但在2008年以来的金融危机中，上述状况却发生逆转。美国社区银行亏损的比例远低于大银行，大有"风景这边独好"之景象。有些学者通过认真研究评论说："总体来看社区银行较为保守稳健，与大银行相比发展较为平稳，虽然受金融危机冲击，但幅度远不如大银行那么剧烈。"[①] 所以，不能笼统地认定大企业必然好，中小企业必然不好；同样也不能认为大企业必然不好，中小企业必然好，企业好坏优劣不能简单依据规模大小而定。

（二）"唯产值高论"

在现代企业理论研究中，有一种颇具代表性观点认为，创建国际一流企业，必须产值越高越好。世界企业500强就是依据其产值多少来排定的。这是按产值论英雄，只有企业所创产值达到世界最高或本行业最高才算得上"一流"企业，否则不能判定为世界"一流"企业。我认为，这种"唯产值高论"是一个误区。

诚然，达到世界"一流"企业的标准可以有"产值"方面的要求，要求企业所创造的产值达到一定标准。但这只能作为企业达到世界"一流"水平的一个必要条件，而不能作为唯一的衡量标准。

我认为，衡量一个企业的好坏不能只是依据产值多少来断定，而主要应看其盈利能力和盈利水平。苏联著名经济学家利别尔曼在20世纪60年代初向当时的执政当局提出一个重要改革建议：应把利润作为考察社会主义企业经营效果的唯一指标。此说被当局加以批判，却在国内外学界引起不小震动。中国老一辈著名经济学家孙冶方在企业理论研究中，大胆提出了"利润是考核社会主义企业经

[①] 龙超、邓琨：《中小企业融资与社区银行发展——美国社区银行发展的启示》，《经济学动态》2011年第8期。

营效果好坏的唯一标志"的思想和观点,在"文化大革命"中被冠以"利润挂帅"而受到理论批判与政治陷害。孙冶方认为,利润是衡量社会主义企业经营好坏的"牛鼻子",牵住这个"牛鼻子",企业就会活起来,其经营的实际效果就会越来越好。这种主张不仅是对当时中国社会主义企业不问亏损与否,甚至追求利润有罪、亏损光荣等理念的有力抨击与批判,而且对改革开放后中国国有企业的改革与发展也具有重要的指导价值与实际意义。

凡是现代商品经济或市场经济条件下的企业,都必须以追求利润为目标,无论是资本主义企业还是社会主义企业都概莫能外,理应如此。所不同的是利润是不是企业追逐的唯一目的,取得的利润(当然是合法利润)归谁所有,由谁支配,为谁谋福利。就是说,资本主义企业,如马克思所说,赚钱发财是这个生产方式的绝对规律,除了追逐利润,不知道别的其他什么目的。"不管生产方式本身由于劳动隶属于资本而产生了怎样的变化,生产剩余价值或榨取剩余劳动,是资本主义生产的特定内容和目的。"① "资本主义生产的目的是发财致富,是价值的增殖,是价值的增大,因而是保存原有价值并创造剩余价值。"② 马克思还进一步指出:"不但资本主义生产的决定性的目的不是为生产者(工人)而生产,而且它的唯一的目的就是纯收入(利润和地租)"③,"资本主义生产的直接目的不是生产商品,而是生产剩余价值或利润(在其发展形式上)"④。社会主义企业由于其生产资料所有制是公有制,所以它们取得的剩余价值或其发展形式——利润是归劳动者共同所有,国有企业所获取的利润自然就归国家所有,由国家代表全体人民对利润行使占有权、支配权、使用权,用它来为全体人民谋福利。这是社会主义企业与资本主义企业在生产经营目的上的根本区别。此外,社会主义国有企业作为国家的企业,是由社会主义国家直接掌握的重要经济

---

① 《马克思恩格斯全集》第二十三卷,人民出版社1972年版,第330页。
② 《马克思恩格斯全集》第二十六卷第一册,人民出版社1972年版,第430页。
③ 《马克思恩格斯全集》第二十六卷第二册,人民出版社1973年版,第644页。
④ 《马克思恩格斯全集》第二十六卷第二册,人民出版社1973年版,第624页。

力量，要为实现国家的重要经济目标服务，要为实现国家利益即全体人民根本利益服务。为此，除了追求盈利、实现利润不断增长以外，它还要为国家担负保证社会公共福利、增加就业、调节经济运行、保持社会稳定等方面的任务。其生产经营目标是多元化的，并且它所追求和获取的利润也是归全体人民所有，以各种方式为全体人民谋利益，这也是社会主义国有企业同资本主义企业的另一个重要区别。

正如国家发展不能盲目追求高产值一样，中国国有企业要建成国际"一流"企业，也不能盲目追求高产值。依据经济学的一般原理，总产值从一个国家角度讲叫国民生产总值（GNP），在统计上往往只统计国内的量，称国内生产总值（GDP）；而从微观的企业来说则是企业总产值，其价值构成为 $C+V+M$。其中，C 为生产资料消耗，主要包括三种：一是原材料、燃料、动力消耗；二是生产经营所用的各种辅助材料及辅助设施消耗；三是生产经营设备的折旧费，包括机器、经营场地、厂房等折旧费用。V 为支付给劳动者的工资费用，包括奖励工资、奖金、隐性收入、年金分红等。以上两项 $C+V$ 构成企业经营成本。在上述成本中还要包括为使企业产品产值实现的交易费用、广告费用等。由于众多企业均存在"乱摊成本"现象，将公款消费部分也摊入成本，这使 $C+V$ 内含的内容十分复杂且过度扩张与膨胀。

以上 $C+V$ 为企业生产经营活动所消耗的部分，构成企业的总成本费用，它在企业所创造的总产值中所占的比重越高，越说明企业投入高。如果高产值是用高投入取得的，则表明企业投入—产出率低，经营管理绩效很差。如果一个企业的一定的高产值是靠高投入、过多消耗能源与资源来实现的，那么它在什么时候都不可能建成国际"一流"企业，即使是国内"一流"企业也不可能达到。

M 作为剩余价值的发展形态——利润，是生产经营优劣的最根本标志。在生产企业总产值 $=C+V+M$ 中，只有 $C+V$ 部分充分降低，M 部分才可能尽量多；在流通企业总收入 = 经营成本 + 利润中，只有经营成本尽可能减少，企业的利润或纯收入才可能尽可能多。所以，要把企业建成国内"一流"企业乃至国际"一流"企业，就必须采用利润这个指标。国际"一流"企业必须具有国际"一流"的盈利能力及盈利水平。如果只看企业是否创造了"一流"的产值，就很容易把其能源和资源的高消耗、高浪费掩盖起来，实际上是鼓励与支持能源与资源的高浪费，不利于生态优良的节约型社会的建设与发展。

（三）单一"产品竞争力论"

产品竞争力是企业参与市场竞争的基本能力，也是企业不被市场淘汰、可以生存发展的基础条件。强者胜，弱者败，弱肉强食，强者生存，弱者淘汰，这是市场竞争的基本规则。现代市场，尤其是十分发达的国际市场，竞争并非当年那样一般的竞争，不仅竞争主体庞大，力量雄厚，而且竞争手段多样化，竞争活动错综复杂，竞争程度空前残酷剧烈，用"经济战争"来形容毫不为过。要将中国央企建成国际"一流"企业，仅有一般的产品市场竞争力是远远不够的，而必须具备"综合市场竞争能力"，即综合竞争力。

所谓综合竞争力，就是企业将人、财、物、产、供、销以及技术、产品、服务等方面优势转为市场竞争优势的水平与能力。它不是某一个方面的竞争能力，也不是几个方面市场竞争能力的简单相加，而是企业上述各方面综合实力在市场上博弈、竞争中的体现。衡量企业综合竞争力水平高低，就看其在现代市场的综合较量中能否站住脚并取得长足发展。产品竞争力只是企业市场竞争力的一个重要方面。如果企业其他方面的竞争力很弱，也不能在竞争博弈中取胜。如某名牌汽车在市场上竞争力很强，但由于售后服务差、召回率高，使企业名誉受损，经济效益大幅下降。

产品要有品牌和名牌，技术要高、新，服务要一流，生产要低耗高效，供销渠道要灵活通畅，人才要优秀，资本要雄厚，设备及生产资料要精良，等等，这些均是形成与提高企业综合竞争力的必备条件。可见，提高企业的综合竞争能力与水平不是一件简单的事情，而是一项十分艰巨复杂、需要下大功夫培养与建设的系统工程。中国中央企业要跻身世界"一流"企业，必须把综合市场竞争力与水平提升到世界先进水平。

在综合竞争力中，我认为核心竞争力是"产品品牌+优秀人才+服务一流"。这三者是相互联系、相互促进的三位一体的关系。其中最关键的是人才。一流产品要由优秀或一流人才来创造，一流的服务也要由优秀或一流人才来提供。所以，现代市场竞争，归根结底是优秀人才（或一流人才）的争夺与竞争。

所谓"优秀人才"，用经济学术语表达就是"优质人力资本"。人力资本是"活的资本"，是"劳动者借以获得劳动报酬的专业知识与技能"[1]，是推动经济增长的重要因素和力量。保罗·罗默认为，具有专业知识和技术的人力资本是经济增长的重要内生因素[2]。而罗伯特·卢卡斯则认为，特殊的"专业化人力资本"是经济增长的"发动机"[3]。任何企业若要增强其竞争力，固然要不断提高物质资本的功效，但关键是要特别注意提高人力资本的功效，使其成为企业发展的决定性力量。微软公司和苹果公司之所以能成为世界一流IT企业，就是因为有比尔·盖茨和乔布斯这样一些世界一流科技人才艰苦创业，坚持不懈地进行自主创新。更为典型的是，苹果公司由于乔布斯带领其研发团队不断研发新产品，创世界品牌，使苹果公司走向繁荣与鼎盛。由于某种原因，乔布斯一度离开苹果公司，这段时间企业出现严重亏损，世界市场的竞争力和产品的市场占有率都严重下滑。为了拯救苹果公司，乔布斯重返苹果公司。他大刀阔斧进行企业改革与整顿，大力提升人力资本的运营质量与效率，开发一代又一代新产品，使苹果公司重

---

[1] ［美］加里·S. 贝克尔：《人力资本》，梁小民译，北京大学出版社1987年版。

[2] Romer P. M., "Endogenous Technological Change", *Journal of Political Economy*, Vol. 98, 1990.

[3] Lucas R. E. Jr, "On the Mechanics of Economic Development", *Journal of Monetary Economics*, Vol. 22, 1988.

新焕发生机，大大提升了在国际市场上的竞争能力。可见，一流的科技人才对企业自主技术创新，发展自主品牌和新产品，永葆企业在世界市场上的竞争优势地位，使其居于世界一流企业前列，具有重要的决定性作用。

二　中央企业改革发展战略目标选择

(一)"改革完成论"：中央企业改革发展战略目标选择的障碍

改革开放 30 多年，中央企业改革确实取得了举世瞩目的成就。经过利润分成、放权让利、利改税、租赁及承包责任制等一系列改革，尤其是进入 21 世纪以后国有企业进行产权制度改革，通过兼并、收购及优化重组等改革攻坚，中央企业已经由过去的几万户猛降至 2012 年 2 月的 115 户了。尽管其在国民经济中所占比重大幅下降，但生产经营绩效却明显提高。2011 年全年累计实现营业收入 20.2 万亿元，同比增 20%；累计实现净利润 9173 亿元，同比增长 6.4%；累计上缴税金 1.7 万亿元，同比增 19.7%。截至 2011 年年底，中央企业总资产已达 28 万亿元，同比增长 14.9%；净资产达 10.7 万亿元，同比增长 11.4%。特别值得一提的是，中央企业大力开展境外资源开发与互利合作，国际经营水平显著提高。2011 年 1-11 月，中央企业在境外（含港澳台地区）营业收入 3.4 万亿元，实现利润 180 亿元，分别同比增长 30% 和 28%。① 据此，有些同志认为中央企业改革基本完成了。

对这种"改革完成论"，笔者不敢苟同。在我们看来，中央企业的改革成就固然巨大，但改革远未完成与终结，尚需大力推进与深化。第一，上述业绩的取得基本上是靠国家垄断地位实现的。中央企业基本上都是自然垄断企业，只凭国家垄断市场价格就能获取高额利润。中央企业如何像其他企业一样自由竞争，去掉国家给予

---

① 《去年央企营收 20.20 万亿，累计上缴税金 1.7 万亿元》，人民网，http://www.people.com.cn，2012 年 2 月 21 日。

的资源、技术、资金等方面的优势，不再凭借垄断市场价格来获取最大限度的利润，这个问题并没有解决。第二，中央企业的治理结构基本上是"一股独大"。实事求是地讲，当今中国企业治理结构状况基本上是国有企业不如非国有企业，中央企业远不如股权多元化的股份制企业。由于中央企业的股权结构"一股独大"，因此很难实现政企分开，企业往往受国家政治与行政方面的干预与困扰。第三，中央企业的管理漏洞还很多，管理水平与管理效率还比较低下。中央企业大都管理机构庞杂，机构臃肿，人浮于事，相互扯皮现象较多，决策效率低下，管理成本高昂。这与国际一流企业管理标准相距甚远。

解决上述问题，必须完善企业管理体制机制，从制度上堵塞漏洞，提高管理水平，而这就必须依靠中央企业不断地深化改革。只有大力推进改革，才能打破垄断，引进市场机制，增强中央企业竞争活力；只有深化改革，才能使中央企业股权结构及治理结构不断优化；也只有深化改革，才能激活中央企业管理体制机制，为中央企业发展提供新动力，并为中央企业发展成为世界一流企业创造充足条件。

（二）中央企业实现改革发展战略目标的路径及对策

中央企业深化改革，实现"十二五"发展战略目标，建成并长久居于世界"一流"企业行列，必须抓住以下关键环节进行攻坚，通过以下途径取得实质性进展，跃上新的台阶。

1. 改革深化必须在理论认识上率先突破

理论是实践的指南，中央企业深化改革，必须有科学正确的理论做指导。以往的中央企业改革一直是在传统国有制理论指导下进行的，如今在很大程度上已经形成理论惯性及"路径依赖"。"十二五"时期中央企业改革要取得突破性进展，必须打破传统国有制理论的束缚。

在国有经济理论研究中，一直盛行着"国有经济控制论"。这种理论认为，国有经济不仅要"控制国民经济命脉"，而且要控制其他经济成分。中央企业作为国有经济的核心与精华部分，更应担负起这种控制职能与作用。这种理论认识明显存在偏颇：一是显示出对非国有经济的歧视与"不放心"，似乎非国有经济成分一发展壮大，就会改变国家的社会主义性质与发展方向；二是混淆了国家与国有经济的职能与作用。国家是权力机关，不仅具有管理经济的职能与作用，而且有管理社会的职能与作用。国有企业包括中央企业虽然属于国家所有，但它只是一种经济成分，不等同于国家权力机构，不具有调控整个社会经济的职能与作用，至多在市场经济的各种经济成分中起主导作用，即主要的导向作用，不能直接控制其他非国有经济的存在与发展。三是市场经济是平等经济，国有经济包括中央企业与其他非国有经济地位平等，都是独立的市场主体，相互之间是平等竞争关系，不存在谁控制谁的问题。显然，国有企业包括中央企业控制其他非国有企业是违背市场经济基本规则的，不仅缺乏理论依据，在实际上也无必要。

2. 发展战略由"内控为主"转向"内竞外争"

既然国有企业包括中央企业在国内没有控制其他各种经济成分存在与发展的功能与职责，国家或中央政府就没有必要令其去执行和完成毫无必要性的职责。在理论上如果一再强调国有企业包括中央企业"控制"其他非国有企业，令其干其不该干的事情，势必误导其主攻方向，影响和妨碍其主要功能与职责的发挥，并且使其该干的事情无力干好。国有企业包括中央企业在国内只能以"兄弟"身份与其他非国有经济成分平等竞争，不能以"父辈"身份控制非国有经济这个"儿子"。其在国内的主攻方向应是占据战略行业的制高点，坚守与发展关系国家安全和国民经济命脉的重要行业及关键领域，如军工、自然垄断行业、重要资源、公共产品等行业或领域。除了在国内公平、平等竞争以外，国有企业尤其是中央企业需大胆跨出国门，积极参与国际市场竞争。要实现建成国际一流企业的战略目标，中央企业必须把占领国际市场作为一个主攻方向，以国际市场为主要战场，在国际市场竞争中"唱主角"。

3. 转变经济发展方式与调整经济结构"二轮驱动"

对中央企业来说，转变发展方式与调整经济结构的任务远未完成。迄今为止，中央企业的发展依然依靠扩大投资、过度消耗资源过度扩张规模，进行粗放式的经济增长。据媒体引用的数据，仅2011年国资委下属的中央企业与地方政府协议签约的投资项目就超过10万亿元，某些省仅一家就超过2万亿元。到2012年，更是势头不减。仅2月份，中央企业就分别同新疆、安徽、河南、广西召开项目对接会、合作发展、投资洽谈会，迎来中央企业扩大地方投资的新热潮。有资料表明，2011年中央企业的地方投资平均净资产收益率仅约8.4%，剔除息税后的总资产回报率约3.2%，还不及银行一年期基准存款利率3.25%高。[①] 依靠低效率投资来拉动经济增长是一种典型的外延型粗放式经济发展方式。

中央企业应成为转变经济发展方式的榜样与典范。无论是在节能减排上还是绿色环保方面，也无论是在增产节约上还是资源优化配置及合理利用方面，中央企业都应做出表率。但事实上却恰恰相反，中央企业不仅是中国的投资大户，还有相当一部分是耗煤大户、耗电大户、碳排放大户，甚至还有一些污染大户。不仅如此，某些中央企业还是圈地大王，是土地闲置浪费大户，是"三公消费"大户，等等。这些问题的解决，从根本上讲要依赖于经济发展方式的根本转变：从上述"大户"变成内含型集约式发展的"大户"。

强调中央企业转变发展方式，已有多年了，为什么迟迟不能实现真正转变？我们认为症结在于两个方面：第一，没有做到以改革促发展，或者说在这方面抓力不足。改革是中央企业发展的根本动力。改则进，保则退；攻则前，守则后。只有深化中央企业体制改革，才能引入市场竞争机制，破除垄断地位及"一股独大"状况，才能实现人、财、物合理利用及资源优化配置，从而提高企业运营效率。第二，没有把转变经济发展方式与调整经济

---

① 《中华工商时报》2012年2月16日。

结构有机结合起来。从某种程度上讲,甚至自觉或不自觉地把二者割裂开来,对立起来。某些中央企业把转变经济发展方式与调整经济结构看作不相干的两件事,做起来"单打一",抓"转"忘了"调",抓"调"忽略了"转"。实际上,转变经济发展方式与调整经济结构二者不仅紧密关联,而且是相辅相成的关系。转变经济发展方式不仅要求调整经济结构,而且要以经济结构调整为条件;而调整经济结构不仅可以促进经济发展方式转变,而且可以使新的经济发展方式建立在合理的结构基础上,从而使新的经济发展方式得以稳固。因此,中央企业要建成世界"一流"企业,必须继续以改革为动力,大力转变经济发展方式,加大调整经济结构的步伐和力度,把调整经济结构与转变经济发展方式有机地结合起来,实现"二轮驱动"。这是中央企业达到国际"一流"企业目标的根本途径与选择。

4. 全力提高企业的自主创新能力,创造更多的世界"一流"品牌产品

品牌是现代市场经济的一种新竞争力。当今中国的中央企业之所以大多数没有跨进世界"一流"企业行列,原因就在于缺少世界"一流"的品牌产品。如"海尔""贵州茅台""一汽"等品牌,不仅自身具有很高价值,而且它附着在产品上,使产品具有更高的价值,会成倍地增加产品的市场竞争能力。然而,要创造出更多的品牌产品,中央企业必须全力提高企业的自主创新能力。企业自主创新主要包括制度创新、管理创新、科技创新,这些创新是创造品牌产品的不竭动力及源泉。而要实现以上创新,中央企业要培育并且拥有大批世界"一流"的人才(包括科技精英与管理人才等)。只有"一流"人才管理"一流"企业,才能出"一流"产品,才能具有国际市场的"一流"竞争力。所以说,优质人才(或人力资本)是做强做优中央企业、建成世界"一流"企业的根本条件与重要基础。

三 结束语

一言以蔽之曰:"十二五"乃至今后一个较长时期,中央企业改革发展的战略目标是建成国际"一流"企业,它不是单纯的"规模大""产值高"的企业,也不是简单具有一般"竞争力"的企业,而是具有适度规模的世界一流盈利能力与水平的企业,并且是具有以不断自主创新为核心支撑的综合国际竞争力的企业。

(本文发表于《吉林大学社会科学学报》2013年第2期)

把企业推向市场的对策

把企业推向市场，是改革深化的必由之路，也是我国改革发展的一个大趋势。为了保证把企业推向市场这一仗打胜，需要上下一致，各方配合，采取一系列行之有效的对策。

首先，要进一步解放思想，打消和清除阻碍把企业推向市场的种种疑虑，突破把企业推向市场的种种旧观念、旧理论、旧框框，树立社会主义商品经济新观念，树立市场观念。要像邓小平同志在深圳特区和蛇口工业区考察时所强调的那样：要更放宽些，更大胆一些，比现在还要放开。把企业推向市场，实际上就是把企业的手脚放开。只有领导者的思想放得开，企业的手脚才能真正放开。因为领导者思想不放开，他就不会积极去推动企业进入市场。思想放开，理论放开，就会对企业进入市场形成一种强大的舆论推动力。

其次，转换企业经营机制，迫使企业自动进入市场。企业经营机制不转换，还是老一套，工资制度上是"铁饭碗"，人事制度上是"铁交椅"，分配制度上是"大锅饭"，没有差别，没有竞争，没有激励，不适应商品经济发展的要求，更不会有走向市场的愿望与要求。所以，改革企业工资制度，实行多劳多得，拉开收入差距和档次，打破分配上的平均主义和"大锅饭"，就会激发起职工的劳动积极性。企业内部精简机构，实行人员流动，打破干部和技术人员的"铁交椅"，有利于充分调动干部和技术人员的积极性。只要企业按照商品经济的原则要求，转换经营机制，企业真正成为自主经营、自负盈亏的独立的商品生产者和经营者，它就会自动进入市场。可见，企业内部经营机制的转换，乃是企业进入市场的一个内在动力。

再次，完善市场体系，整顿市场秩序，提高市场发育程度，为企业进入市场提供一个良好的环境与条件。目前，我国市场体系不完善，市场秩序混乱，市场发育程度低，这是把企业推向市场的严重阻碍，也是企业不愿意进入市场的重要因素。要素市场不完善，企业就无法从市场上购买生产经营所必需的生产要素。市场价格不合理，企业之间就难以开展公平竞争；资金市场或技术市场不发育，都会影响企业之间的资金融通或技术交流；市场组织不健全，也会妨碍企业之间的正常交易；市场法规缺欠，就会给一些企业投机倒把、搞非法交易、大发不义之财提供便利。所以，为了加快企业进入市场的步伐，必须整治市场，改善市场环境，提高市场的发育程度。

最后，构建社会保障体系，为企业进入市场提供可靠的保证。企业进入市场后，要为获取最大限度的利润而展开激烈的竞争。优胜劣汰是竞争规律作用的一个必然结果。企业破产，职工就要失业。职工失业后，工资和福利待遇丧失了，生活就无保障。所以，设立社会失业救济基金，构建社会保障体系，为破产企业解除后顾之忧，可以更快地促使企业进入市场。

（本文发表于《经济纵横》1992 年第 6 期）

深化价格改革的两点理论思考

一 价格放开：企业进入市场的根本要求

把企业推向市场，是我国企业改革的核心，也是我国当前乃至以后若干年经济体制改革的重点。这是党中央和国务院审时度势，在治理整顿任务基本完成，社会总需求与总供给基本平衡，通货膨胀得到有效抑制与治理，国民经济发展走出低谷、稳步回升的大好形势下，加快改革步伐，加速构建有计划商品经济新体制的重大决策与正确步骤。把企业推向市场，实际上就是让企业的生产经营活动由市场来调节。其中，也包括企业产品的价格由市场来决定和调节。因此，价格放开，是企业进入市场的根本要求。企业产品的定价权仍然掌握在国家行政机构手里，企业产品的价格就无法由市场供求关系来调节，企业进入市场就是一句空话。

改革开放以来，我国的价格决定机制已发生了根本性的变化，即由国家定价为主转向市场定价为主。1990年，国家定价在社会商品零售总额中所占的比重只有29.7%，在农民出售农产品总额中的比重仅为25.2%，在工厂出售的生产资料总额中所占的比重也由1978年的100%猛降到44.4%。而市场调节价在社会商品零售总额中所占的比重已达53.1%，在农民出售农产品总额中的比重也高达52.2%，在工厂出售生产资料总额中的比重虽然仅占36.8%，但如果加上国家指导价（实际上是国家计划指导下的市场定价）的比重

18.8%，也达到50%以上。① 这说明，经过10多年的价格改革，国家定价已降至次要地位，市场决定价格的机制已开始起主要作用。商品价格由国家手里基本放开，转由市场自由定价，这就为企业进入市场提供了可靠的基本条件。所以，把企业推向市场并不是不切实际的主观臆想，而是具备现实可能和实现条件的。

适应有计划商品经济发展要求的新的价格体制不是完全由市场调节的自发的市场价格体制，而是有计划的价格体制。它并不根本否定和彻底取消国家定价，完全实行市场自由价。《中共中央关于经济体制改革的决定》明确指出："必须改革过分集中的价格管理体制，逐步缩小国家统一定价的范围，适当扩大有一定幅度的浮动价格和自由价格的范围。"这就是说，国家统一定价的数量和范围要大大减少和缩小，而不是根本否定和彻底取消；市场浮动价格和自由价格的范围要扩大，但也不是无限地扩大，而是"适当扩大"。这里既有一个合理的数量界限问题，即"减少"到什么范围为合适，"扩大"到什么程度为"适当"；也有一个哪些商品该放开、哪些商品不该放开的问题。正因为有计划的市场价格体制决定我国的商品价格尚不能也不允许完全彻底放开，所以，企业就不能全部进入市场。以为把企业推向市场，就是把所有的企业统统推向市场，是一种不切实际的想法。这在有计划商品经济体制下，是不可能实现的。

为了掌握国民经济命脉，稳定经济，安定人民生活，保障社会主义经济发展的正确方向，社会主义国家对关系国计民生的重要产品必须掌握定价权，由国家统一定价。同时，对于那些严重短缺的生产资料，在一定时期内，也要由国家统一定价。否则，一律放开价格，就必然引起社会经济秩序紊乱和经济发展失控，从而导致社会经济生活动荡。

我认为，根据改革以来的实践，竞争性、营利性的企业可以而

---

① 中国社会科学院财贸物资经济研究所《中国商品市场发育与完善》课题组：《中国价格运行的现状、问题与前景》，《财贸经济》1992年第4期。

且应当进入市场,所以一般说来,这一类企业的产品价格国家应随其进入市场的状态及进程而逐步有计划地放开;而那些垄断性(尤其是具有自然垄断性)、非营利性的企业,是难以直接进入市场的,并且它们的产品或服务一般都直接关系到国计民生,所以它们的产品或服务的价格是不宜放开的。进行价格改革,改掉旧的以高度集权为特征的价格决定机制和管理体系,是一项多维复杂的工作,绝不是商品价格"一放开即灵"的,但是,必须看到,有计划分步骤地将非国计民生产品价格放开,对于把企业推向市场,构建新的商品经济运行机制和价格管理体制,提高社会主义经济的活力与效率,具有极其重要的实际意义。

二 间接价格管理:国家物价部门的主要职能

旧的传统价格体制的一个重要弊端是国家行政机构对市场价格管得过多、过死,使企业没有丝毫的产品定价权,完全否定市场价格形成机制。当今,当价格改革全面推进、进一步深化并在解决上述问题时,又出现另一种偏向,即完全否定国家对价格的管理,认为既然价格已经放开,让企业依据市场供求状况自行决定价格,国家就没有必要再对价格进行管理。这种看法是不对的,甚至是有害的。

把企业推向市场,企业产品价格由市场来调节和决定以后,更需要加强国家物价部门对市场价格的管理。一是由于价格围绕价值或生产价格经常自发地波动,使市场价格运行具有盲目性、无序性;二是由于社会供求关系的剧烈变动,还会使市场价格运行具有较大的波动性,甚至具有剧烈的波动性;三是由于企业要在激烈竞争中求生存,必然要追求短期利益的最大化,因而还会造成企业的价格行为短期化;四是企业被推向市场以后,制造和兜售伪劣商品、以次充好、短斤缺两等变相涨价行为,不仅不会减少,反而很可能大量增加;五是由于市场交易的不规则,加之市场法规不健全,市场交易中的价格纠纷必然增加。凡此种种,如果国家不加强对市场价格的有效管理和监督，任其发展，必然扰乱社会主义市场秩序，不利于市场价格机制的正常运行，更不利于社会主义商品经济的健康发展。因此，把企业推向市场，产品价格由市场调节与决定以后，国家物价部门对市场价格的管理不仅不能削弱，反而必须进一步强化。

当然，国家物价部门对市场价格的管理，不能再像以前那样以行政手段为主进行直接管理了，而主要依靠经济手段进行间接价格管理。就是说，国家政府机构不再依靠行政手段直接决定企业产品的价格，而主要通过财政、税收、信贷、外汇等经济手段调控市场价格水平、价格结构、比价差价关系，引导价格走向，等等。国家对市场价格进行间接管理的内容和任务，具体来说主要包括以下几种。

第一，制定合理的价格政策。这应是国家物价管理部门的根本职责和任务。国家要根据社会主义商品经济发展和市场价格运行的要求，制定各种不同的价格政策，旨在对市场价格形成、价格变动、价格结构、价格关系、价格水平等进行合理导向。价格政策有多种多样，如价格补贴政策、限价政策、差价政策、优质优价政策以及稳定物价政策等。对农产品价格实行补贴，是我国实行的一项鼓励农业生产的重要价格政策，尽管它还有不足之处，但为了从物质利益的根基上保障和强化农业在国民经济中的基础地位与作用，仍必须坚定不移地执行这个政策。为了避免严重供不应求的商品价格脱离开价值基础而暴涨，实行限价政策是十分必要的。对同种商品实行地区差价、季节差价政策，有利于商品在不同地区合理流通，也有利于调节商品的生产与市场供求平衡。为了刺激产品质量的提高，必须全面贯彻优质优价、劣质劣价的政策。国家放开市场物价以后，更要坚持执行全面稳定市场物价的根本政策。有些价格政策要随"时过境迁"而废止；有些价格政策要依据实践的发展而不断丰富；同时，国家还要善于及时提出适应有计划市场价格体制要求的新价格政策。为此，国家物价管理部门要加强市场价格理论与政策研究。在当今扩大改革开放的新形势下，还特别需要借鉴和吸收西方发达国家市场价格政策及价格管理方面的有益经验，为我所用，以不断完善社会主义市场价格管理政策体系。

第二，理顺价格关系，促进价格体系合理化。我国的价格体系，由于过去长期忽视价值规律的作用和其他历史原因，存在相当紊乱的现象，不少商品的价格既不反映价值，也不反映供求关系。这种不合理的价格体系主要表现在三个方面：其一，同类商品质量差价没有拉开；其二，不同商品的比价不合理；其三，在主要农副产品价格方面，国家购销倒挂。理顺价格关系，实现价格体系合理化，乃是我国价格改革的重要目标之一。国家物价管理部门要善于会同有关部门，综合运用经济杠杆体系，例如将财政、信贷、税收、价格等经济杠杆结合起来配套使用，全方位地调整不合理的比价、差价，有步骤地解决农产品价格购销倒挂问题。这种职能，是企业或其他部门所不可能行使的。否定了国家物价管理部门的上述职能，就不能理顺价格关系，实现价格体系的合理化。

第三，促进双轨价格的逐渐并轨。双轨价格是我国传统价格体制向有计划市场价格新体制转变的过渡形式。它对原有的僵化价格体制是个大突破，使企业开始有了一部分自行定价权，在一定程度上扩大了企业的利益和自主权，因而增强了企业的生机与活力，促进了商品经济的发展。但是，双轨价格又有明显的消极作用，它是产生投机倒把、贪污腐败的重要温床，为"私倒""官倒"和其他不法分子大发不义之财提供了便利条件。实践表明，双轨价格已经弊大于利，越来越不适应有计划商品经济发展的要求，必须实行并轨。这是国家物价管理部门的一个重要职能与任务。当前，要抓住市场大部分商品供求基本平衡的契机，积极推进双轨价格向单轨价格的转变。

第四，调控市场物价水平，防止市场物价大起大落或剧烈波动，保持物价总水平基本稳定，促进国民经济持续、稳定、协调发展。这是国家调控市场的一项根本内容。邓小平南方谈话中指出，我国经济要隔几年上一个新台阶，这就需要国民经济各个部门按比例、协调发展，而要达到这一点，市场物价的总水平必须保持基本稳定。如果再出现1988年那样的挤兑风潮、高通货膨胀率和物价暴涨的状况，国民经济发展就必然再度失控，引发社会经济生活的严重震荡。在把企业推向市场以后，相当多的商品价格由市场调节和决定，由于国家这时不再掌握价格的直接控制权，因而对国家物价管理部门提出了更高的要求，即用间接手段调控市场物价，保持物价总水平基本稳定，比以前直接控制市场物价更困难了。这就需要国家物价管理部门善于运用价值规律，把握市场行情，沟通价格信息，预测价格走向和趋势，调控价格变动幅度，使市场价格机制灵活、健康、有序地运行，促进商品经济健康发展。

（本文发表于《价格辑刊》1992年第7期）

国有中小企业改革模式的比较选择

一 对"抓大放小"要有科学的理解和认识

对我国国有企业改革实行"抓大放小"战略,是正确的抉择。现在的问题是,一些人(尤其是各级领导干部)对"抓大放小"的认识尚存在许多误区。要进一步深化国有小企业的改革,必须对"抓大放小"有正确的理解和科学的认识,走出以下几个误区。

(一)"只抓大,放弃小"

中央提出的"抓大放小"是完整的统一体,不能把"抓大"与"放小"割裂开来、对立起来。在国企改革实践中,不少领导确实存在"只抓大,放弃小"的倾向,具体表现是只热心于搞活大中型企业,从不关心中小企业改革。须知,国有小企业虽然规模小,但其数量大、比重高、从业人员多,放弃了小的,就会出现大面积、大数量的失业。因此,必须把小企业改革放在与大企业改革同等重要的地位,用同样的力量抓好。

(二)"抓大不放小"

这里问题主要发生在"不放小"上。就是说,在目前国企改革实际中,存在一种只注重搞好国有大企业、不敢"放活"国有小企业的问题。这还不像前一种那样完全放弃小企业,而是对众多小企业不敢打破旧体制束缚,大胆放手让其灵活自主地进行生产经营决策，到市场上去拼搏，使其在市场经济中活跃起来。

（三）"放小"影响"抓大"

这也是客观存在的认识上的一个误区。"放小"不仅不会影响"抓大"，反而会有助于搞活国有大企业，对"抓大"有很大的促进作用。在国企改革推进过程中，存在这样一种观念，即会对国有大企业形成一种冲击力。我认为这种冲击力不是坏事，而恰恰是搞活国有大中型企业的一种强大推动力与外在压力。认为"放活小的会影响抓大的"，实际上是将"抓大"与"放小"截然对立起来的一种片面性观念，应当摒弃。

（四）从上到下层层"抓大放小"

"抓大放小"是党中央和国务院对国有经济整体改革的一种战略决策，是从宏观角度，就全国而言的，绝不可理解为从上到下层层"抓大放小"。就一个省或地区来讲，除了几家或十几家国有大企业属"抓大"范围以外，其他国有企业绝大部分属于"放小"范围。现在一个地区、一个县，甚至一个乡都搞"抓大放小"，把许多属于"放小"范围的国有企业，当作大企业来抓，按"抓大"模式去改革，这种做法严重地扭曲了我国的国企改革，影响了国有经济的健康发展。

（五）"抓大代小"即用"抓大"代替"放小"

这也是一种错误认识和做法。不可否认，"抓大"可以带动"小"的，可以促进"小"的，但绝不可以代替"小"的。因为，各行各业的小企业，都有自己的特点和实际情况，放活它们需要采取各种不同的改革模式，尤其是不能采取同大企业一样的改革模式，所以"抓大代小"，无异于放弃和取消国有小企业的改革，而这样做不可能实现从整体上搞活国有经济的目标。

二 国有小企业改革目标模式：股份合作制及私营经济

中小企业不仅在数量占绝对多数，而且在满足人民生活需要、扩大就业、活跃市场、稳定社会等方面发挥越来越大的功能和作用，有些功能及作用在整个国民经济发展中是举足轻重的，甚至是大企业难以替代的。因此，"放活"小企业，在整个国企改革中已占有举足轻重的地位，不可轻视。小企业具有以下特点：规模小、资本少、分布广、设备简陋、技术落后、经管水平低、经济效益差。这些特点不仅制约其作用的发挥，而且决定了其改革模式必须多样化，绝不能采取整齐划一的方式。

我认为，国有小企业改革主要应采取以下模式。

（一）联合

各地政府要依据本地小企业实际情况，积极促进和推进它们之间进行联合。可以采取"强强联合"，也可以采取"弱弱联合"，还可以实行"强弱"联合；可以是"紧密型联合"，也可以是"松散型联合"。无论采取什么方式联合，政府只能"搞联姻"，不能搞强迫。通过联合，组建一批企业集团，使小资本变成大资本，增强它们在市场中的竞争能力。

（二）兼并

"放小"不仅仅是针对陷于困境的小企业，也包括具有一定相对优势的小企业。在"放小"过程中，要鼓励那些具有一定相对优势的小企业去兼并那些困难小企业，这不仅可以盘活困难企业的存量资产，还可以达到壮大优势企业实力的目的。优势企业必须走兼并扩张之路，因为优势企业虽然眼下还有一定优势，但由于实力所限，终究经不起市场经济的大风大浪的长久冲击，总有一天会失去优势。所以，要确保自己在激烈的市场竞争中立于不败之地，必须走兼并之路,扩大与强化自身的实力。小企业之间的兼并,也要不拘一格,要依据自愿原则,采取多种形式,尤其要鼓励跨地区、跨行业、跨所有制的国有小企业的兼并。

(三) 股份合作制

党的十五大为我国小企业的改革指明了方向,众多的国有小企业完全可以改造成为股份合作制企业。做法是将企业净资产的全部或大部分作价划股,出售给本企业职工,实行全体职工出资入股,把企业改造成为企业内部职工全员持股的股份合作制企业。如果本企业职工全部购股有困难,还可以考虑在本行业内吸收一部分"外股",或搞一些带资入股。

(四) 租赁或承包

租赁经营和承包经营,能够使承租人和承包人获得经营自主权,获得与经营绩效相适应的经济利益,从而提高企业的经济效益。但租赁制和承包制均有其局限性,它们的最大弊端就是伴随短期经济行为,租赁人和承包者在租赁期、承包期内可能搞掠夺式经营,追求个人利益最大化。因此,推行租赁制与承包制必须做到四点:第一,一定要有相应财产作抵押;第二,要有规范和遏制短期行为的具体有效措施;第三,要推行公开招标制;第四,租赁指标及承包基数要合理,防止国有资产流失。

(五) 出售转让

国有小企业的产权可以通过公开拍卖出售给私营企业和个人,这既有利于社会资源的优化配置,更有利于个体私营经济上规模、上档次、上水平,促进个体私营经济健康、快速发展。由于这种改革形式涉及国有资产产权变更,因此要特别注意对国有资产的科学评估,防止在出售转让过程中造成国有资产的流失,尤其要注意防止无形资产的流失。

(六) 托管经营

一些经营管理较差、技术水平较低，只要改进技术、提高经营管理水平，就可能扭亏为盈的小企业，可考虑委托那些经营管理水平较高的大企业，实行托管经营。这里关键是要处理好托管者与被托管者的利益关系，否则难以实行托管经营。

(七) 破产

对于长期亏损、资不抵债且扭亏无望的国有小企业，坚决依照《中华人民共和国企业破产法》实施破产。对破产企业的资产及财务要严格审理，清偿各种债务后，妥善安置职工及离退休人员。要避免"真逃债，假破产"的现象，也要加速该破产而迟迟不能破产企业的破产步伐。早破产，早甩掉一些包袱，对从整体上搞活国有经济这个大局有利。

上述几种模式都是可行的，企业采取哪种模式，可根据本行业的实际情况自主选择。对上述模式进行比较，我认为国有小企业改革的主导模式是股份合作制和私营经济。这个主导模式是基于国有小企业改革的大思路——非国有化来确定的。国有小企业改革必须彻底解决产权与机制问题，而要这样就必须实行非国有化。非国有化等于民营化，但它不等于私有化。股份合作制经济在性质上属于集体经济，仍是公有制性质；对于私营经济，党的十五大报告也将其定义为"社会主义市场经济的重要组成部分"。所以，我们完全可以大胆地将国有小企业主要改造为或基本改造为股份合作制企业与私营企业。这是我国国有小企业改革模式的理性选择。

(本文发表于《长春日报》1998年4月6日)

生产资料所有制的调整与
增强企业的活力

　　增强企业活力，尤其是增强大中型全民所有制企业的活力，使它们真正成为相对独立的经济实体，成为自主经营、自负盈亏的社会主义商品生产者和经营者，是我国"七五"期间经济体制改革的主要内容和基本任务之一。

　　有中国特色的社会主义，首先是企业充满生机与活力的社会主义。我国原有经济体制的主要弊端是政企职责不分，条块分割，国家对企业管得过多过死，忽视商品生产和价值规律，排斥市场机制和市场调节，分配中平均主义严重。这种种弊端集中表现为企业缺乏应有的生机与活力。社会主义企业是劳动者联合劳动的场所，是进行社会主义生产与经营的基本单位。统一完整的社会主义经济的有机体，就是由作为它的细胞的企业所组成的。社会主义企业缺乏应有的生机与活力，必然会造成整个国民经济发展的呆板、停滞和僵化，严重影响社会主义经济的迅速发展。因此，只有对原有经济体制进行根本的改革，使被这种体制压抑和束缚的企业和职工的积极性、主动性、创造性都释放和发挥出来，才能保证和实现社会主义经济生机勃勃地向前发展。

　　社会主义经济体制是社会主义生产关系的具体形式。生产资料所有制是社会主义生产关系的基础。对原有的社会主义经济体制进行改革，不能不涉及生产资料所有制问题。况且，生产资料所有制是社会主义企业独立生产、自主经营的根本前提，它贯穿和体现在社会主义企业对生产资料和劳动产品的所有、占有、支配和使用关系中。要增强企业活力，搞活整个国民经济，必须适应社会主义的有计划的商品经济的客观要求，适当地调整社会主义的生产资料所有制关系，使之更完善、更合理、更适应社会生产力发展的性质，更能促进社会主义经济迅速发展。

生产资料所有制结构合理化，是增强企业活力、搞活社会主义国民经济的一个重要条件。长期以来，我国社会的生产资料所有制结构单一化，只允许社会主义所有制存在与发展，并且不断地追求"一大二公"，对社会主义集体所有制大搞"升级""过渡"，而不允许劳动者的个体经济存在和发展，更是根本否定非社会主义经济形式的存在和发展。这种单一化的生产资料所有制结构，直接否定了多种经济形式存在和发展的客观必然性，否定了多种经济形式之间的商品生产和商品交换，限制了市场机制和价值规律的调节作用，扼杀和窒息了各种经济成分之间、各个社会主义企业之间的竞争，从而使社会主义经济的发展失去了必要的外在压力，无法激发社会主义经济的内在动力机制，从而使得本来应当生机盎然的社会主义经济在很大程度上失去了活力。党的十一届三中全会以后，我国注意调整了生产资料所有制结构，允许个体经济、国家资本主义经济甚至少量资本主义经济与社会主义公有制经济同时存在，共同发展，并努力使它们各自在社会主义社会生产资料所有制体系中所占的比重比较适当、它们之间的比例比较协调，实现生产资料所有制结构的合理化。经过几年的调整，我国的生产资料所有制结构已由一元化转为多元化，由严重不合理转为比较合理，使社会主义企业之间的竞争进一步展开，市场机制及价值规律充分发挥作用，从而为社会主义商品经济的蓬勃发展提供了广阔的场所和空间。

增强全民所有制企业的活力，关键不在于取消和改掉其国家所有制形式，而在于合理调整全民所有制内部关系。社会主义国家所有制是一个内容复杂的经济范畴，它主要包括生产资料的所有关系、占有关系、支配关系和使用关系。这些关系被社会所承认并受到法律保护，就形成权利关系，从而产生了所有权、占有权、支配权和使用权。占有权、支配权和使用权可称作经营管理权，它和所有权的关系，既可以统一，又可以适当地分开。就全民所有制企业来说，生产资料的所有权属于代表全体人民利益的社会主义国家，企业本身并不是生产资料的所有者，却可以掌握一定的经营管理权。

社会主义国家所有制中所有权与经营管理权适当分开，是搞活社会主义全民所有制企业的重要前提条件。

首先，这是企业提高经济效益的要求。社会主义全民所有制企业属于国家所有，但其数量众多，遍布全国各地，生产条件千差万别，企业间经济联系错综复杂，再加上社会需要千变万化，国家不可能直接经营管理其全部企业。因为这种纷繁复杂的情况，任何国家机构要做到完全准确地了解，并做到迅速地适应、及时地调节，是不可能的。实践证明，全民所有制企业全部由国家机构直接管理经营，不可避免地要产生主观主义、官僚主义和瞎指挥等，必然会压抑企业的生机与活力，导致企业经济效益低下。可见，企业要及时灵敏地适应市场需要，提高经济效益，必须实行所有权与经营管理权的适当分开。

其次，这也是企业真正成为相对独立的商品生产者和经营者，实现职工主人翁地位的需要。社会主义国家是社会主义全民所有制企业生产资料所有者的代表，它具有组织和管理国民经济的职能，自然也有权经营和管理全民所有制企业。但如果全部全民所有制企业统统由它直接经营和管理，那就势必使国家的经济职能不能很好地发挥，甚至受到严重的削弱，不利于国家对整个国民经济的宏观控制和调节。同时，企业的一切经营管理权都掌握在国家手里，其自身没有生产的经营管理自主权，没有自身的物质利益，它就不可能成为真正自主经营、自负盈亏的相对独立的商品生产者和经营者，更不会成为具有"法人"地位和资格的经济实体，而只能成为国家机构的附属物。企业一无权力，二无利益，就必然失去前进动力，也必然丧失其自我改造、自我发展的能力。再从企业中劳动者的地位来看，职工既是所有者又是生产者和管理者，企业一无权力二无利益,职工必然也会一无权力二无利益,企业职工的主人翁地位就成为一句空话。这样,职工就会对企业的一切生产经营活动漠不关心,影响职工生产积极性、主动性和创造性的发挥,从而使企业丧失生机与活力。由上可见,如果不将所有权与经营管理权分开,要搞活全民所有制经济,是不可能的。

所有权与经营管理权的分开,关键在于适当或适度。企业经营管理权太小,达不到把企业搞活的目的;但如果企业经营管理权过大,又必将带来不利于国民经济全局发展的副作用。因此,既要保证全民所有制的社会主义性质不变,保证社会主义国家对生产资料的所有权不受损害,又要使企业真正成为相对独立的商品生产者和经营者,为企业增添活力创造条件,所有权与经营管理权的分开必须适度。

适度的下限,是企业具有增强活力的起码的经营管理权利,即企业有权选择灵活多样的经营方式,有权安排自己的产供销活动,有权拥有和支配自留资金,有权依照规定自行任免、聘用和选择本企业的工作人员,有权自行决定用工办法和工资奖励方式,有权在国家允许的范围内确定本企业产品的价格,等等。这些经营管理权力,是企业成为相对独立经济实体所必不可少的,是真正搞活企业所绝对必需的。企业没有上述权力,要真活起来是不可能的。

适度的上限,是企业的各种生产经营活动必须服从国家的宏观计划和管理。就是说,企业利用自己的经营管理权时,应该符合全民利益—国家利益,达到提高社会经济效益、更好地满足全体人民日益增长的物质文化生活需要的目的。如果企业的经营管理权力及其运用,超越或破坏了国家的计划和宏观管理,越过客观限度,就是不合理的。

目前我国全民所有制企业出现了一系列追求短期经济利益的短期行为,原因并不在于企业经营管理权力超过限度。目前我国并没有真正把上述一些经营管理权力放给企业,在许多地方上述权力仍握在国家政府机关或一些改头换面的行政"公司"手里。企业行为之所以出现短期化,是国家宏观控制与调节不力的结果,而绝不是企业经营管理自主权过大造成的。因此,要实现企业行为合理化,保证企业充满生机与活力,沿着社会主义轨道健康发展,还必须进一步简政放权,实行政企职责分开,真正把上述经营管理权力放给企业,这是我们深化经济体制改革,既保证国民经济发展的统一性,又保证各个企业生产经营的多样性、灵活性和进取性,完善社会主义全民所有制的重要步骤和途径。

(本文发表于《新长征》1987年第8期)

"内部人控制企业"论质疑

在1994年8月下旬召开的"中国经济体制下一步改革"国际研讨会上,日本学者青木昌彦提出了"内部人控制"问题。此后不久,便在《改革》杂志1994年第6期发表长文《对内部人控制的控制:转轨经济中公司治理的若干问题》,对"内部人控制"问题进行了详尽的阐述。这个问题引起了我国经济学界的关注与重视,不少学者撰文进行研讨。有的同志认为,这个问题的提出使"中国对现代企业制度的认识和宣传进入了一个新阶段"[1]。有些学者则直接切入我国国有企业,探讨国有企业在改制中产生"内部人控制企业"的原因及对策。[2] 我认为,我国国有企业在转轨改制中确实出现大量经营者侵犯所有者权益的问题,但仅用"内部人控制企业"问题加以概括,并不科学,也不一定符合我国实际,故此对"内部人控制企业"论提出以下质疑和商榷意见,求教于经济学界的专家及同行们。

一 "内部人控制"提法不科学

我认为,"内部人控制"不能成为一个概念,更不是一个科学范畴,而只是一种含混不清的判断与说法。从现有的经济学文献

---

[1] 张承耀:《内部人控制问题与中国企业改革》,《改革》1995年第3期。
[2] 吴有昌:《国有企业内部人控制问题的成因及对策》1995年第4期;费方域:《控制内部人控制》,《经济研究》1996年第6期。

看，人们对"内部人控制"（Insidets control）含义的认识与理解，并不一致，甚至大相径庭。

首提"内部人控制"的日本学者青木昌彦认为，内部人控制是指从前的国有企业（SOE）的经理或工人，在企业公司化的过程中获得相当大一部分控制权的现象。

张春霖认为："内部人控制这一概念主要被用来研究东欧和苏联各国在向市场经济转轨的过程中的治理结构问题，其含义是企业经理人员（通常与工人共谋）获取了企业控制权的相当大部分。"[1]

吴有昌认为："所谓企业的内部人控制，是指由于企业的外部成员（如股东、债权人、主管部门）的监督不力，企业的内部成员（如厂长、经理和工人）掌握了企业的实际控制权。"[2]

费方域则按照两个不同的标准界定内部人控制企业，认为："第一个标准是，企业经理和（或）工人这样的内部人掌握了企业资产使用的剩余控制权，即法律和合同未作规定的企业资产使用控制权。第二个标准是，这样的内部人不仅掌握了企业资产使用的剩余控制权，而且掌握了企业资产使用的剩余索取权。"[3]

从上可见，这四位学者都强调"内部人"（经理或工人）掌握企业控制权，但程度明显不同，前两位说是"相当大部分"，吴有昌则认为是"实际控制权"，而费方域专指企业资产使用的剩余控制权和索取权。"相当大部分"是一个模糊不清的说法。企业控制权是一个完整的权利体系，它由许多不同的权利组成，并且各个部分的地位与作用也不同。有些无关紧要（相对而言）的权利，尽管只掌握了"相当大部分"，也不能在实际上控制企业；有些重大权利，尽管掌握了"小部分"，也能在实际上控制企业。企业资产使用的剩余控制和索取权，可以说是决定企业命运的权利，掌握了它们，便在实际上控制了企业。因此，费方域和吴有昌二位同志的看

---

[1] 张春霖：《从融资角度分析国有企业的治理结构改革》，《改革》1995年第3期。
[2] 吴有昌：《国有企业内部人控制问题的成因及对策》1995年第4期。
[3] 费方域：《控制内部人控制》，《经济研究》1996年第6期。

法实质上是一致的，即完全掌握了企业控制权，或掌握了企业的实际控制权。不仅上述四位学者对"内部人控制"的含义理解与阐释有很大的不同，而且还明显存在以下几个问题。

第一，"企业控制权"到底是个什么样的权利？是指企业资产的经营权还是企业资产的所有权，或者是二者兼而有之？只区分"法律上"与"事实上的""内部人控制"[①]是不够的，还必须明确地界定"企业控制权"属于经营权或所有权范畴。企业资产所有权肯定是一种"企业控制权"，即掌握企业资产所有权就能够控制企业；"两权合一"能控制企业；在"两权分离"的情况下，掌握完整的经营权也可以控制企业。我国传统的国有经济体制，就是国家直接控制企业，它既掌握所有权，又直接掌握经营权，是"两权合一"。这种体制存在许多明显的弊端，因而要进行改革。我想"内部人控制"论者们所谓的"企业控制权"肯定不是指所有权，或"两权合一"的状况。实行"两权分离"，割断国家与企业的"脐带"，摆脱国家直接控制企业的状况，让经营者直接控制企业，自主地运用国有资产进行生产经营决策，正是我国国有企业改革追求的目标。因此，"企业控制权"的说法是含混不清的，并没有表明或揭示出"内部人控制"论者们所要说明的问题实质。

在我看来，在由计划经济向市场经济转轨过程中，在国有企业公司化改革中发生的具有普遍性的主要问题是企业经营者运用国家授予或委托的经营权，大肆进行侵占所有者权益的活动。我认为，问题是什么就直截了当地讲什么，没有必要拐弯抹角。这种经营者侵占所有者权益的事情，没有必要冠以"内部人控制"之名，硬要这么做，不仅有故弄玄虚之嫌，而且把本来十分清楚的问题复杂化、模糊化了。

第二，用"内部人"与"外部人"来区分经营者与所有者并不科学。这里首先碰到的一个问题就是把企业资产的所有者（股

---

① 张春霖：《从融资角度分析国有企业的治理结构改革》，《改革》1995年第3期；费方域：《控制内部人控制》，《经济研究》1996年第6期。

东）作为企业的纯粹的"外部人"可以吗？显然是不可以的。在"两权分离"的条件下，所有者虽然一般不直接介入企业日常生产经营活动，但他们是企业资产的主人，经营者经营的是他们的资产，经营好坏与他们息息相关。可以说，他们的经济利益能否实现，实现多少，在很大程度上依赖于企业经营状况，怎么能简单地把他们看作"外部人"呢？从他们是企业资产的所有者，他们的根本利益在企业这一实质来说，他们也是"内部人"，这是从经济关系上看问题。"内部人控制"论者把企业资产所有者（如股东）视作"外部人"，只是从空间位置角度说明问题，因而只见表象，不见实质。马克思曾讲过，在苏格兰拥有土地所有权的土地所有者，可以在君士坦丁堡度过他的一生。在土地所有权与土地使用权相分离的条件下，许多土地所有者并不经营土地，并不在他的土地上，你能说他们是"外部人"吗？同样道理，在"两权分离"的股份制企业，所有者（股东）并不是毫不相干的"外部人"。再说，所有者对企业的重大经营决策，还是有干预与决策权的。这主要体现在四个方面：一是经营者的经营自主权，是由他们（所有者）授权并委托的，他们有权更换、撤销不称职的或违背他们意愿的经营者。二是他们通过设在企业里的董事会来行使重大的决策权。董事会是企业的最高决策机构，企业发展的重大经营决策，必须由它作出。而董事会成员则是由股东大会推举的，他们必须代表股东的利益，否则，一年一度的股东大会有权撤销其董事职务，另选能代表他们利益的人。三是股东大会直接行使干预权。企业经营者在经营活动中违背股东的意愿，侵犯股东利益，发生重大决策失误，股东代表大会可直接做出决议，行使所有者的根本权力。四是所有者在上述权力得不到实现，而经营者侵犯所有者权益又得不到有效制止的情况下，作为股东个体可以行使最后的权力——出卖或转让股权。这种权力对经营者来说更是一种莫大的压力。这种压力是从经济关系中产生的，并非毫不相干的"外部人"施加给他的，因而具有实际效力。经营者是不能置若罔闻、无动于衷的。由上可见，从经济学角度讲，把企业资产所有者（股东）当作企业"外部人"是难以立足的，也是不符合实际的。

第三，并不是所有的企业"内部人"都能控制企业。企业内部人很多，且有不同的群体与层面，笼统地讲"内部人控制"似有企业所有的人都能控制企业之嫌。有的同志"把内部人控制细分为经理人员为主、工人为主和合谋三类"[1]，这是很不科学的。这里明显存在以下偏颇：其一，企业内部的一般职工，并不掌握企业控制权，不能控制企业。在资本主义国家的股份公司里，一般的员工是雇佣劳动力，在企业内部关系中完全处在被雇主或管理层支配的地位，他们是无权管理企业的，更无权支配和控制企业。在社会主义国家中由国有企业改造成的股份公司中，一般的员工虽然仍是生产资料的主人，但他们的生产资料所有权是由国家作为总代表来行使的，他们在企业中是作为被管理者存在的，在经营管理者（厂长、经理）的支配和领导下从事生产经营活动。企业的资产经营权掌握在厂长、经理手中，一般的员工不掌握这个权力，因此不可能控制企业。哪里会有什么"工人为主的""内部人控制企业"？其二，关于"工人"与"经理"人员合谋的"内部人控制企业"，更是一种主观臆断和随意构想。在资本主义的股份公司中，"经理人员"是高级雇员，他们要代表雇主的意志和利益，代表雇主行使经营管理的权力；而一般员工则是地道的雇佣劳动者，不仅不具有经营管理企业的权力，而且完全是在经理支配下从事各种工作的，二者是一种支配与被支配的关系。从经济关系上看，存在着利益对立。因为经理们是雇主利益的代表，他们并不代表一般员工的利益。利益上的对立与矛盾决定他们之间不可能"合谋"控制企业。

二 "经理控制企业"的利与弊

在股份制企业的股权高度社会化、分散化的条件下，能够在实际上控制企业的绝不是笼统的企业"内部人"，而是"经理人员"

---

[1] 费方域：《控制内部人控制》，《经济研究》1996 年第 6 期。

或"经理层"。这是社会化大生产高度发展的结果,是"经理革命"的产物。

19世纪末20世纪初,资本主义由自由竞争阶段进入了垄断阶段。在这一时期,由于以蒸汽机应用为标志的产业革命的发展,大机器工业获得迅猛发展,生产资料的使用、劳动过程及劳动产品越来越社会化。随着市场竞争日趋加剧,生产集中步伐大大加快,企业组织规模日益大型化,垄断性组织不断产生。由于这些垄断组织绝大部分是规模巨大的股份公司,客观上资产的所有权与经营权已经分离,过去那种由大股东或资产所有者直接经营管理资产的领导体制已经不适应高度社会化大生产的需要,于是便出现专门从事企业经营的人群——经理层。正如马克思所说,股份公司的建立使"实际执行职能的资本家转化为单纯的经理,即别人的资本的管理人,而资本所有者则转化为单纯的所有者,即单纯的货币资本家"[①]。

从单纯经理出现,到形成经理层,进而达到经理人员或经理层控制企业,自然要经历一个较长的历史过程。从19世纪中叶到20世纪中叶,这个过程基本完成。在这个时期,企业组织形式和企业领导体制充满了剧烈的变动与变革。1841年10月5日,在美国连接马萨诸塞州和纽约的西部铁路线上,两辆客车迎头相撞,造成重大交通事故,震惊了美国上下,一时间舆论纷纷批评老板没有能力领导和管理现代企业。在马萨诸塞州议会的推动下,该铁路公司进行了重大改革,建立各级责任制,选拔有才能的人担任公司高级领导,代替老板管理企业。老板只掌握企业资产的所有权,领取所有权报酬,不再直接经营管理企业,经营管理企业的职能完全由选聘的有管理知识才能的经理人员担当。这样,原来的业主型企业便转变为经理型企业。

经理管理企业,并不是从一开始就能控制企业的。起初,企业资产所有者并不是一下子把整个企业的经营管理大权全部交给经

[①] 《马克思恩格斯全集》第二十五卷,人民出版社1974年版,第493页。

理，而是有保留的，事关企业命运的重大决策权仍控制在所有者手里，一般的日常经营业务由经理决策。从"两权"关系上看，这时的所有权与经营权并未实现完全的分离，仅是一定程度的分离。由于市场竞争日趋激烈，市场信息瞬息万变，企业为能及时对市场信息做出判断，做出适应市场需要的经营决策，日益要求企业经理拥有完整的经营权，以便自主、及时地做出符合市场信息变化的经营决策。此时，公司制企业的领导及管理体制必须进一步完善，即实现"两权"完全分开；所有者掌握所有权，经营者（经理）掌握完全的经营权。只有在经营者掌握完全的经营权的条件下，才有可能实现经理控制企业。从历史上看，经理制在西方国家企业中普遍得到确认和推广，成为工商业中标准的企业制度形式，是在21世纪30年代以后，尤其是在第二次世界大战以后。1932年，贝利（A. Berle）和米恩斯，（G. C. Means）在他们合著的《现代公司的私有财产》一书中首先指出，大公司的控制权从企业的所有者即股东转移到经理手中，已成为企业制度演进的趋势。1941年，伯纳姆（J. Burnham）在《经理革命：世界上正在发生的事情》一书中明确把这种现象称为"经理革命"。第二次世界大战后，随着现代大公司的大批涌现，尤其是跨国公司的广泛发展，由受过专门训练、具有专业管理与经营知识和才能的经理人员来管理和控制的大企业越来越多。伴随职业经理阶层的形成，经理控制企业现象也大批涌现，反映这种事实的论著也不断问世。其中，主要有贝利的《二十世纪的资本主义革命》（1954年）、梅森的《现代社会中的公司》（1960年）、拉纳的《管理控制和大公司》（1970年）、钱德勒的《看得见的手——美国企业的管理革命》（1977年）。进入20世纪80年代，经理控制企业的高度发展引来不少责难声，并相继出现一些大公司的所有者更换经理的浪潮。

在第二次世界大战后的一段时间里，经理控制企业的现象为什么会获得迅猛扩展？道理十分简单，因为它在客观上适应社会生产力发展的要求，是现代企业制度演进的必然结果，在实践中显现出巨大的生命力和优越性。

第一，经理控制企业能够真正保证企业自主权得以实现，适应市场经济发展的要求，使经济效率得到提高。在市场经济中，企业必须是独立的市场主体，拥有自主的经营决策权。这个经营自主权由谁来行使，必须明确落实到人。在业主型企业中，业主"一身二任"，既充当所有者，又充当经营者。二者统一起来自然有其有利的一面，但随着生产的发展，企业规模越来越大，业主已无力兼任经营者，且兼任经营者耗费较高的成本，莫如将经营者的职能交由他人。这样，由经理充当企业经营者，行使经营自主权就成为客观必然的了。只有经理控制企业，有了自主的经营决策权，才能及时地依据市场供求关系的变化，依据市场价格的变动，调整本企业的生产，适应市场的需要，在激烈的市场竞争中求得生存与发展。如果企业经理没有经营自主权、不能控制企业，一切要由所有者决定，必然不能对市场供求关系变化及价格变动做出及时灵敏反应，很难做出科学正确的决策，必然要错过许多大好的发展机遇，损失经济效率。因此，经理控制企业并非坏事，而是保证企业自主权得以真正实现、促进经济效率提高的客观需要。

第二，经理控制企业能够真正保证企业经营目标的实现。企业经营好坏、盈利与否，经理负有完全的责任。企业作为一个独立的经济实体，其经营目标是追求利润最大化。经理业主或所有者的委托人，全权管理和控制企业，他必须全力实现这个经营目标，否则，就会被业主或所有者辞退或解聘。而经理要实现利润最大化的目标，他必须在实际上能够控制企业，即企业的资产全权由他支配和使用，企业资源（包括人力资源）由他全权配置和处置。如果企业的控制权仍掌握在国家手里或其他非经营者手里，那经营者（经理）就无法也不能保证其经营目标的实现。因此，经理控制企业是实现企业经营目标的必要条件。

第三，经理控制企业有利于经理的聪明才智与经营本领得到充分发挥，有利于企业家阶层的形成与发展。经理控制企业，表明经理在企业中处于核心、支配与领导的地位，决定着企业的兴衰、成败。经理的品格与素质，已不是个人的问题，而是直接影响企业命运的关键性因素。要在激烈的市场竞争中把企业控制得好，并使企业不断获得长足发展，经理必须是有较高知识、懂技术、会管理、善经营的职业企业家。这是"控制企业"这个重任对经理们提出的根本要求。同时，"控制企业"这个重任，也为经理们的聪明才智与经营本领的充分发挥提供了良好的契机与活动的舞台。经理控制企业制度的产生，有效地保证了企业的经营权力由资本所有者向经营者转移，促进企业家阶层的形成与发展。当今世界，个人拥有财富已不是衡量其经营才能的标准。在西方发达国家，那些拥有巨额财富的人由于缺乏经营才能而不再直接管理与控制企业，"家族式经营"已被视为陈旧落后的经营方式而遭冷落及摒弃；大多数掌握企业大权的经理人员，并不是企业资产的所有者和大股东。美国著名经济学家萨谬尔森指出，在现代大公司中起决定作用的是日益重要的职业经理阶层。另一位美国著名经济学家加尔布雷思则宣称，现代大公司的控制权已经移到"技术结构阶层"，即经理与技术人员混合结构的阶层手中了。这个"职业经理阶层"或"技术结构阶层的产生，既是经理控制企业的客观需要，又是经理控制企业的必然产物，它对战后西方国家企业的发展与经济的繁荣起了无可估量的促进作用。

　　世界上不存在完美无缺的东西。像世界上其他任何事物都是"一分为二"一样，经理控制企业也不可避免地存在一定的弊端。只不过是其弊端先是被上述明显的优越性所掩盖，而后来才在实践中逐步显露出来。经理控制企业成为现代公司的普遍现象，尤其是成为第二次世界大战后集团公司或跨国公司的成熟形态后，其弊端或负面效应才日益明显、突出。这主要表现在以下几个方面。

　　第一，经理利用控制企业的特殊地位与权利，无限扩大自身的权利，弱化所有权的约束，使所有者权益受到损伤。本来正常意义的经理控制企业是在所有权严格约束下进行和实现的。因为投入企业的资产，所有权属于股东，经理是受股东们的委托具体行使资产营运权和经营管理权的，所有权约束着经营权，否则所有者的资产便可能受到损伤。股份制企业的性质决定，股东们（所有者）投入企业的资产，一旦形成企业的法人财产，股东们便无权直接控制，而直接由经理控制。股东们的关注点只在于其掌握的股权能否带来更多的股息与红利，至于经营过程如何，企业由谁来控制，并非关注的主要方面。由于现代股份公司的股权高度社会化、分散化，股东们既没有精力和兴趣，也没有实际可能关心企业的经营。这种"只注重结果，不注重过程"的机制，为经理无限扩张经营权、违规作弊、弱化所有权约束、做出损伤所有者权益的事情，提供了较大的空间与便利条件。所有者"作为董事会成员，他们诚然具有否决权。他可以否决，可以用其他职业经理取代高层经理，但很少能提出正面的可供选择的方案。到最后，在董事会兼职的所有者与金融家和公司的关系也等同一般的股东了，公司只是其收入来源，而不是可管理的企业"。不仅由股东代表组成的董事会对经理人员的控制与监督弱化，而且在一定程度上董事会的选举也往往都是由经理人员控制并实际操作的，公司的控制权实际掌握在高层经理手里。正如美国经济学家托马斯·戴伊所说："由于这个集团（指经理层）对这个组织及其技术和业务问题了解得比较透彻，因此，在董事会里投票的影响也得到加强。"

第二，经理运用自己扩张了的权力，使企业经营目标发生重大改变：由追求企业利润最大化变为追求个人收益最大化。在"两权合一"所有者同时也是经营者的条件下，企业的经营目标与所有者追求的目标是同一的。在"两权分离"的情况下，问题就变得复杂了。只有在经营者的经营权严格受到所有者所有权的约束与监督条件下，企业的经营目标才会与所有者追求的目标相一致。在其他场合，一般都会发生经营者追求的目标与所有者追求的目标相偏离。即是说，在经理的经营权失去所有权的有效约束与监督以后，企业的经营目标就会由追求利润最大化变为追求个人收益最大化。企业资产所有者之所以追求利润最大化，是因为只有企业获取最大限度的利润，表明其资产得到最好的营运，得到最大限度的保值增值，从而才可能分取更多的股息与红利。经理们是属于支薪阶层，基本不掌握或很少掌握本公司的大量股权，因而股息与红利多少与他们无多大关系。由于经理只是股东的代理人，不是所有者，他们作为一个独立的"经济人"（钱德勒称之为"经济人新亚种"），必然要追求自身利益的最大化。经理实行任期制，他宁肯在任期内实现一个较满意的利润，而不愿意一下子达到利润最大化目标。因为真的达到了，下一个任期利润如果下降，就会影响他的业绩，进而影响其收入。经理的利益不仅包括薪金收入，还包括地位、权力、津贴、可支配资金、荣誉、职业安全等。在薪金收入既定的情况下，他们则力求地位的巩固、权力的扩大、津贴的增长及可支配资金、荣誉、职业安全等方面的最大化。在现代厂商理论对经理控制企业的行为目标提出的三种假说中几乎都确认，经理的效用函数中绝大部分变量都与企业规模和产量有高度的相关性。产量、产值增长，企业规模必须不断扩大，伴随而来的是经理地位、权力、津贴、可支配资金等也扩大。这种扩张了的地位与权力，使得经理们能够运用更多的股东资产来满足和实现自身利益最大化。经理控制型企业，越是利用权力追求自身利益最大化，则越偏离所有者的目标。当这种偏离达到一定程度，即所有者权益受到明显的、严重的损害时，所有者便会"用脚投票"或行使否决经理的权力。精明的经理一般不会闹到这个地步，即或闹到这个地步，凭他们的经验和力量也会打通种种关节，尽力加以挽回。

　　从上分析可见，经理控制企业具有两重性，既有积极作用，又有一定的负面效应。从总体上说，它是适应生产社会化、股权高度分散化的需要而产生的，能够促进经济效率提高和社会生产发展。与此相比，其负效应是第二位的，次要的。并且，它通过强化所有者的所有权约束，采取一系列行之有效的措施加强对经理行为的监督，是可以逐步减弱和解决的。战后西方许多发达国家积极从理论与实践的结合上探索解决经理控制企业负面效应的种种路途，采用行政的、法律的和经济的手段进行综合治理，已取得十分明显的绩效。鉴于上述认识，我认为，"内部人控制"论不加分析、笼而统之地把经理控制企业这个基本上符合社会大生产要求并能促进生产力发展的东西当作坏东西，从根本上加以反对和否定，是不正确的。我国国有企业的改革，要为社会主义市场经济体制奠定微观基础，必须实行政企分开，企业真正成为独立市场主体，这样就必然使国有企业从国家控制转为经理控制。可以说，经理控制企业是我国国有企业股份制改造的一个必然选择。如果真像"内部人控制"论那样否定了经理控制企业，我国国有企业还怎么朝此方向改革呢？显然，这不利于我国国有企业改革目标的实现。

当然，不可否认，在我国国有企业股份制改造过程中，甚至在已经完成股份制改造的企业中，确实存在经营权损伤所有权、经营者损害所有者权益的事情，且有扩张之势，应引起各有关部门的重视，尽快着力加以解决。否则，作为大股东，国家的资产将会大量流失，居民的投资也会被一小撮败坏了的经营者所侵吞，解决这个问题的出路就是深化改革。建成经理控制型企业是深化国有企业改革的重要内容与有机组成部分，绝不能因为出现一些坏经理侵犯所有者权益就根本否定经理控制企业。这里，关键问题是如何下硬功夫把经理们培养成一支高素质的企业家队伍。高素质企业家队伍是经理控制好企业的重要条件与保证。经理控制好企业，还必须有完善的法制和健全的规章制度，在企业中构造出一个健康有效的运行机制。在强化经理的激励机制的同时，一定要注重对经理约束机制与监督机制的建设。只有这样，才能从制度和机制上保证经理的行为及其目标合理化、规范化，保证所有者的权益不被侵犯，进而保证投资者的积极性，促进股份制经济的发展。

(本文发表于《当代经济研究》1998年第1期，被中国人民大学复印报刊资料《工业经济学》1998年第3期全文转载)

入世后国有企业改革走出困境的关键

一 入世后国企改革是重中之重

"形成一批拥有著名品牌和自主知识产权、主业突出、核心能力强的大公司和企业集团"是"十五"计划纲要提出的一项发展目标,也是我国应对加入 WTO 后国际竞争激化的一项重大战略举措。从我国大企业的目前状况看,大部分的国有企业改革新时期的改革已经转移到如何处理这些大企业的问题上。大型国有企业的改革是整个国有企业改革的重点和难点,这主要表现在以下几方面。

第一,背着历史包袱难于走向市场。企业的冗员问题、债务问题、政府干预问题等,这些旧体制遗留下来的问题始终是难以处理、难以从根本上解决的问题。多年的国企改革取得了一些成效,但是政策的作用大于企业内部机制的作用。比如,企业脱困主要是政府政策的作用,企业转变机制、提高效率扭亏为盈所占的比重很小。这一方面说明政府政策对企业摆脱困境的重要性;而另一方面又恰恰说明国企效率太低的状况并没有好转,自身实力并没有提高。企业如果不甩掉包袱摆脱干预,任何改革都只能是浅层次的、流于形式的改革,企业走向市场不会有实质性的变化。

第二,肩负新的历史使命,任务艰巨,难于形成强大支撑力。党的十六大报告重提了"国有企业是我国国民经济的支柱",肯定了国有企业在国民经济中的地位同时,也赋予了国有企业应承担的新的历史使命。国有企业作为国民经济的主导力量,对实现工业化、探索新型工业化道路、推进我国工业化的进程承担着主要责任，尤其对国有经济作用的发挥至关重要。现在国有资本虽然控制了全社会50%以上的资本，但这种控制主要是以绝对控股的方式来实现的。"绝对控股的国有资产一般只在规模报酬不变的条件下运作，不利于利用递增的规模报酬。国有绝对控股在人均产出这一透视角度下更多的倒是对经济效率起负面作用，若进一步考虑人均产出的离差，则国有资本的绝对控股的负面作用便更为显著"（平新乔课题组2001年年底通过测度得出的结论）。这说明绝对控股的方式对经济效率的影响是负面的，因此，转变国有经济控制方式、逐步缩小绝对控股的比例、扩大相对控股的比例这一艰巨任务的完成必须靠国有企业增强实力、提高竞争力来实现。可是目前在我国的国有企业中，有的刚刚脱困，有的主要依靠行政垄断，有的技术创新能力不足，有的管理水平落后。在这种情况下，企业难以发挥它的支柱作用，难以完成历史使命。

第三，面临新的挑战，难以应对内外冲击。当前国内外环境的变化给国有企业带来了重大的冲击。加入WTO以后要求政府的作用方式发生变化，政府不再对国有企业进行直接干预，尤其在政策方面，政府开始着力为企业创造公平竞争的市场环境。这对于国有企业，特别是国有大中型企业和由国有企业改制而成的上市公司来说，原有的各种优惠政策、税收减免和补贴等保护措施要开始逐步取消，对内资和外资开始实行统一的国民待遇。这样做的结果必然是减少大多数国有企业的利润，使为数众多的国有企业面临生存和发展的重大冲击。进入21世纪，原来被国有企业垄断的行业已经允许非国有经济成分进入。在这些行业中国有企业一统天下的局面已经不复存在。同时民营企业、外资企业迅速崛起，其产值已占我国国民生产总值的一半以上，国有企业在一些行业中的优势地位受到强烈的冲击。尤其是加入WTO后，外资企业进入一些以前无法进入的行业，使强大的外国跨国公司成为我国大型国有企业的主要竞争对手。与这些新的竞争对手相比，由于国有企业的债务包袱、企业冗员、社会负担等问题始终没有得到根本的解决，加之企业组织结构不合理、技术创新能力不足等问题，使它们缺乏抗击经济形势变化和国际市场冲击的能力，在竞争中容易处于被动地位。

在新形势下，面对众多不利因素，国有企业的当务之急就是尽快强壮自身、摆脱困境，否则就会在激烈的内外竞争中败北。因此，深化国有企业改革不仅是当务之急，而且是重中之重。

二 当前国有企业改革"卡壳"的根本原因

国企改革20余年，如今仍困境重重，没有实质性进展。为何改革之路如此艰难，每每涉及此种情况时，许多人悲叹体制的僵化企业经营机制不活，于是对企业大动"手术"。当然把改革迟缓解释为体制的原因是十分正确的，但究其根源，行政权力干预是一直困扰着国有企业改革进程推进的根本因素。

第一，行政权力与传统观念。传统观念的惯性思维是国有企业改革挥之不去传统观的干扰因素。我国5000年文明发展中延续下来的传统观念根深蒂固并渗透到我国经济生活的各个方面，也包括国有企业在内。例如，我国国有企业管理人员的"官本位"色彩就是传统因素之一。国企人的思想，特别是国企当家人的思想很大程度上仍然是一种官本位思想，这种传统因素使企业的当家人总是以权力预期进行决策，而不是以制度和技术创新所能获得的利益预期来进行决策。因此，这些人虽然有扩大企业规模的偏好，但是更经常地表现为管理人员的增加场所扩大及固定资产增加等外延式投资偏好，企业制度创新和技术创新进展甚微。尤其是这种"官本位"思想和计划经济遗留下来的高度集中的惯性思维结合以后，分散化的产权改革和个体化的决策机制很难成为国有企业的偏好，这是企业虽然建立了现代企业制度的框架却依然不能按市场规律进行有效运行的重要原因。中国的国有企业改革从承包到租赁、从两权分离到股份制改革，始终跳不出以政治治企业的思维方式。美国经济学家费景汉和雷诺兹在分析中国改革时指出，仅有制度的变革是行不通的。改革必须有价值观、心理等非制度的改变，这种改变是费时旷日的。

第二，行政权力与既得利益群体。行政权力和既得利益群体纠缠在一起，是左右国有企业改革的巨大阻力。这一方面表现在赢利行业的国有企业该退的不退、行政垄断行业该破不破、公共产品领域该发展却没有发展。前两个行业有利可图，为了局部和眼前利益，既得利益群体不顾阻碍经济改革和结构调整的整体布局不惜破坏平等竞争的市场秩序。后一个领域虽然关系到长远利益但是缺乏参与和投入的激励。既得利益群体急功近利和维护局部利益的行为是阻滞改革进程纠偏改革方向的主要因素。另一方面，表现在当权者为了自身利益需要不愿放弃手中的权力使改革政策难以落实。有人说国有企业改革好多困难不是员工问题而更多是当官的问题。俗话说"上有政策下有对策"就是由于当官者的利益在左右。既得利益群体对改革的影响还表现在地方政府不支持改革。这是因为中央强调社会稳定人员安排是第一位的，企业不改制，眼前至少能安排人。再有，原来管这么多人，处级企业、局级企业，手中有权，求的人也多，一旦改革，官都卖不成了，谁还愿意改革呢。当前地方保护主义是国有企业改革及市场进程推进的巨大阻力。

第三，行政权力与政府行为。政企分开一直是多年国有企业改革的重要内容，并且政府在实现政企分开、政资分开上做出一些努力，但这些努力不但没有真正达到政府职能的根本转变，而且距离加入 WTO 后新形势对政府行为的要求还相差甚远。从总体上看政府行为仍然没有摆脱红头文件、靠政策手段、靠保护垄断的行政支配模式直接干预企业的经营活动。

第四，行政权力与外部环境。企业是环境的产物。现在搞不好国有企业不是企业本身的问题，企业外部经营环境的恶化是企业难以走出困境的突出问题。

1. 资本市场环境

国有企业改革离不开健全的资本市场。目前资本市场混乱、企业融资环境恶化，使企业融资能力不强。企业债务重组、脱困、兼并和破产等都要依靠健全的资本运营机制。眼下最紧迫的任务是发展大公司、大企业集团，其关键在于实现资本的迅速扩张，扩大企业规模提高技术装备水平，只有这样才能有力地进行跨地区、跨行业、跨国兼并和重组，国有企业才能真正走向市场。

2. 人才市场环境

企业的最大关键问题还是人才问题。中国加入 WTO 后面临的最大挑战是国际市场上的人才竞争。而我国当前人事制度方面的变革远远落后于国有企业制度的变革，而在国有企业制度的变革中，一个换汤不换药的变革就是公司治理结构。我国国有企业的公司治理结构说到底还是一个行政领导班子，主要原因是企业领导能上不能下。企业间的较量很大程度在于企业家的较量，很多国际化企业都有很多高级管理人才。企业家选拔最有效的途径是依靠企业家市场，而我国的国有企业领导大多数是政府选拔和任命。当前由于缺乏竞争性的企业家市场，企业经营管理人才不能合理流动，难以形成国有企业经营者职业化、市场化机制。行政权力制约了我国人事体制改革，我国国有企业的人才不能走向市场，这是阻碍国有企业改革的重要因素。

3. 社会保障环境

保险不足一直是企业职工面临的突出问题，社会始终尚未建立起使企业足以卸掉包袱的保险制度体系与机制，企业与职工形成了不容选择的刚性结合，人员基本不具备流动性。这是国企改革陷入停滞的重要因素。

4. 法律制度环境

制定和完善法律制度固然重要，但是目前比制定法律更重要的应该是有法必依、执法必严。当前由于政府的公共权力缺乏社会监督和评判机制，政府的公共服务不到位、服务质量不高行政部门公务员玩忽职守、不作为、效率低下、有法不依的现象十分严重。企业为了办事顺利贿赂官员，为了捞到好处不断向企业寻租。结果是"人治"大于"法治"，致使市场秩序混乱，使企业丧失了良好的政治环境。

以上分析表明国有企业改革没有实质性进展的根本原因在于政

企不分。政企难以分开的实质在于行政权力的强化和无限制。因此，现阶段就国有企业本身而言，企业改革已不是改革的关键问题。政府权力机制的变革应是下一步国有企业改革的关键。

三 行政权力退出是国有企业走出困境的关键

众所周知，政府行政权力退出问题不是一个新问题。这一问题始终是国有企业改革进程中的重要问题，也是不易突破的难点问题。入世的新形势倒逼政府职能必须转变，行政权力必须退出到了非退不可的时候了。

第一，只有让行政权力退出，国有企业的病根才能消除。

——行政权力退出是政府职能转变的根本。多年来政府职能转变严重滞后的根源在于政府的行政权力难以弱化，政府管理企业的行政机构难以撤消使政府职能转变进入了一个怪圈，政府职能的定位始终不能从根本上明确。政府职能不定位，国有企业就不能摆脱干预，改革还会流于形式。

——行政权力退出是政企关系理顺的前提。政企分开的实质问题是政府和国有企业在市场中的位置应该怎么摆，位置摆正了，关键问题还要从权力经济的风气中退出。没有这个前提，企业的控制权无论放到哪儿都会滋生新的腐败，任何改革措施都难以奏效。

——行政权力退出是建设现代企业制度的保证。只有行政权力退出企业的公司治理结构，才能规范企业的经营机制，才能搞活企业，才能走向市场并走向国际市场。

——行政权力退出是调动职工积极性的重要因素。行政权力滋生腐败是企业职工最痛恨和痛心的事，同时也严重制约了职工支持改革的积极性。改革的彻底性就是到职工个人，他们没有享受到改革的成果，改革就是失败的；他们不支持改革，改革就失去了永久的原动力。

第二，行政权力退出的难点及其突破。行政权力退出非常重要，但并非易事。

1. 行政权力退出实质上是一场革命和斗争问题

革命是革传统观念的命，即把官本位意识变革为服务意识。几千年封建制度和高度集中的计划体制遗留下来的官本位观念已经深入人心，在这种意识的支配下，政府干预已经是一种习惯性行为。这种习惯性行为具有一定的稳定性和惰性，改变它是费时旷日的工程。斗争是指行政权力和市场权力的斗争。在计划经济向市场经济转变的过程中，行政权力和市场权力的斗争十分激烈。计划权力的拥有者为捍卫既得利益进行不懈的斗争，当市场权力侵占其原有空间时便会找各种理由予以阻碍，甚至不惜动用强制力予以抵抗。

2. 利益是行政权力退出的巨大阻力

拥有权力的最大好处是为自己创造利益，如果一个人受益于一种权力，你要求他把包含种种利益的权力交出来，谁能这样做呢？这是政府改革的真正障碍所在。

3. 打破行政审批的怪圈是当前行政权力退出的突破口

"审批制"的行政管理办法是束缚企业发展的重要因素，尤其是加入WTO以后，比较突出的是对投资项目的审批和外贸、外汇管理的审批等，这种管理办法严重束缚了大企业的发展，制约了企业参与国际竞争。据不完全统计，仅国务院70个有审批权力的部门就有审批项目2854项，省级行政审批项目多则200项、少则100项。在2854个审批项目中只有1.8%是依据国家法律设定的，那些依据部门文件和部门内司局文件设定的则占36.8%。因此，减少行政权力干预的关键是从"文件游戏"中走出来，把减审批减机构作为政府改革的突破口。据说现在我国一些沿海城市已经开始行动。在上海，以往一部电梯投入运行要多个部门审批、设立一个企业要过194道审批关的现象正在得到治理。全市大大小小的2027项审批项目有40%是地方自己设立的，上海市政府已经承诺减少50%左右的审批事项。这说明在入世的推动下政府改革正在迈出新步子。在中国只要政府有决心，做起事情就容易多了。

第三，增加制度的有效供给是行政权力退出的有效途径。行政权力是一种政治权力，但它又是一种执行性权力。它来源于政治授权，是一种外部来源的权力。因此，它的权力首先必须通过立法制度来规定。通过立法把政府的行政权力界定在合理的边界内，通过重新定位做到既不越位，又不缺位干预适度。在此基础上推行政务公开制度，使权力的行使处于公众的监督之下。推行政务公开使政府部门的机构设置、权能权限、办事程序等为人民群众所周知，减少政府部门进行权力寻租的机会。此外，目前影响企业经营环境的权力制约还有政府公共权力的信誉和效率。行政行为的效率低下及随意性是影响企业经营环境的重要因素，为此应该构筑一种对公共权力的社会监督和评判机制。例如，政府引入 ISO 认证，通过认证实现行政行为考核标准的公开、公正、量化，用制度标准规范政府公共服务的实效。实现政府行为的透明、解决行政行为的时效，也就解决了影响企业经营的"吃拿卡要""推诿扯皮""暗箱操作""官商勾结""厚此薄彼"等长期存在的行政腐败问题。对政府行政权力的约束不能靠政治体制自身的完善，而必须通过法治的途径来解决。党的十六大报告讲得特别清楚，要加强对权力的制约和监督，建立结构合理、配置科学、程序严密、制约有效的权力运行机制，从决策和执行的环节加强对权力的制约与监督，保证把人民赋予的权力真正用来为人民谋取利益。

四 应当澄清的几个认识问题

第一，行政权力是发挥政府效力的基础条件。行政权力的有无、多少和强弱从根本上决定和影响政府的效能。因此我们强调行政权力的退出并不是否定政府在国有企业改革中的作用，而是让政府的行政权力在市场上配置更加科学。合理利用政府特有的权威性为企业服务，使政府由过去的无效政府转变为有效政府。应该肯定地说企业改革离不开政府的积极有为。多年的国有企业改革从企业转换经营机制、加强企业管理、分离办社会的职能到企业脱困、剥离债务政府都起了关键的作用。这恰恰说明政府与企业的生命息息相关，实际上从一定意义上说，扭转目前国有企业改革被动局面主要还靠政府。

第二，在国有企业改革中行政权力的退出是有范围的。谈行政权力退出并不是要求政府对所有的国有企业都不干预。从西方市场经济国家的经验看，有些国有企业应该是政企不分的。比如，有些国有企业承担着社会职能和政治职能，它们的优势就是政企不分。如果政企分开参与市场竞争，那么这些企业要么破坏公共利益，要么在竞争中难以生存。因此，国家对于这些少数的国有企业理应运用行政手段进行管理。谈政企分开主要是指在竞争性行业的国有大企业。这些企业按现代企业制度改制多年，由于企业外部经营环境差和政企不分，尤其是政府的公共服务不到位，导致企业改革困难重重，这部分国有企业是必须政企分开的。

第三，行政权力的退出是一个复杂的系统工程，不是一朝一夕能做到的，这就决定了改革的长期性和艰巨性。因此，在改革中遇到困难不能"等"、不能"怕"。"等"就落后错失良机，"怕"就悲观停滞不前。当前应该通过少量优势大国有企业先行突破，一方面可以直接促进这些大企业的发展，另一方面又可以为其他企业创造经验。只有这样，国有企业才能应对内外冲击，在激烈的竞争中立于不败之地。

（本文与李士梅合写，发表于《当代经济研究》2004年5期）

"所有制偏好论"：国企改革深化的理论障碍

一 "公有制偏好论"：国企改革深化的理论障碍

（一）国企改革没有取得实质性突破

中国国有企业改革攻坚战打了多年，至今仍处于胶着相峙状态，没有取得实质性突破与进展。其主要标志为：(1) 政企不分问题尚未根本解决。国家职能并未根本转变，企业自主经营机制还没有真正形成。(2) 大量中小国企改制并不成功。据有关资料，中国国企改制已造成4万亿国有资产流失，5000万职工下岗①，这表明这种改制改革的代价是惨重的。(3) 中央直属国企严重亏损的颓势并未有效遏止。仅2006年上半年就有11户严重亏损亏损额高达25.2亿元，同比增亏4.7亿元。到2005年12月，中央直属企业已由196家减少到169家，加上盈亏持平的将近一半中央直属国企的经济效益没有因改革而提高。(4) 国有企业人才流失严重，凸显人才危机。据香港《文汇报》2003年11月26日报道，由零点公司和清华大学公共管理学院的"企业危机管理现状"调查显示：北京、上海两地400家500万元资产规模以上国有企业，59.8%存在人力资源危机。东北、华北、西北等欠发达地区国有企业人才资源危机状况远高于北京、上海，更是令人担忧。(5) 企业破产失业现

---

① 李炳炎：《共同富裕经济学》，经济科学出版社2006版，第215页。

象还会进一步加剧。据国资委官员宣布，未来 4 年中国国有企业要完成政策性破产，将有 1800 多家国有企业破产退出市场，涉及 280 多万职工下岗失业。并且随着市场竞争加剧，国有企业经营性破产也将增加。以上情况表明国企改革计划远未达到，改革任务远未完成，改革攻坚战仍需继续。

（二）国企改革攻坚久攻不下的原因不在技术层面及"火力"不够

国企改革的诸多深层次矛盾已经显现，为什么还久攻不下？我认为应进行换位思考。现在看来久攻不下的原因肯定不在于我们的政策不对头，也不在于我们攻坚的"火力"不够，更不在于改革技术与技巧不当，而是由于我们没有从理论根基上抓住要害与关键。理论是行动的指南。没有科学的理论作指导，有如"盲人骑瞎马"一样。以往的国企改革攻坚，一直在"怎么改"上打转转，很大程度上仍是"试错"式改革，很少或根本没有考虑国企改革的理论根基问题。实践越来越清楚地表明：理论上的障碍已成为当今中国加入 WTO 后进一步深化国企改革的根本性障碍。这个障碍就是根深蒂固的"公有制偏好论"，尤其是"国有制偏好论"。若不进一步解放思想从理论根基和改革指导思想上突破，彻底废弃"公有制偏好论"，尤其是"国有制偏好论"，在实践上国有企业改革就难以取得实质性进展与成功。

（三）"左"倾范式的所有制理论

即认为公有制绝对的好、私有制绝对的坏，公有制（包括国有制）具有无比巨大的优越性，而私有制则是"万恶之源"。这种脱离生产力水平、孤立绝对的"公有制偏好论"完全是一种绝对化和形而上学，是反马克思主义的货色。然而在一个相当长的时期内，我们却把它奉为"真理"而加以贯彻实行。所以如此一个非常重要的原因在于"公有制偏好论"在我国有着深刻的思想渊源及社会基础。在中国几千年的封建社会，虽然经济基础是封建主义私有制，但"崇公灭私"的思想伦理却长期占据统治地位。《尚书》提出"以公灭私",春秋战国时期提倡"强公室杜私门"。东汉马融在《忠经》里说:"人无私大亨贞",西晋傅宣在《傅子·问政篇》里告诉我们:"私不去则公道亡"。宋代理学又有"存天理、灭人欲"之说。文化大革命"狠斗'私'字一闪念",崇尚"大公无私",还把"私"与"修正主义"联系起来,大搞"斗私批修",把"崇公灭私"思想发挥到了极致,甚至变成了人们的伦理关系准则。人一旦有了私心,就是人品上出现了天大的问题,具有深重的"原罪"感。正是中国源远流长的"崇公灭私"思想才使得斯大林型的苏联范式"公有制偏好论"得以持久生存与发展。"公有制偏好论"给中国经济发展带来了极其严重的不良后果。首先,它给人们一种错觉,认为只要是公有制,不管它与生产力发展水平或状况适应不适应都是好的。公有制不仅具有天然的合理性,还具有无穷无尽的天然优越性。所以一味追求公有制,甚至认为搞公有制就是搞社会主义、搞私有制就是走资本主义道路。其次,它直接导致中国经济结构的单一化,形成"公天下"。到改革开放前,国有经济在国民经济中所占比重达56%,集体经济达43%,私有制经济仅剩1%,这还主要是"个体经济残余",私营经济几乎为零。公有制"一统天下"的直接后果便是所有制结构单一、僵化,缺乏不同所有制经济之间的平等竞争,使经济主体丧失发展动力和活力,导致整个国民经济死板、停滞甚至出现腐朽趋势。最后,公有制由于财产关切度极低所造成的浪费与损失也相当惊人。

(四)"国有制偏好论":深化国企改革的根本障碍

"公有制偏好论",尤其是"国有制偏好论"不仅给中国经济发展带来诸多危害,而且日益成为我国国有企业改革深化的根本性障碍。(1) 强行坚持国有经济在国民经济中发挥主导作用,并不符合市场经济发展规律的客观要求。首先,所谓"主导作用"不是人们主观上册封的,更不能由政府强制规定。在市场经济中哪一种经济成分起什么作用,只能在平等竞争中客观形成并决定。

市场经济只承认竞争的权威，人们的行为和政府的规定只有符合市场竞争规律才会取得预期效果，否则将会受到无情的惩罚。其次，市场经济中价值规律起主要调节者的作用。谁遵从价值规律经济效益好、经济实力增长得快，就可起主导作用。反之，谁违背价值规律经济效益不好、总体实力下降，想起主导作用也没有能力和力量。在这一点上是不分所有制成分的。并且随着经济实力的变化，谁起主导作用也会发生变化，而不会一成不变。（2）强行贯彻"国有经济控制论"不利于国有经济垄断地位的破除。可以肯定地讲，国有经济的垄断地位不彻底打破，国有企业的改革就不可能取得实质性的突破与成功。所谓"国有经济控制论"就是指国有经济不仅要控制国民经济命脉，还要加强对其他经济成分（如非国有制经济等）的"控制力"。它是维护国有经济垄断地位的重要基石，也是"国有制偏好论"的典型表现。"国有经济控制论"从理论上说是站不住脚的，因为它混淆了国家的职能与国有经济的职能。控制国民经济命脉是国家的职能。而国有经济作为市场经济中诸种经济成分中平等的一员，并不具有控制国民经济命脉的职能。从实际看，如今世界上许多国家，包括一些发达的资本主义国家，如美、英、法、德等国国有经济比重都已很低，根本没有什么国有经济的主导作用与控制国民经济，也没经常出现失控状态，照样实现经济持续增长与繁荣。这种"控制论"充分显示了对其他非国有经济成分的歧视及"不放心"，似乎这些非国有经济成分一发展壮大、一起所谓"主导作用"或"控制作用"就会"天下大乱"，甚至"改变社会主义性质"。这显然是没有必要的，也是不对的。

当今中国已经加入WTO，中国经济已经逐步融入世界经济体系。WTO规则已经成为中国经济发展中起支配作用的重要规则。它根本不问所有制成分，也不问国有经济是否起"主导作用"或是否控制非国有经济。我们若再坚持"国有制偏好论"，人为强行保持国有经济的"主导作用"和"控制作用"，不仅客观上难以做到，而且在实践上也要同WTO规则发生矛盾与冲突。因此，中国加入WTO后必须废弃"国有制偏好论"。否则中国在世界贸易和经济交往中就会受到各种制裁与惩罚。

二 "私有制偏好论":国企改革深化的误区和陷阱

(一)"私有制偏好论"与斯密"经济人"

在中国经济体制改革中一直存在两种所有制偏好论,除了上面讲的"公有制偏好论",还有一种"私有制偏好论"。这种理论一直公开地或潜在地伴随着我国国有企业的改革进程。

在经济学说史上,"私有制偏好论"发端于资产阶级古典经济学,起源于亚当·斯密的"经济人"理论。他认为所有从事经济活动的人都是"自利"的"经济人",听从一只"看不见的手"的支配:只盘算个人私利,主观上不会考虑他人或社会利益,但其所作所为的实际结果却会对社会有利。亚当·斯密在其著作《国富论》中讲:"在这场合像人在许多其他场合一样,他受着一只看不见的手的指导,去尽力达到一个并非他本意要达到的目的。也并不因为事非出于本意,就对社会有害。他追求自己的利益往往使他比起真正出于本意的情况下更有效地促进社会的利益"[1]。这就是著名的斯密"经济人"假设。其核心是人的本性或天性是自私自利的,追求自身私利最大化是其从事一切经济活动的目的与动机。这可以说是"私有制偏好论"的重要思想理论基础。

(二)回归到斯密"经济人"必然步入"私有化"陷阱

现代西方经济学基本上是在斯密"经济人"理论基础上完善与发展起来的,其核心是"私有制偏好论"。即认为私有制是最合理、最有效率的一种制度安排,是最能充分调动人们积极性因而最具优

---

[1] [英]亚当·斯密:《国民财富的性质和原因的研究》上卷,郭大力、王亚南译,商务印书馆1974版,第27页。

越性的一种经济制度。正因为如此,他们认为私有制神圣不可侵犯,要全力维护与发展私有制。

自中国改革开放以来一直有人奉行"私有制偏好论",主张中国实行"私有化"改革。当然公开主张"私有化"者并不多也非主流,但"潜行私有化"者大有人在。我认为主张中国新经济学回归到斯密,回归到斯密关于"经济人"自私自利的基本假设并以此为基点构建中国社会主义市场经济主体必走私有化之路。集体企业变成独立"自利"的"经济人",必须变集体所有制为私有制;国有企业变成独立"自利"的"经济人",则必须变国有制为私有制;一句话,若将公有制企业改革成斯密设定的那种独立"自利"的经济人,不将公有制改为私有制是绝对达不到的。这是西方经济学的基本理论逻辑。西方经济学历经几百年演变,古典经济学也好,基于古典经济学发展起来的新古典经济学也好,新制度经济学也好,它们的核心思想和基本理论命题都是私有制最符合"经济人"人性,最适合社会生产力发展的要求,是一种最佳的制度安排。用科斯及张五常等人的话说,私有产权安排交易费用最小因而效率最优。而公有产权与市场经济要求根本不相容,交易成本过高,产权主体缺位或虚置,无人对财产负实际责任,财产关切度极低,因而它必然低效率或无效率。显然国有企业要提高效率,就必须进行产权制度改革。而中国国有企业若以"私有制偏好论"为指导按照斯密的"自利经济人"假设的逻辑进行产权制度改革,必然陷入"私有化"陷阱,这恐怕是不依人们的主观意志为转移的。

三 公、私经济平等竞争论:社会主义经济基础的本质要求

(一)理性科学地对待公有制与私有制

当今中国国有企业改革要进一步深化取得实质性进展与成功,必须实现所有制理论革命,彻底废弃"公有制偏好论"及"私有

制偏好论"，代之以公有制经济与私有制经济"平等论"，即"公私经济平等竞争论"。

事实上，无论是公有制还是私有制，其优劣好坏、先进还是落后，不能凭主观好恶来评价，也不能用道德伦理观念来评价，而只能用客观的生产力标准来判别。只要是适应并能促进生产力发展，私有制也有存在的必然性，也具有优越性；相反，只要不适应和不能促进生产力发展，公有制也不能视为具有优越性，也不具备存在与发展的合理性。另外，离开生产力标准，用道德伦理观念来评价公有制好或私有制坏也失之偏颇。例如，资本主义私有制中存在剥削关系，存在资本所有者对雇佣劳动者剩余劳动的无偿占有，这种剥削从伦理上讲肯定是不道德的，但当它适应并促进社会生产力发展的时候，也应视为合理的有进步作用的。在社会主义初级阶段就不能因为资本主义私有制中存在不道德的剥削行为而将其消灭，原因就在于它能够适应并促进社会生产力发展。所以我们任何时候都不能离开生产力标准孤立地谈论公有制与私有制的好与坏。

马克思与恩格斯是科学对待私有制的典范。首先，马克思并不否认斯密所谓"经济人"的存在，也承认"经济人"有自身经济利益。马克思指出："人们奋斗所争取的一切，都同他们的利益有关。"[①] 但他从来也没有认为自私自利是所有社会人的天性并明确指出私人利益不能离开社会条件和社会利益而存在。他说："私人利益本身已经是社会所决定的利益，而且只有在社会所创造的条件下并使用社会所提供的手段，才能达到；也就是说，私人利益是与这些条件和手段的再生产相联系的。"[②] 其次，马克思对"自私自利"的资本主义"经济人"进行了无情地揭露与批判。马克思认为资本家就是资本的人格化，资本的灵魂就是资本家的灵魂。其本性是"害怕没有利润或利润太少，就象自然界害怕真空一样，一旦有适当的利润资本就胆大起来。如果有 10% 的利润，它就保证到处

[①] 《马克思恩格斯选集》第一卷，人民出版社 1956 年版，第 82 页。
[②] 《马克思恩格斯选集》第四十六卷上册，人民出版社 1979 年版，第 102—103 页。

被使用；有20%的利润它就活跃起来；有50%的利润它就铤而走险；为了100%的利润它就敢践踏一切人间法律；有300%的利润它就敢犯任何罪行甚至冒绞首的危险。"① 这可以说是马克思对资本主义私有制最无情地鞭笞，但丝毫不否定他对资本主义私有制的辩证分析与评价。最后，马克思科学地评价了资本主义私有制的历史作用、不可磨灭的历史功绩及历史命运。他和恩格斯在著名的《共产党宣言》中盛赞资本主义私有制的伟大历史功绩：破坏了封建宗法关系；创造了近代文明；使生产社会化并开创了国际市场；开创大城市推进了城市化；甚至在不到一百年时间里所创造的社会生产力比过去一切时代所创造的全部生产力还要多。不错，马克思和恩格斯在这篇伟大著作中宣布："共产党人可以把自己的理论概括为一句话：消灭私有制。"② 这绝不是讲社会主义制度一建立共产党人就立即消灭私有制，而是说私有制的历史命运是最终要被共产党人所消灭。它的消灭是以社会生产力的高度发展为条件的，即必须把生产力水平提高到建立公有制所必要的程度。

对于公有制马克思也是辩证科学地对待与评价。首先，马克思依据生产社会化与资本主义私人占有的矛盾运动，揭示了社会主义公有制代替资本主义私有制的历史必然性。他指出："资本的垄断成了与这种垄断一起并在这种垄断之下繁盛起来的生产方式的桎梏。生产资料的集中和劳动的社会化达到了同它们的资本主义外壳不能相容的地步。这个外壳就要炸毁了。资本主义私有制的丧钟就要敲响了。"③ 这是"以社会生产为基础的资本主义私有制转化为公有制""人民群众剥夺少数掠夺者④的过程。这完全是依据客观规律做出的，丝毫没有主观臆断。其次，马克思指出了社会主义公有制相对于资本主义私有制来说具有巨大的优越性：（1）劳动者共同占有并支配属于自己的生产资料；（2）劳动过程实行联合劳动；

---

① 《资本论》第一卷，人民出版社1975版，第829页。
② 《马克思恩格斯选集》第一卷，人民出版社1995版，第286页。
③ 《马克思恩格斯全集》第二十三卷，人民出版社1972版，第831页。
④ 《马克思恩格斯全集》第二十三卷，人民出版社1972版，第832页。

（3）产品在社会成员之间以劳动为尺度进行分配。社会主义公有制消除了资本对雇佣劳动的奴役与剥削，这是资本主义私有制无可比拟的优越性。马克思对社会主义公有制优越性的分析丝毫没有过分的推崇，完全是依据客观实际做出的。这从《资本论》第一章第四节关于"自由人联合体"的论述中得到确凿的证明。最后，马克思没有亲眼看到社会主义公有制建立，更没在社会主义公有制下生活过，所以他从来没有讲过社会主义公有制优越性会自动发挥出来，更无法看到社会主义公有制在实行过程中还会出现不适应生产力发展要求的某些弊端。

今天，我们学习与坚持马克思主义就是要学习与坚持马克思恩格斯的立场、观点与方法，辩证科学地对待我国现阶段存在的私有制和公有制，克服理论上的绝对化及片面性。在现阶段即社会主义初级阶段，私有制与公有制不仅都有存在的必然性，而且都有各自的优越性和弊端。私有制由于生产资料和财产为私人所有，占有关系直接利益关系直接，因而财产关切度大；其经营体制与经营机制能有效地保障所有者的利益最大化；并且，私有制还是商品经济、市场经济产生与发展的一个必需条件，它与商品经济、市场经济有着天然的适应性、一致性和融合性，因此它会使商品经济、市场经济产生持久的动力与活力。尤其是私有制高度重视个人近期利益，能充分调动个人积极性自动，驱使人们为个人利益最大化奋斗。这是私有制的最大优越性，同时其弊端也由此而生。只顾个人赚钱发财、个人利益至上，否定公共和长远利益，又是私有制自身难以克服的痼疾。而公有制由于其生产资料和财产为劳动者共同所有，国有制是生产资料和财产由国家代表全体劳动者共同所有，适应社会化大生产的要求，能直接为广大劳动者的共同利益和长远利益服务，有利于国民经济整体按比例协调发展，有利于解决地区之间、各阶层之间的不平衡及矛盾冲突问题，这都是私有制无可比拟的优越性。但由于公有制的财产所有及占有关系是间接的，即劳动者对生产资料和财产的占有一般要经过中介，每个劳动者都不能实现对生产资料和财产的直接占有权，利益关系被间接化，因而劳动者的财产关切度很低。并且,经营者或代理者经营和管理的又是别人的、大家的财产,财产主体缺位,无人真正对大家的、公有的财产负起实际责任。在此种情况下财产流失是必然的,"穷庙富方丈"更是难以避免。财产关切度低、经营效率低、产权主体缺位,这恐怕是公有制尤其是国有制的最大弊端,也是国有企业一个接一个甚至大片垮下来的一个重要原因。

(二) 不能搞所有制歧视与偏好

从上可见,私有制与公有制在既定的生产力水平下各有自身的优势和缺欠,所以必须平等地看待,不能搞歧视和偏好。让二者在市场中平等竞争,优势互补缺欠互克,更有利于国民经济健康快速发展。

从哲学上讲,一个社会或国家存在所有制偏好,偏好于公有制,偏恶于私有制,实行单一公有制经济,消灭私有制经济,完全违背了唯物辩证法。同样,偏好于私有制,偏恶于公有制,搞私有化也不科学。人所共知"公"与"私"是一对矛盾,是个矛盾统一体。二者是互相对立的又是互相依存的;是互相矛盾的又是统一的;既互相制约又是互相促进的。实行单一公有制经济,整个国民经济由公有制垄断,没有私有制经济与其矛盾和竞争,必然没有活力与效率。同样道理,实行单一私有化经济也不会有什么好的结果,必然产生停滞腐朽的趋势。

我认为,当今中国国企改革要进一步深化,在理论上必须实现战略立足点的根本转变。这是因为我们国家的经济基础已发生了根本性变化,即由单一经济基础变成多元化的综合经济基础。原来我们人民民主专政国家立命安身的经济基础只有一个,即社会主义公有制(其中主要是社会主义国有制)。党的十五大报告把非公有制经济当作社会主义市场经济的重要组成部分,从而纳入我国的基本经济制度。这就明确地告知我们:如今我国的经济基础已不再是单一的公有制了,同时也包括了非公有制。这个转变本身就意味着废弃"私有制偏恶论",给私营经济以"国民待遇"和巨大的发展空间，消除"惧私症""恐资病"。看来这似乎是一个十分简单的转变，但其作用却是无可估量的。它必将推进我国国有企业改革跨入一个新的阶段，使我国公、私混合经济跃上新的台阶，社会主义和谐社会建设出现新的局面。

(本文发表于《税务与经济》2007年6期，被中国人民大学复印报刊资料《社会主义经济理论与实践》2008年第1期全文转载)